Ivo Vogel
Erfolgreich recherchieren – Jura
De Gruyter Studium

T0285361

Ivo Vogel

Erfolgreich recherchieren – Jura

4. Auflage

DE GRUYTER

Ivo Vogel,
Leiter des Fachinformationsdienstes für internationale und interdisziplinäre Rechtsforschung an der Staatsbibliothek zu Berlin.

ISBN 978-3-11-140003-7
e-ISBN (PDF) 978-3-11-140006-8
e-ISBN (EPUB) 978-3-11-140196-6

Library of Congress Control Number: 2024936870

Bibliografische Information der Deutschen Nationalbibliothek
Die Deutsche Nationalbibliothek verzeichnet diese Publikation in der Deutschen Nationalbibliografie; detaillierte bibliografische Daten sind im Internet über http://dnb.dnb.de abrufbar.

© 2024 Walter de Gruyter GmbH, Berlin/Boston
Einbandabbildung: pablohart / E+ / Getty Images

www.degruyter.com

Vorwort zur vierten Auflage

Man muss nicht alles wissen, aber man muss wissen, wo es steht. Dieser bekannte Grundsatz dient auch als Motto für die vierte Auflage dieses Buches. Allerdings soll er dahingehend erweitert werden, dass nicht nur die Fähigkeit benötigt wird, zu wissen, wo etwas steht, sondern es gilt auch herauszufinden, wer dabei helfen kann, dieses Wissen zu erwerben.

In den letzten Jahren hat sich nicht nur das Angebot an rechtswissenschaftlicher Literatur und Fachinformation stetig erweitert, sondern auch die juristischen Rechercheinstrumente sind leistungsfähiger, komplexer sowie innovativer geworden und haben sich den sich ständig verändernden Bedarfen der Studierenden und Forschenden angepasst.

Die vierte Auflage dieses Buches soll Ihnen dabei helfen, den Zugang zu den für die rechtswissenschaftliche Ausbildung, wissenschaftliche Arbeit oder juristische Praxis benötigten Informationen effizient zu gestalten. Es unterstützt Sie dabei, relevante Quellen zu identifizieren, auszuwählen, zu bewerten und mit den verfügbaren technischen Werkzeugen zu verarbeiten. Dabei werden die wichtigsten Typen von Informationsressourcen vorgestellt und die zentralen Angebote detailliert besprochen.

Neben diesem Leitfaden sollten Sie jedoch auch Bibliotheken und Rechenzentren nutzen, die ein breites Schulungsportfolio und Informationsmaterial zur Verfügung stellen, um Sie beim Erwerb von Informations- und Medienkompetenz zu unterstützen. Darüber hinaus steht Ihnen das World Wide Web mit seinen unzähligen lizenzpflichtigen und lizenzfreien Angeboten zur Seite und besonders der Einsatz von Künstlicher Intelligenz (KI) kann dabei helfen, nicht in einer Flut an Informationen unterzugehen, sondern diese sinnvoll und fachgerecht zu sortieren, zu bewerten und ggfs. zu verarbeiten.

Im ersten Teil des Buches (Basics) werden die grundlegenden und am häufigsten verwendeten Rechercheinstrumente wie Internetsuchmaschinen, Bibliothekskataloge, Bibliographien und Fachdatenbanken ausführlich behandelt, eingeleitet mit den allgemeinen Möglichkeiten des Einsatzes von KI-Tools. Der zweite Teil (Advanced) bietet einen vertieften Einblick in relevante Quellen, Ressourcen und Rechercheinstrumente für das Studium und die rechtswissenschaftliche Arbeit. Hier wird nicht nur das deutsche, sondern auch das europäische, internationale und ausländische Recht einbezogen. Zahlreiche Datenbanken und andere digitale Ressourcen wurden ergänzt und es wird beschrieben, bei welchen Produkten oder Angeboten KI zum Einsatz kommt. Begleitet werden die Erläuterungen durch die Vermittlung rechtsmethodischer Grundlagen. Der dritte Teil des Buches (Academic) geht auf die Bewertung von Suchergebnissen, deren Nutzbarmachung und korrekte

https://doi.org/10.1515/9783111400068-001

Zitierweise ein. Das systematische Ressourcenverzeichnis am Ende des Buches verweist auf alle besprochenen und weitere Informationsressourcen.

An dieser Stelle möchte ich mich herzlich bei meiner Partnerin bedanken, die mich durch umfangreiche Korrekturarbeiten bei der Erstellung dieser vierten, vollständig überarbeiteten, aktualisierten und erweiterten Auflage sehr unterstützt hat.

Berlin, Februar 2024
Ivo Vogel

Inhalt

1 Basics – Rechtsrecherche für den einfachen Gebrauch

Der erste Teil dieses Buches soll Ihnen als Einstieg dabei helfen, allgemeine und gut zugängliche Informationsmittel so zu nutzen, dass Sie juristische Inhalte für den Grundbedarf bzw. den ersten und einfachen Gebrauch suchen und finden können. Dabei werden zunächst noch rechtsmethodische Grundsätze außen vor gelassen, die im zweiten Kapitel ausführlicher einzubeziehen sind. Nach der Lektüre dieses Kapitels werden Sie in der Lage sein, auf einem Basisniveau Ihr Studium, Ihre Ausbildung oder Ihre Arbeit rechtsinformatorisch zu begleiten.

1.1 Das World Wide Web

Das WWW ist und bleibt der größte Wissens- und Dokumentenspeicher, der für unsere juristische Recherche zur Verfügung steht. Und auch wenn dieses ständig weiter wächst, hat es seine eigenen Grenzen. Sehr lange haben die Suchmaschinen die Nutzung des WWW für die Recherche dominiert, jedoch ist mittlerweile ein neuer Player am Start, der die Suche im WWW revolutionieren wird. Gemeint ist die **Künstliche Intelligenz** (KI), die so rasant Fortschritte macht, dass wir uns nur im Rahmen einer Momentaufnahme diesem Instrument widmen können. Aufgrund der Bedeutung dieser Entwicklung und in Abkehr zur 1. bis 3. Auflage dieses Buches beginnt Kapitel 1 in dieser Ausgabe mit einer kurzen Analyse der Anwendung von KI bei der Rechtsrecherche.

1.1.1 Wie kann KI bei der juristischen Recherche unterstützen?

Eines der wohl markantesten Werkzeuge, bei dem KI zum Einsatz kommt, dürfte ChatGPT sein. ChatGPT ist ein von OpenAI entwickeltes Sprachmodell, das auf der GPT-3.5-Architektur basiert und steht für „Chat Generative Pre-trained Transformer". Die GPT-3.5-Architektur verwendet ein tiefes neuronales Netzwerk mit Transformer-Blöcken, um kontextsensitive Sprachmuster zu verstehen und zu generieren. Das Modell wird durch maschinelles Lernen auf großen Mengen an Textdaten trainiert und kann dann für verschiedene Anwendungen wie Chats, Textgenerierung, Übersetzung und mehr eingesetzt werden. ChatGPT kann als Grundlage für verschiedene KI-Anwendungen dienen, die auf natürlicher Sprachverarbeitung basieren. Es kann als Konversationspartner in Chatbots, Assistenzsystemen oder anderen Anwendungen eingesetzt werden, um auf Anfragen oder

https://doi.org/10.1515/9783111400068-002

Anweisungen in natürlicher Sprache zu reagieren. Kann uns damit ChatGPT auch bei unserer erfolgreichen Rechtsrecherche unterstützen? KI wäre nicht wirklich intelligent, wenn sie keine eigene Antwort darauf geben könnte. Deshalb wurden ChatGPT in diesem Zusammenhang vier Fragen gestellt. Es sei vorausgeschickt, dass hier die kostenfreie Version 3.5 verwendet worden ist. Frage: Wie kann ChatGPT bei der Rechtsrecherche unterstützen? Antwort: „ChatGPT kann bei der Rechtsrecherche auf verschiedene Weisen unterstützen:

1. Gesetzgebung und Rechtsprechung: ChatGPT kann Informationen zu Gesetzen, Verordnungen und Rechtsprechung bereitstellen. Es kann Auszüge aus Gesetzestexten liefern oder über relevante Gerichtsurteile in bestimmten Rechtsgebieten informieren.

2. Fallanalysen und Rechtsfragen: Anhand von beschriebenen Fällen oder Rechtsfragen kann ChatGPT unterstützende Informationen liefern, indem es relevante Präzedenzfälle oder allgemeine rechtliche Prinzipien nennt.

3. Interpretation und Erläuterung: Bei komplexen Rechtsbegriffen oder schwierigen Gesetzesinterpretationen kann ChatGPT helfen, indem es diese Begriffe oder Gesetzespassagen erklärt und interpretiert.

4. Aktuelle Rechtsentwicklungen: ChatGPT kann auch über aktuelle Rechtsentwicklungen, neue Gesetze oder wichtige Urteile in verschiedenen Rechtsgebieten informieren.

Es ist wichtig zu beachten, dass ChatGPT zwar hilfreiche Informationen bieten kann, aber keine Rechtsberatung im eigentlichen Sinne darstellt. Es ist ratsam, bei rechtlichen Angelegenheiten immer auch die Meinung eines qualifizierten Anwalts oder einer Rechtsberatungsstelle einzuholen." Frage: Wie kann ich mich mit ChatGPT auf ein juristisches Staatsexamen vorbereiten? Antwort: „Die Vorbereitung auf ein juristisches Staatsexamen erfordert ein gründliches Verständnis der Gesetze, der Rechtsprechung und der Fallanalyse. ChatGPT kann auf verschiedene Weisen bei der Vorbereitung helfen:

1. Verständnis von Rechtsprinzipien: Stelle ChatGPT Fragen zu grundlegenden Rechtsprinzipien, um ein solides Verständnis für die rechtlichen Grundlagen zu entwickeln.

2. Fallbearbeitung: Beschreibe rechtliche Fälle oder Sachverhalte, um zu üben, wie man Gesetze anwendet und Fallanalysen durchführt. ChatGPT kann Hinweise zur Analyse von Fällen geben und dabei helfen, die Argumentation zu strukturieren.

3. Gesetzesauslegung: Bitte ChatGPT, komplexe Gesetzespassagen zu erklären oder auszulegen, um das Verständnis für die rechtliche Interpretation zu vertiefen.

4. Übungsaufgaben und Fragen: Stelle ChatGPT Fragen zu früheren Prüfungen oder bitte es, Übungsaufgaben zu bestimmten Rechtsgebieten zu stellen, um das Wissen zu testen und zu vertiefen.

5. Zusammenfassungen und Merkhilfen: Bitte ChatGPT um Zusammenfassungen von Gesetzen, um das Lernen zu unterstützen. Es kann auch dabei helfen, Merkhilfen oder Eselsbrücken zu entwickeln, um komplexe rechtliche Konzepte besser zu behalten.

Es ist wichtig, ChatGPT als Ergänzung zur herkömmlichen Studienvorbereitung zu betrachten. Nutze Lehrbücher, Übungsfragen, Fallstudien und andere Ressourcen, um ein umfassendes Verständnis für die rechtlichen Themen zu entwickeln." Frage: Kann mir Chat GPT beim Verfassen eines rechtswissenschaftlichen Artikels oder bei der juristischen Forschung helfen? Antwort: „Ja, ChatGPT kann definitiv beim Verfassen eines rechtswissenschaftlichen Artikels oder bei der juristischen Forschung unterstützen:

1. Rechercheunterstützung: ChatGPT kann bei der Suche nach relevanten Fallstudien, Gesetzen, Gerichtsurteilen und akademischen Artikeln helfen, indem es spezifische Fragen zu bestimmten Themen beantwortet oder Ressourcen empfiehlt.

2. Strukturierung von Argumenten: Gib ChatGPT einen Überblick über deine Argumentationsstruktur oder die Hauptthemen deines Artikels, um Hilfe bei der Organisation und Strukturierung der Argumentation zu erhalten.

3. Korrekturlesen und Formulierungshilfe: ChatGPT kann beim Korrekturlesen von Texten helfen und Vorschläge zur Verbesserung von Formulierungen oder zur Vermeidung von Unklarheiten machen.

4. Forschungsideen und Themenvorschläge: Bitte ChatGPT um Ideen für Forschungsansätze oder Themenvorschläge in einem bestimmten Rechtsbereich, um die Suche nach einem geeigneten Thema zu erleichtern.

5. Zusammenfassungen und Überblick: ChatGPT kann Zusammenfassungen von komplexen rechtlichen Konzepten oder die Erstellung eines Überblicks zu einem bestimmten Thema unterstützen.

Denke daran, dass ChatGPT als Unterstützung und Ergänzung zu anderen Forschungsmethoden und akademischen Ressourcen dienen sollte. Es ist immer ratsam, die Informationen, die ChatGPT bereitstellt, zu überprüfen und mit anerkannten Quellen zu vergleichen, um die Genauigkeit und Zuverlässigkeit der Informationen sicherzustellen." Frage: Kann ChatGPT die eigene Forschung und die entsprechenden eigenen Recherchen hierzu vollständig ersetzen? Antwort: „Chat-GPT kann definitiv eine nützliche Ergänzung bei der Recherche und dem Sammeln von Informationen sein, aber es sollte nicht als vollständiger Ersatz für eigene Forschung und Recherche angesehen werden. Hier sind ein paar Gründe:

1. Begrenzte Datenbasis: ChatGPT basiert auf Informationen, die ihm während des Trainings zur Verfügung gestellt wurden. Es hat keinen Zugriff auf aktuelle oder spezifische Datenbanken oder Informationen außerhalb seines Trainingskorpus.

2. Fehlende Kontextualisierung: Es kann vorkommen, dass ChatGPT aufgrund von Einschränkungen in seiner Datenbasis oder seines Verständnisses von Kontext nicht alle Facetten oder Feinheiten eines bestimmten Themas erfassen kann.

3. Begrenzte Aktualität: ChatGPT wird nicht regelmäßig aktualisiert und hat möglicherweise nicht immer Zugang zu den aktuellsten Informationen oder Entwicklungen in bestimmten Bereichen.

4. Fehlende Expertise: ChatGPT ist ein KI-Modell und verfügt nicht über die spezialisierte Expertise eines Fachexperten. Es kann helfen, grundlegende Fragen zu beantworten, aber bei hochspezialisierten oder komplexen Themen kann eine direkte Beratung durch Fachleute erforderlich sein.

5. Qualitätskontrolle von Quellen: ChatGPT zieht Informationen aus dem Internet und anderen öffentlich verfügbaren Quellen. Es ist wichtig, die Qualität und Zuverlässigkeit der bereitgestellten Informationen selbst zu überprüfen.

Insgesamt kann ChatGPT als Werkzeug zur Informationsbeschaffung und als Ausgangspunkt für Forschung dienen, sollte aber nicht die eigene kritische Analyse, Überprüfung von Quellen und die Nutzung verschiedener Forschungsmethoden ersetzen. Es ist wichtig, eine Vielzahl von Quellen zu nutzen und Expertenmeinungen zu berücksichtigen, um fundierte und zuverlässige Forschungsergebnisse zu erzielen."

Wie zufrieden sind Sie mit den Antworten? Der letzte Hinweis von ChatGPT dürfte von größter Bedeutung sein. Noch kann diese KI-Anwendung „nicht die eigene kritische Analyse, Überprüfung von Quellen und die Nutzung verschiedener Forschungsmethoden ersetzen". Ob sie das jemals können wird, bleibt abzuwarten. Das System lernt ja immer noch. Aber zumindest bei der Recherche kann es sehr nützlich sein und könnte wohl Rechercheleitfäden wie diesen in der Zukunft entbehrlich machen. Voraussetzung dafür ist allerdings, dass Sie gute und präzise Anfragen an das System stellen und ggfs. weiter nachfragen, wenn Ihnen die Antworten nicht konkret oder umfangreich genug sind oder falls Ihnen die Antwort nicht hundertprozentig korrekt vorkommt. Hüten Sie sich also davor, Antworten von ChatGPT unkritisch und ungeprüft zu übernehmen und vergessen Sie nicht, dass Sie in wissenschaftlichen Arbeiten die verwendeten Quellen nachweisen müssen. Doch probieren Sie es selber aus und Sie werden erkennen, wo die großen Vorteile der Verwendung bei Studium oder wissenschaftlicher Recherche liegen. So hat im Vergleich zu den verstreuten Informationen von Suchmaschinen die KI diese bereits für Sie zusammengefasst und kategorisiert, sodass Sie die gewünschten Ergebnisse intuitiver sehen können und Sie können mit weiteren Fragen tiefer in ein Thema einsteigen. Allerdings werden Sie auch die Grenzen selbst dieses Systems bemerken, da auch ChatGPT z. B. nur die Daten verwenden und auswerten kann, auf die das System Zugriff hat. Damit teilt es dasselbe Los wie die Suchmaschinen (siehe hierzu den nachfolgenden Abschnitt), die ohne die Dokumente des Hidden Web (auch Deep Web) auskommen müssen. ChatGPT kann also nur auf öffentlich verfügbare Informationen im Internet zugreifen, die bis zu ihrem Kenntnisstichtag (für Version 3.5 aktuell Januar 2022) indexiert wurden. Vollständigkeit und Aktualität sind also nicht immer gegeben, was die Antworten auf einige Fragen unter Beweis gestellt haben. Aber die Entwicklung steht noch am Anfang. Die kostenpflichtige Version 4.0 ist bereits mit zusätzlichen Features am Start und eine 5er-Version ist in Arbeit.

Link: https://chat.openai.com/

1.1.2 Die Google-Familie

Die Überleitung von KI/ChatGPT zu den Suchmaschinen fällt insoweit leicht, da Suchmaschinenbetreiber KI selber einsetzen, um die Suchergebnisse zu verbessern. Darüber hinaus ist es mittlerweile auch möglich ChatGPT als Add-on in ihren Browser einzubinden, so dass Sie sich die Antworten von ChatGPT neben den Suchergebnissen z. B. Ihrer Google-, Bing- oder DuckDuckGo-Suche anzeigen lassen können.

Doch nun zu den Angeboten von Google selbst. Da wäre zunächst die Google-Suche, die wir für unsere Recherche gewinnbringend verwenden können. Viele kennen Google nur als den einen Schlitz, der immer zu viele Ergebnisse bringt, womit die Möglichkeiten dieses Angebots aber vollkommen unterschätzt werden. Andererseits wird Google auch überschätzt und muss im Rahmen unserer Analyse einige Federn lassen.

Link: https://www.google.de/

Schon für die alltägliche Nutzung ist die Suchmaschine von **Google** häufig im Gebrauch. Und was für die alltägliche Nutzung gut ist, könnte gleichfalls für das Studium und die wissenschaftliche Arbeit von Wert sein. Aber am Ende ist auch Google nur ein Werkzeug, um im größten Wissensarchiv der Welt, dem World Wide Web, die Nadel im Heuhaufen zu suchen und bestenfalls auch zu finden. Gerade dort beginnt jedoch meistens schon die Kritik an Google. Zu viele Treffer, zu wenig relevantes Material, wenige Ergebnisse bezüglich einer Anfrage. Was verbirgt sich nun wirklich dahinter?

Zuallererst ist die *Google LLC* ein kommerzielles Unternehmen, welches sich sehr stark über Werbung finanziert. Als einen Hauptservice bietet Google eine Suchmaschine im Internet. Dafür müssen mehrere Milliarden Seiten im Internet durchsucht und die auf diesen Seiten gefundenen Begriffe gesammelt werden, um sie in einem Index (Verzeichnis) für die Abfrage bereitzuhalten. Sie können sich dies wie ein großes Stichwortverzeichnis in einem Buch vorstellen, von dem aus auf die relevanten Seiten verwiesen wird. Aus diesem Verzeichnis wird Ihre Anfrage bedient und durch entsprechende Verlinkung weitergeleitet.

Dieses Verzeichnis wird erstellt, indem Googlebot (ein Computerprogramm, das Texte und Bilder im WWW findet und herunterlädt, um diese über die Web- und die Bildsuche von Google auffindbar zu machen und anzuzeigen) täglich Millionen von neuen und aktualisierten Webseiten ermittelt und sie dem *Google-Index* hinzufügt oder daraus löscht. Da nicht alle Seiten gleich häufig besucht werden, kann man auch über Google auf *tote Links* stoßen. Außerdem ist es Webseitenbetreibern möglich, den Zugriff von Suchmaschinenbots auf ihre Seiten zu blockieren, was zu einer Nichtindexierung führt. Dies kann zur Einschränkung der Vollständigkeit der Google-Suche führen.

Die vom Googlebot immer wieder gesammelten und aktualisierten Daten werden in den Index eingestellt und mit zusätzlichen Informationen versehen, die die Suche unterstützen sollen (z. B. durch den Einsatz von KI). Allerdings sind die Suchalgorithmen nicht in der Lage, alle Inhalte zu verarbeiten. So können (bzw. dürfen) die Inhalte bestimmter kommerzieller oder privater Datenbanken, dynamischer oder anderweitig geschützter Seiten nicht verarbeitet werden, so dass die Inhalte dieser tiefer liegenden Strukturen nicht über eine Suche mit Google erreicht werden können, weshalb man diesen Bereich des WWW auch *deep web* nennt. Damit erweitert sich die Vollständigkeitslücke um ein Vielfaches.

Schließlich wäre noch zu hinterfragen, wie bei der Google-Suche eigentlich die Ergebnisliste zustande kommt und wie es eine Webseite schafft, an die erste Stelle der **Ergebnisanzeige** zu kommen. Google führt dazu selber aus, dass es ein Relevanzranking gibt, welches durch über 200 Faktoren ermittelt wird. Ein sehr wichtiger Faktor ist dabei der so genannte Seitenrang (PageRank), der daran gemessen wird, wie viele andere Seiten auf diese Seite verweisen. Ein sehr neues Angebot, welches kaum bekannt ist und auf welches deshalb nicht oder kaum verlinkt wird, kann es, trotz eines möglicherweise sehr guten inhaltlichen Angebots, nicht sehr weit nach oben in der Ergebnisliste schaffen. Weitere wichtige Rankingfaktoren sind die interne Verlinkung, Autorität und Vertrauenswürdigkeit der Seiten, Umfang der Inhalte, Häufigkeit der Aktualisierung, Nutzer*inneninteraktion sowie die Strukturierung der Daten. Da Wikipedia-Artikel diese Kriterien sehr oft erfüllen, stehen sie sehr häufig an erster Stelle oder sehr weit oben in einer Ergebnisliste. Davon abgesehen schaffen es trotzdem nicht alle Seiten, die für den entsprechenden Suchbegriff relevant sein könnten, in die Ergebnisliste von Google, die nie vollständig angezeigt wird. Am Ende der Trefferliste für den Suchbegriff „Recht" erhalten Sie z. B. folgende Information (Stand Januar 2024): „Damit du nur die relevantesten Ergebnisse erhältst, wurden einige Einträge ausgelassen, die den 311 angezeigten Treffern sehr ähnlich sind. Du kannst bei Bedarf die Suche unter Einbeziehung der übersprungenen Ergebnisse wiederholen." Die Wiederholung der Suche verlängert die Trefferliste zwar, jedoch längst immer noch nicht auf die ungefähr angekündigte Gesamttrefferzahl.

Leitsatz: Selbst eine so mächtige Suchmaschine wie Google lässt große Lücken und macht die vertiefte Recherche in Fachdatenbanken oder anderen Quellen nicht entbehrlich.

Nehmen wir also für unsere Recherche das, was wir bekommen können und holen mit den zur Verfügung stehenden Werkzeugen (Filter, Operatoren, Suchschlüssel, erweiterte Suche etc.) möglichst viel für uns raus.

Zunächst in der einfachen Suche von Google verbleibend, werden sofort nach einer sehr unspezifischen Suche (z. B. nach „Verwaltungsakt") Hilfsmittel angeboten, um die Treffermenge weiter zu reduzieren bzw. zu konkretisieren. Unter dem Suchschlitz und über der Ergebnisliste werden, abhängig von der jeweiligen Anfrage, Filter angezeigt. Neben den Standardfiltern wie Bilder, Maps, Videos, News, Bücher, etc. sind Filter im Angebot, die einen fachlich/inhaltlichen Bezug zur gestellten Anfrage haben. Für den Beispielsuchbegriff „Verwaltungsakt" werden z. B. „5 Merkmale", „Schema", „Aufbau", Arten" und „Nebenbestimmungen" angezeigt. Diese können durch Anklicken aktiviert werden und die Ergebnisliste wird entsprechend aktualisiert sowie reduziert. Der ausgewählte Filter ist dann farblich markiert, kann über das „x" wieder deaktiviert werden und das System führt uns zur Ausgangsliste automatisch zurück. Ergänzend dazu werden für unser Suchbeispiel „Verwaltungsakt" unter „Ähnlich" spezifischere Suchanfragen zum ursprünglichen Suchbegriff angeboten (Ähnlichkeitssuche) und über „Weitere Fragen" werden gleich ausformulierte spezielle Anfragen zum Thema generiert, für die Sie sich die entsprechenden Ergebnislisten anzeigen lassen können. Neben unserem beliebten einfachen Suchschlitz stellt Google eine erweiterte Suche zur Verfügung.

Link: https://www.google.de/advanced_search

Eine Nutzung lohnt sich, da mit den dort angebotenen Möglichkeiten die Ergebnisse stark reduziert werden können. Und dabei müssen Sie sich an dieser Stelle auch keine **Suchoperatoren** (UND, ODER, NICHT, etc.) merken, da diese mit eigenen Eingabeschlitzen bereits in der erweiterten Suche vorkonfektioniert sind. Mit *alle diese Wörter enthalten* zu suchen, bedeutet die Suche mit unserem einfachen Schlitz. Alle Wörter sollen irgendwie in den Ergebnissen vorkommen. Als Operator wird hier alternativ **UND** verwendet.

Den Schlitz *genau dieses Wort* oder *diese Wortgruppe enthalten* sollten Sie verwenden, wenn Ihnen eine besondere Wortfolge wichtig ist (z. B. falsa demonstratio non nocet). Im über der Ergebnisliste wieder eingeblendeten Suchschlitz wird Ihre Suchanfrage nochmals abgebildet und Sie können erkennen, dass der Operator für diese Suche die „" (Anführungszeichen) sind, zwischen denen die so genannte Phrase (darum auch Phrasensuche) steht. Sollten Sie kein Ergebnis bekommen, hilft Ihnen die Suchmaschine mit einer Ergebnisliste für eine nicht phrasierte Suche aus. Mit *eines dieser Wörter enthalten* zu suchen erweitert Ihre Ergebnisliste eher, da alle Treffer Wort 1 oder Wort 2 enthalten (so genannte **ODER**-Suche). Google benutzt hier den englischen Operator **OR**. Schließlich können Sie noch bestimmte Begriffe aus einer zu erwartenden großen Ergebnisliste ausschließen, indem Sie den Suchschlitz *alle diese Wörter enthalten* mit *keines der folgenden Wörter enthalten* kombinieren. Für diese Suche setzt Google einfach ein Minuszeichen vor das unerwünschte Wort (z. B. Sozialhilfe – Hartz IV). In anderen Datenbanken wird hierfür oftmals der Operator **NOT/NICHT** verwendet. Im Ergebnis können Sie alle diese Suchfelder miteinander kombinieren, um sich eine schön komplexe Suchanfrage auszudenken.

Die übrigen Einstellmöglichkeiten sind relativ selbsterklärend, aber nicht immer sinnvoll. Auch dahinter verbergen sich bestimmte Operatoren, die in der einfachen Suche verwendbar wären. Bitte beachten Sie, dass zwischen den nachfolgenden Suchoperatoren und dem Doppelpunkt kein Leerzeichen steht!

- **define:***Arbeitsvertrag* führt zu Definitionen zum Begriff Arbeitsvertrag aus verschiedenen Nachschlagewerken.
- **filetype:pdf** *Testament* listet nur PDF, die das Wort Testament enthalten.
- **info:***gesetze-im-internet.de* zeigt Informationen zu der angegebenen Webseite an.
- **related:***www.bundesverfassungsgericht.de* bietet ähnliche Webseiten zur Rechtsprechung des Bundesverfassungsgerichts an.
- **link:***juwiss.de* findet Dokumente, die auf die angegebene URL verlinken. Interessant für diejenigen, die wissen wollen, wer auf die eigene Seite verlinkt.
- *Recht* **site:***staatsbibliothek-berlin.de* beschränkt die Suche nach Recht nur auf den Seitenbereich der Staatsbibliothek zu Berlin.

- **allinurl:***Menschenrechte* gibt nur Ergebnisse, in denen das Wort Menschenrechte Bestandteil der Internetadresse ist.
- **allintitle:***Gewaltenteilung und Demokratie* zeigt Webseiten, in deren Titel sich alle Begriffe, die angegeben werden, befinden.
- **allintext:***Gewaltenteilung und Demokratie* durchsucht zum Titel- auch den Textbereich nach den Begriffen, nicht jedoch die URL.
- *Gericht* **location:***München* zeigt z.B. auf Google Maps Gerichtsstandorte in München an.

Google Scholar ist eine von Google bereitgestellte Suchmaschine, die sich auf wissenschaftliche Literatur konzentriert. Im Gegensatz zur regulären Google-Suche, die das gesamte Internet durchsucht, ist Google Scholar darauf ausgerichtet, qualitativ hochwertige wissenschaftliche Ressourcen zu indexieren.

Link: https://scholar.google.de/

Die Suchstrategien in Google Scholar entsprechen denen in Google. Das Prinzip ist hier jedoch ein anderes. Der dieser Suche zugrunde liegende Index ist ein Zitationsindex. Das heißt, dass nach entsprechenden Zitaten aus Fachveröffentlichungen (Zeitschriften, E-Books, andere Onlineveröffentlichungen etc.) gesucht wird, die bestenfalls als Volltext vorliegen. Teilweise wird von den anbietenden Verlagen der Kauf des entsprechenden Artikels oder Buchkapitels bzw. der gesamten Publikation angeboten, während nur eine kurze Zusammenfassung oder Teile der Publikation zur Ansicht bzw. als Download zur Verfügung stehen. Hierin liegt bereits ein Nachteil von Google Scholar, da diese Suchmaschine nicht nachprüft, ob möglicherweise Ihre Bibliothek eine Lizenz für die elektronische Ausgabe einer bestimmten Zeitschrift oder das entsprechende E-Book bzw. die Druckausgabe der Publikation besitzt, so dass Sie diese Werke von dort kostenlos bekommen könnten. Fragen Sie also immer zuvor bei Ihrer Universitätsbibliothek oder Fachbereichsbibliothek nach oder recherchieren Sie in den Bibliothekskatalogen, ob z.B. die Zeitschrift, aus der der Artikel zitiert wird, im Bestand ist, bevor Sie eine kostenpflichtige Eigenerwerbung tätigen.

Die Suchergebnisse werden in Form von Artikeln, Büchern und anderen wissenschaftlichen Ressourcen angezeigt. Die Treffer enthalten normalerweise den Titel, den/die Autor*innen, das Erscheinungsjahr und den Veröffentlichungsort. Auch Google Scholar bietet Filter- und Sortieroptionen, mit denen Sie die Suchergebnisse nach Relevanz oder Datum, Zeiträumen, Sprachen und Typen sortieren können. Unter jedem Suchergebnis sehen Sie möglicherweise die Anzahl, wie oft der Beitrag in anderen Veröffentlichungen zitiert worden ist (*Zitiert von:...*). Dies kann Ihnen einen Hinweis auf die Relevanz und den Einfluss eines bestimmten Artikels geben. Ein Klick auf diese Option führt Sie direkt zu den entsprechenden Beiträgen und verringert dadurch Ihre Ergebnisliste. Diese Quellen enthalten dann natürlich auch wieder andere Verweise. Wenn Ihnen der Inhalt eines Beitrages besonders interessant erscheint, können Sie auch mit der Funktion *ähnliche Artikel* Ihre Suche spezifizieren und die Ergebnisliste eingrenzen. In der Regel steht jedem Treffer die Art der Publikation voran (*BUCH, PDF, HTML* etc.). Steht dort der Begriff *Zitation*, wird ein Dokument angezeigt, auf das in anderen wissenschaftlichen Ressourcen verwiesen wird, die jedoch nicht in Google Scholar im Volltext enthalten sind. Sie sehen also lediglich reine bibliographische Daten. Für die einzelnen Treffer werden Ihnen von Google-Scholar verschiedene Zitierstile (MLA, APA, ISO 690) und Formate für Literaturverwaltungsprogramme (BibTex, EndNote, ReMan, Refworks) angeboten. Außerdem kann für Suchanfragen ein Alert erstellt werden.

Google Scholar bietet nur einen Teil der wissenschaftlichen Publikationen zu einem Thema an. Damit ist dieser Service zwar als erster Ideengeber gut verwertbar, jedoch kein Ersatz für eine Recherche in Fachdatenbanken. Beachten Sie außerdem, dass nicht alle gefundenen Ressourcen peer-reviewed (durch Fachkolleg*innen geprüft) sein müssen. Es ist ratsam, die Qualität der gefundenen Artikel zu überprüfen, insbesondere wenn Sie wissenschaftliche Forschung betreiben.

Tipp: Benutzen Sie Google Scholar allenfalls für die erste Ideenfindung. Fragen Sie in Ihrer Bibliothek eventuell auch nach kommerziellen oder freien Konkurrenzprodukten.

Google Books verbindet die Vorteile der Google-Suchmaschinentechnologie mit den teilweise wissenschaftlichen Inhalten aus Google Scholar.

Link: https://books.google.de/ (klassische Version); https://www.google.com/books/edition/_/DACgDg AAQBAJ (neue Version im Testbetrieb → Stand Januar 2024)

Bei Google Books werden nicht nur reine Webangebote (digital born) durchsucht, sondern Google bringt darüber hinaus ursprünglich gedrucktes Material ins Internet. Insoweit macht Google einen großen Schritt hin zu einer digitalen Bibliothek und bedient sich u. a. der Druckwerke aus Bibliotheken, digitalisiert diese und macht die Inhalte dieser Bücher mittels einer Spracherkennungssoftware (OCR = Optical Character Recognition) durchsuchbar. Darüber hinaus erhält Google teilweise auch digitale Kopien von Druckwerken bzw. Teile davon direkt von den Verlagen. Eine Anreicherung über Bücher hinaus erfolgt durch die Einbindung von Zeitschrifteninhalten. Kostenfreie Inhalte können als PDF oder im EPUB-Format heruntergeladen werden.

Fazit: Google books ermöglicht eine extrem schnelle Suche in Millionen von Büchern und Zeitschriften mit wissenschaftlichen und anderen Inhalten.

Für die Realisierung dieses riesigen Buchprojektes ist Google Kooperationen mit vielen großen Bibliotheken eingegangen und hat entsprechende Vereinbarungen mit Verlagen und Autor*innen getroffen. Derzeit sind weit über 40 Millionen Bücher verfügbar. Dabei handelt es sich allerdings nicht ausschließlich um wissenschaftliche Literatur. Vertreten sind auch Sachbücher, Belletristik, Schulbücher etc. Doch kann man sich in Google Books wirklich alle Bücher im Volltext ansehen? Nein, natürlich nicht. Dies verbietet das Urheberrecht. Vollständig durchsuch- und lesbar sind nur die Titel, die urheberrechtsfrei sind. Dieser Zustand tritt in der Regel erst 70 Jahre nach dem Tode des Autors bzw. der Autorin ein. Aus diesem Grunde ist der Dienst besonders lohnenswert für die Suche nach rechtshistorischen Inhalten. Das trotzdem auch bei neueren Werken noch relativ viel zu sehen ist, liegt u. a. daran, dass entsprechende Vereinbarungen mit Verlagen getroffen wurden, wie viel von den Texten durchsucht und eingesehen werden kann. Sinn und Zweck von Google Books ist es, relevante Inhalte in Büchern zu entdecken, die dann ausgeliehen oder gekauft werden.

Die *einfache Suche* erfolgt nach dem gleichen Schema wie bei den anderen Google-Angeboten. Neben dem bekannten „einfachen" Suchschlitz wird eine *erweiterte Suche* angeboten.

Link: https://books.google.com/advanced_book_search

Die *erweiterte Buchsuche* bietet die gleichen Suchoperatoren wie die erweiterte Google-Suche. Außerdem ist die Suche nach Sprache, ansichts-, inhalts- oder materialspezifischen Elementen sowie der ISBN/ISSN einschränkbar. Die Rangfolge der im Ergebnis gelisteten Titel wird nicht wirklich klar. Voreingestellt ist jedenfalls eine Relevanzsortierung. Sie können jedoch einen Zeitraum einstellen, in dem die Bücher erschienen sind (z. B. 21. Jahrhundert für moderne Literatur).

Die angezeigten Werke sind – je nach urheberrechtlicher Freigabe – durchsuch- und lesbar. Hierzu klicken Sie auf *Vorschau* oder den verlinkten Titel des Buches. Das Werk öffnet sich dann in einem neuen Fenster (Viewer). Die gesperrten Teile sind im Text kenntlich gemacht und im Inhaltsverzeichnis nicht verlinkt. Ansonsten sorgt in vielen Fällen das verlinkte Inhaltsverzeichnis dafür, dass Sie von dort aus direkt zu einem bestimmten Kapitel oder Abschnitt springen können. Als Aktion im Viewer können Sie *In einem Geschäft suchen* wählen, wenn Sie das Buch kaufen wollen oder *In einer Bücherei suchen* anklicken, um herauszufinden, ob es das Buch in einer nahen Bibliothek zur Ausleihe gibt. Hierzu nutzt Google den

WorldCat, an den allerdings nicht alle Bibliotheken in Deutschland angeschlossen sind. Insofern lohnt es sich auch hier, das noch einmal im Katalog der eigenen Bibliothek zu prüfen. Schließlich kann das gewählte Buch nach weiteren Stichworten durchsucht werden. Als Ergebnis der Suche wird eine Trefferliste mit den Seiten generiert, auf denen der Begriff gefunden wird. Je nachdem, ob die Seite zu den angezeigten Seiten gehört, wird auch ein „Textschnipsel" angeboten, in dessen Kontext sich das Suchwort befindet. Für nicht anzeigbare Seiten erhalten Sie den Textschnipsel nicht. Die gerade beschriebenen Optionen finden Sie auch nochmals außerhalb des Viewer-Bereiches in der Einzeltitelanzeige für das ausgewählte Buch. Zusätzlich gibt es dort die Möglichkeit, sich eine Zitation der bibliographischen Daten (Verfasser, Titel, Verlag etc.) des Buches in verschiedenen Formaten erstellen zu lassen.

Verweis: Zum Thema Export von bibliographischen Daten und wissenschaftliches Zitieren lesen Sie bitte im 3. Teil nach.

Die Bearbeitung von Texten oder Textteilen aus Büchern in Google-Books ist nicht möglich. Da es sich bei den angezeigten Seiten „nur" um Bilder handelt, können Sie daraus nicht kopieren. Sie müssen sich also an die Arbeit machen, die Textteile abzuschreiben. Jedoch können Sie sich eine eigene Mediathek anlegen und aus Google-Books benötigte Bücher dort hinzufügen. Hierzu brauchen Sie allerdings ein Google-Konto.

Fazit: Trotz des riesigen Umfangs des Angebotes erspart dieser Dienst für den wissenschaftlichen Bedarf nicht den Gang in die Bibliothek, da es aus urheberrechtlichen Gründen viele Lücken gibt und der sonstige Service, den Bibliotheken bieten, fehlt.

Google Alerts ist ein Informationsdienst, der Ihnen kostenlos zur Verfügung steht, ohne dass Sie einen Google Account oder eine Google Mail-Adresse benötigen. Damit haben Sie die Möglichkeit, sich Live-Benachrichtigungen (E-Mail) bezüglich aller möglichen Suchbegriffe zusenden zu lassen. Sie ersparen sich damit ein eigenes Monitoring des WWW und sind so immer auf dem aktuellen Stand hinsichtlich Ihres Studien-, Forschungs- oder Arbeitsthemas. Die Einrichtung ist sehr einfach. Sie können sich über die Neuveröffentlichung der Inhalte unverzüglich, täglich oder wöchentlich informieren lassen, die Art der Quelle, die Sprache und weitere Optionen einstellen.

Link: https://www.google.de/alerts

1.1.3 Alternative Suchmaschinen und Portale im Internet

Mit einem Marktanteil von ca. 85 Prozent (Desktop) bzw. 97 (Mobil) Prozent ist Google weiterhin die führende Suchmaschine in Deutschland. Andere kommerziell ausgerichtete Konkurrenzprodukte wie **Bing, Yahoo** oder **T-Online** verfügen zwar über ähnliche Recherchemöglichkeiten, können jedoch größtenteils nicht den gesamten Inhaltsumfang und Service von Google bieten. Allen diesen Suchmaschinen ist dann doch gemeinsam, dass zumindest Ihre IP-Adresse gespeichert wird oder sogar sämtliche Aktivitäten ausgewertet werden. Sie merken sich, welche Links angeklickt werden, wie viel Zeit sie auf jeder einzelnen Webseite verbringen und mehr. Es wird ein persönliches Profil erstellt, das als Filter für künftige Suchanfragen dient, um Sie mit Werbung zu „bedienen".

Mittlerweile sind aber Produkte auf den Markt gekommen, die mehr Rücksicht auf Ihre Privatsphäre und den Datenschutz nehmen. Die holländische Suchmaschine **Startpage.com** zeichnet keinerlei Daten ihrer Nutzer*innen auf (weder die IP-Adresse noch der genutzte Browser oder die Suchanfragen), obwohl der Index von Google genutzt wird, der jedoch von allen Trackern und Logs befreit worden ist. Im Angebot sind auch eine Bilder- sowie eine Videosuche und es stehen verschiedene Werkzeuge sowie eine *erweiterte Suche* zur Verfügung. Auch **DuckDuckGo** ist eine Suchmaschine, die Ihre Anonymität im Netz garantiert. Spam und irrelevante Inhalte werden vom Algorithmus entfernt und Sie erhalten eine gut geordnete und sehr umfangreiche Ergebnisliste, die der Google-Suche oftmals nicht nachsteht. Allerdings hat der Betreiber seinen Sitz in den USA. Wer lieber eine innereuropäische Suchmaschine bevorzugt und auf Schweizer Diskretion vertraut, ist mit **Swisscows** gut bedient. Swisscows hat einen eigenen Index für deutschsprachige Suchanfragen und übernimmt die Ergebnisse in anderen Sprachen von Bing, wobei die Suchanfragen allerdings ohne persönliche Identifikation gestellt werden. Diese Suchmaschine verzichtet auf Tracking und Geotargeting. Aus Frankreich (es gibt aber auch eine deutsche Version) kommt die Suchmaschine **Qwant**, die ebenfalls mit strengen Datenschutzbestimmungen wirbt. Neben einer einfachen Web-Suche bietet Qwant z. B. auch eine Medien- und eine Personensuche an. Neben originären Treffern werden auch Nachrichten, Social-Media-Beiträge sowie Videos angezeigt. Und wer bei seiner Internetsuche gleichzeitig noch seinen ökologischen Fußabdruck verbessern möchte, kann die Suchmaschine **Ecosia** nutzen, die 80 % ihres Gewinns für Baumpflanzprojekte spendet, also etwa einen Baum pro 45 Suchanfragen. Außerdem hat Ecosia eine Solaranlage gebaut, damit die Server mit sauberem Strom betrieben werden können. Die Suchergebnisse sind ähnlich gut wie die von Google. Allerdings ist die Suche auf Ecosia nicht völlig anonym. Es werden Suchdaten und persönliche Informationen gesammelt, die erst nach sieben Tagen anonymisiert werden.

Fazit: Wirklich alternative Suchmaschinen (wie Startpage, DuckDuckGo, Swisscows oder Qwant) bieten im Vergleich zu Google zwar nur bestimmte Grundfunktionen, nehmen aber entschieden mehr Rücksicht auf den Datenschutz.

1.1.4 Wikipedia – Eine Enzyklopädie für die Rechtsrecherche?

Aufgrund des ausgezeichneten Rankings bei der Google-Suche ist die Online-Enzyklopädie **Wikipedia** wahrscheinlich eines der wenigen Nachschlagewerke, in dem sich die meisten von Ihnen regelmäßig erste Informationen einholen. Allein die Menge an Informationen rechtfertigt dies. In der deutschen Version finden sich fast 2,9 Millionen und in der englischen Version sogar nahezu 6,8 Millionen Artikel. Das schließt zwar auch sehr kurze Beiträge ein, jedoch sind der Großteil der Inhalte und deren Aktualität wohl mit keinem anderen Online-Nachschlagewerk vergleichbar.

Und nicht nur, dass Wikipedia als eines der „Lieblingskinder" von Google immer ganz weit oben steht, kann sie auch sehr gut thematisch durchsucht werden. Auf der Hauptseite der deutschen Version finden sich ganz oben Themenbereiche, die einfach und sinnvoll unterteilt sind. So ist unter dem Thema „Gesellschaft" das **Portal: Recht** mit über 270000 Artikeln eingegliedert. Das Portal selbst ist noch einmal in die Kategorien *Überblick verschaffen*, *Schnell einsteigen*, *Rechtsordnungen* (sortiert nach Ländern und Rechtskreisen), *In Themen einlesen* (Schnelleinstieg in bestimmte Rechtsgebiete), *Schon gewusst, dass...* und *Neue Artikel* (zum Recht) unterteilt. Von den dortigen Unterkategorien bzw. Einträgen ist immer auf die entsprechenden Wikipedia-Artikel verlinkt.

Link: https://de.wikipedia.org/wiki/Portal:Recht

Aber auch bei der Arbeit mit Wikipedia sind einige Dinge zu beachten. Außer, dass sie kostenlos im Netz zur Verfügung steht, unterscheidet sie sich in einem Punkt ganz wesentlich von klassischen Nachschlagewerken wie dem Rechtswörterbuch von Creifelds oder dem Juristischen Wörterbuch von Köbler: dem Fehlen einer festen Herausgeberschaft. Die Wikipedia wird von seinen angemeldeten Benutzenden gemacht. Das wirft immer wieder die Frage nach der Qualität von Wikipedia-Artikeln auf. Zwar gibt es ein Redaktionsteam, das sich um bestimmte Bereiche kümmert, redaktionelle Arbeiten durchführt und unseriöse oder irrelevante Artikel entfernt (so auch für das Portal Recht), aber es kann eben dennoch jede beliebige Person an einzelnen Wikipedia-Artikeln arbeiten. Das heißt: Lesen Sie die Beiträge mit einem kritischen Auge und verlassen Sie sich nicht auf eine hundertprozentige Genauigkeit und Fehlerlosigkeit. Achten Sie besonders auf folgende

Hinweise bei manchen Einträgen: „Dieser Artikel oder Abschnitt bedarf einer Überarbeitung. Näheres sollte auf der Diskussionsseite angegeben sein." oder „Dieser Artikel oder nachfolgende Abschnitt ist nicht hinreichend mit Belegen (beispielsweise Einzelnachweisen) ausgestattet. Angaben ohne ausreichenden Beleg könnten demnächst entfernt werden." Darüber hinaus sollten Sie noch folgende Dinge beachten: Viele Rechtschreib- und Grammatikfehler müssen Sie stutzig werden lassen. Ist der Artikel inhaltlich neutral und sachlich geschrieben oder bezieht er eine klare Position bzw. stellt er eine Meinung dar? Nur wenn der Artikel einen sachlichen Überblick zum Thema gibt und unterschiedliche Positionen einbezieht, spricht das für dessen Glaubwürdigkeit. Wichtig ist auch, dass die Aussagen mit Quellen belegt sind, die am Ende des Artikels aufgelistet sein sollten.

Fazit: Benutzen Sie Wikipedia-Beiträge lediglich für den Ersteinstieg in ein Rechtsthema. Vermeiden Sie es, aus Wikipedia-Artikeln zu zitieren, da viele Dozentinnen und Dozenten Zitate aus Wikipedia nicht akzeptieren oder für unwissenschaftlich halten. Darüber hinaus sollten Sie Wikipedia nie als Haupt- oder gar einzige Quelle für Ihre Arbeit verwenden.

1.2 Bibliotheken und ihre Kataloge

Auf beinahe jeder Seite könnte der Tipp gegeben werden, dass Sie bei diesem oder jenem Anliegen in Ihrer Bibliothek nachfragen sollten. Bibliotheken sind längst nicht mehr verstaubte Bücherhallen mit streng dreinblickenden Bibliothekarinnen und Bibliothekaren. Vielmehr haben sich diese zu serviceorientierten und zentralen Einrichtungen von Universitäten, wissenschaftlichen Instituten oder anderen Forschungseinrichtungen entwickelt. Insbesondere auch der teilweise Zusammenschluss mit Rechenzentren ermöglicht es den Bibliotheken, moderne elektronische Angebote zur Verfügung zu stellen. Die so oft von der Politik beschworene Digitalisierung findet schon jetzt größtenteils in Bibliotheken statt. Aus diesem Grund lohnt es sich von Beginn des Studiums an, sämtliche Angebote der Bibliotheken zu erkunden. Je früher Sie sich mit dem System Ihrer **wissenschaftlichen Bibliotheken** und deren Arbeitsweise vertraut machen, umso schneller erwerben Sie die Informations- und Recherchekompetenzen, die Sie für Ihr Studium und die spätere wissenschaftliche Arbeit benötigen. Die Bibliothek wird auch als Arbeitsort und Ort für den studentischen und wissenschaftlichen Austausch immer attraktiver. Einen solchen Ort werden Sie besonders für die vorlesungsfreie Zeit, für die Ausarbeitung von Haus-, Seminar- und Abschlussarbeiten sowie die Prüfungsvorbereitungen brauchen, sofern Sie das nicht lieber von zu Hause erledigen. Dieser Abschnitt macht Sie zunächst mit der für Sie wichtigen Bibliothekslandschaft vertraut und erklärt danach die Grundlagen für die Nutzung der wichtigsten Rechercheinstrumente Ihrer Bibliotheksarbeit.

Tipp: Nutzen Sie die vielfältigen Angebote der verschiedensten Bibliotheken Ihrer Universität und Universitätsstadt.

1.2.1 Bibliotheksstruktur

Viele werden sich an dieser Stelle fragen, was es hier für Strukturen zu erklären gibt? Wer allerdings versucht, „Die Bibliothek" zu finden, wird überrascht sein, dass es mehrere Möglichkeiten gibt, die für die eigenen Belange von Interesse sein könnten. Oftmals werden auch Ausweichmöglichkeiten benötigt, wenn Material vergriffen oder schlichtweg kein Arbeitsplatz mehr frei ist.

Als ersten Anlaufpunkt sollten Sie die Bibliothek Ihres Fachbereiches ansteuern, die den Namen **Fachbereichs-, Abteilungs-, Fakultäts- oder Zweigbibliothek** bzw. **Bibliothek des juristischen oder rechtswissenschaftlichen Seminars** tragen wird. Diese befindet sich meistens in räumlicher Nähe zu den Hörsälen und Seminarräumen Ihrer juristischen Fakultät und ist deshalb den meisten Studierenden bekannt. Dort werden Sie in der Regel möglichst vollständig die für das Studium, die Lehre und die Forschung in Ihrem Fachbereich notwendigen Lehr- und Handbücher, Kommentare, Entscheidungs- und Gesetzessammlungen, Festschriften, Zeitschriften sowie Datenbanken finden. Die Bestände dieser Bibliotheken sind üblicherweise auf die Lehrinhalte abgestimmt, die nach den Juristenausbildungsordnungen prüfungsrelevant sind. Damit bildet das deutsche Recht einen Schwerpunkt, ergänzt durch Material zum Völker- und Europarecht. Im Idealfall werden sogar Skripten der bekannten Repetitorien angeboten. Je nachdem, wie sich einzelne Lehrstühle oder Institute wissenschaftlich verortet haben, können auch Bestände zum ausländischen Recht oder zu sehr speziellen Themen vorhanden sein. Alle Materialien sind nahezu ausschließlich nur für die Nutzung vor Ort vorgesehen (Präsenzbibliothek), um sie einer großen Zahl von Benutzerinnen und Benutzern zugänglich zu machen. Teilweise werden allerdings – unter bestimmten Voraussetzungen – Ausleihen über Nacht oder das Wochenende zugelassen. Die Öffnungszeiten variieren von Universität zu Universität und auch nicht alle Fachbereichsbibliotheken haben am Sonntag geöffnet. Der Trend geht allerdings immer mehr zur 24/7-Öffnung. Erfahrungsgemäß sind diese Bibliotheken zu den Hauptstoßzeiten (zwischen den Vorlesungen, zu Hausarbeitszeiten etc.) sehr voll, so dass durchaus immer mal wieder die Möglichkeit besteht, dass kein Platz zur Verfügung steht.

Eine weitere – zum Teil wenig bekannte – Möglichkeit, in der Nähe des Studien- und Ausbildungsgeschehens eine rechtswissenschaftliche Bibliothek zu finden, sind die **Institutsbibliotheken.** An den juristischen Fakultäten oder Seminaren gibt es oftmals Institute, die sich speziellen Rechtsgebieten widmen (z. B. Institut für Völker- und Europarecht etc.). Diese Institute sammeln und pflegen teilweise dezentral eigene Literaturbestände, die sich meistens auf das konkrete Forschungsgebiet beziehen. Mitunter ist hier sogar speziellere Literatur zu finden als in den Fachbereichsbibliotheken, was für die Erarbeitung von Hausarbeiten von Vorteil sein kann. Die Benutzungsmöglichkeit ist unterschiedlich. Entweder sind diese Bestände für alle Studierenden und das Personal der juristischen Fakultät benutzbar oder aber nur für die Mitarbeiterinnen und Mitarbeiter bzw. studentischen Hilfskräfte des Instituts. Manchmal kommt es vor, dass diese Bibliotheken in die Fachbereichsbibliothek integriert werden.

Institutsbibliotheken besonderer Art sind die **Bibliotheken der juristischen Max-Planck-Institute.** Derzeit gibt es in Deutschland acht Max-Planck-Institute und eines in Luxemburg, die in speziellen Bereichen des Rechts Spitzenforschung betreiben. Dies sind universitätsunabhängige Forschungseinrichtungen, die von der Max-Planck-Gesellschaft unterhalten werden. Die Bibliotheken dieser Institute gehören zu den am besten ausgestatteten Rechtsbibliotheken in Deutschland. Jedoch gilt auch für diese wieder das Prinzip der spezialisierten Sammlung, die sich auf den Forschungsschwerpunkt des Instituts bezieht (z. B. ausländisches und internationales Privatrecht, ausländisches öffentliches Recht und Völkerrecht etc.). Für die Benutzung der Bibliothek muss in der Regel ein berechtigtes wissenschaftliches Interesse nachgewiesen werden. Für Personen, die nicht Mitarbeitende des Instituts sind, sind die Bestände nur vor Ort benutzbar und eine Fernleihe ist in der Regel ausgeschlossen.

Schließlich verfügen Hochschullehrende über nicht unbeachtliche **Handapparate** an Literatur, die für die eigenen Lehr- und Forschungszwecke angeschafft und benötigt werden. In den Katalog- und Nachweissystemen der Fachbereichsbibliothek sind diese Bestände zumeist nicht enthalten und die Benutzbarkeit ist auf Seminarteilnehmende oder wissenschaftliche Mitarbeiterinnen und Mitarbeiter bzw. studentische Hilfskräfte beschränkt.

Tipp: Auch die zentrale Universitätsbibliothek ist ein sehr guter Anlaufpunkt für die Beschaffung benötigter Rechtsliteratur und ein guter Ort zum Arbeiten.

Oftmals – aber nicht zwangsläufig – etwas entfernt vom Geschehen in der juristischen Fakultät ist die **zentrale Universitätsbibliothek.** Diese ist universell eingerichtet, so dass alle an der Universität gelehrten Fächer bedient sowie allgemeine Nachschlagewerke angeboten werden. Was den Rechtsbestand betrifft, sind diese etwas allgemeiner als die Fachbereichsbibliotheken ausgestattet, bleiben jedoch als Arbeitsbibliothek sehr gut geeignet. Gerade bei interdisziplinärer Rechtsforschung haben Sie schnell Zugriff auf die Literatur zu angrenzenden Fachgebieten, wie z. B. Politik, Wirtschaft oder Geschichte. Neueste Lehrbücher und Kommentare sind vielfach in mehreren Exemplaren vorhanden. Bis auf die Lesesaalbestände ist eine Ausleihe möglich – mit der häufig bestehenden Besonderheit der **Lehrbuchsammlung**, bei der mehrere Exemplare für die Ausleihe zur Verfügung stehen.

Tipp: Nicht nur die Universität, sondern auch andere öffentliche und staatliche Einrichtungen haben Bibliotheken mit guten Rechtsbeständen.

Sollten Sie innerhalb des Campus nicht zum Zuge kommen, da alle Plätze belegt oder alle Materialien in Gebrauch sind, gibt es außerhalb des Angebotes der Universität Alternativen:

In nahezu jeder Universitätsstadt gibt es Gerichte (Amts-, Landes- und bestenfalls auch Oberlandesgerichte), die teilweise sehr gut ausgestattete **Gerichtsbibliotheken** vorweisen können. Gerade die Oberlandesgerichte (in Berlin das Kammergericht), die Ausbildungsbehörde der Rechtsreferendarinnen und Rechtsreferendare während des juristischen Vorbereitungsdienstes sind, haben nicht nur für die Rechtspraxis relevante Literatur vorrätig, sondern bieten auch – ihrem Auftrag entsprechend – Ausbildungsliteratur an. Allerdings ist der Benutzendenkreis oft eingeschränkt (z. B. Mitarbeiter*innen von Gerichten und Behörden, Referendar*innen im Bezirk des Oberlandesgerichts bzw. Kammergerichts, Rechtspflegeranwärter*innen, die Anwaltschaft, Jurist*innen mit bestandenem erstem Staatsexamen oder andere Personen mit Genehmigung der Bibliotheksleitung). Für die Benutzung der **Bibliotheken in Landgerichtsbezirken** sind teilweise auch Studierende der Rechtswissenschaften für die Benutzung zugelassen, soweit diese ein Praktikum beim Landgericht absolvieren. Die **Bibliotheken der Amtsgerichte** stehen meistens nur für den Dienstgebrauch zur Verfügung und sind oftmals sehr beschränkt ausgestattet. Analog verhält es sich mit den Bibliotheken der Verwaltungsgerichtsbarkeit. Eine große Ausnahme bilden die **Bibliotheken der Bundesgerichte**, die außergewöhnlich gute und große Bestände haben. Diese sind in der Regel auch für Personen, die keine Richter, Mitarbeitende oder zugelassene Anwält*innen dieses Gerichts sind, für die Benutzung zugelassen. Jedoch erfolgt hier eine strenge Eingangskontrolle und die Art und Dauer der Benutzung sind für Gäste eingeschränkt, da der reibungslose Dienstbetrieb des entsprechenden Bundesgerichts nicht beeinträchtigt sein darf. So verhält es sich auch für die **Bibliothek des Bundesverfassungsgerichts.**

Sollten Sie in einer Stadt studieren, die gleichzeitig Sitz eines Parlaments oder einer Regierung ist, so stehen diesen Einrichtungen **Parlaments- und Behörden-**

bibliotheken zur Verfügung, die auf teilweise unterschiedliche Art und Weise Dritte zur Benutzung zulassen.

Diese vorab genannten Beispiele stellen die sich offensichtlich und vordergründig bietenden Möglichkeiten dar, Bibliotheken mit Beständen für das juristische Studium oder Referendariat zu benutzen. Jedoch ist die Bibliothekslandschaft im juristischen Bereich so groß, dass auch die **Bibliotheken von großen Anwaltskanzleien, Juristinnen- und Juristenvereinen** sowie **Verbänden** und **Gewerkschaften** zu erwähnen bleiben. Zwar sind auch diese oftmals spezialisiert und nur bestimmten Benutzergruppen zugänglich, stehen teilweise aber doch auch anderen Personenkreisen zur Verfügung. Fragen Sie also vor Ort, ob Sie die betreffende Bibliothek benutzen dürfen. In der Regel sind auch diese an einer breiten Nutzung interessiert.

Schließlich wären noch die Landes- und Kommunalbibliotheken zu nennen. Die **Landes-** oder auch **Staatsbibliotheken** (für jedes Bundesland) können mit Universitätsbibliotheken verbunden sein (Staats- und Universitätsbibliothek) und sind meistens nicht nur Pflichtexemplarbibliothek für die im eigenen Bundesland erschienenen Publikationen, sondern erfüllen ebenso einen Archivauftrag. Dies bedeutet, dass dort neben der sehr aktuellen Literatur auch viele Altbestände vorhanden sind. Die Auswahl an juristischer Literatur ist unterschiedlich groß. Dies hängt unter anderem davon ab, welche Rechtsverlage in dem jeweiligen Bundesland ihren Sitz haben. In den **Kommunalbibliotheken** bzw. öffentlichen Bibliotheken werden Sie eher Ratgeberliteratur finden, die Ihnen für Ihr Studium oder das Referendariat wenig Nutzen bringen dürfte.

Zum Schluss seien noch zwei besonders wichtige Sammlungen genannt, die Sie für Ihre juristische Ausbildung und die spätere wissenschaftliche Arbeit unbedingt kennen sollten.

Die Aufgaben, die die Landesbibliotheken für das jeweilige Bundesland erfüllen, nimmt die **Deutsche Nationalbibliothek (DNB)** (mit Sitz in Leipzig und Frankfurt/M.) für ganz Deutschland wahr. Diese Bibliothek sammelt seit 1913 alle Publikationen, die in Deutschland erschienen sind und zusätzlich im Ausland erscheinende Germanica sowie Übersetzungen deutschsprachiger Werke. In Deutschland ansässige Verlage sind verpflichtet, die von ihnen verlegten Werke als Pflichtexemplar an die DNB abzugeben. Somit verfügt die DNB auch über die umfassendste Sammlung an deutscher und deutschsprachiger Rechtsliteratur in Deutschland. Der Auftrag der Bibliothek besteht allerdings daneben darin, diese Bestände zu erschließen, zu archivieren und zu bewahren. Die DNB stellt ihre Sammlungen und Informationen der Öffentlichkeit zur Verfügung, sowohl physisch als auch digital. Für die gedruckten Materialien ist nur eine Benutzung vor Ort möglich. Eine Fernleihe erfolgt allenfalls als Kopie. Schließlich hat die DNB den Auftrag die Langzeitarchivierung von digitalen Publikationen ihres Sammelprofils zu gewährleisten, um sicherzustellen, dass auch in Zukunft auf diese Informationen zugegriffen werden kann.

Link: https://www.dnb.de/

Wenn Sie allerdings besonders spezielle oder gar ausländische Rechtsliteratur interessiert, dann waren Sie bis Ende 2013 beim **Sondersammelgebiet Recht** der **Staatsbibliothek zu Berlin** an der richtigen Stelle. Als Kriegsfolge hat die Deutsche Forschungsgemeinschaft (DFG) 1949 einen so genannten Sondersammelgebietsplan für die deutsche Wissenschaft aufgestellt, wobei für die einzelnen Wissenschaftsgebiete verschiedene Bibliotheken den Auftrag erhalten haben, für dieses Fachgebiet die wissenschaftliche Literatur (insbesondere ausländische Publikationen) anzuschaffen und deutschlandweit zur Verfügung zu stellen. Dieses System, das heute noch in anderer Form existiert, wird auch überregionale Literaturversorgung genannt. Sinn und Zweck war es, dass mindestens ein Exemplar einer benötigten Publikation in Deutschland verfügbar ist, da nicht alle Bibliotheken alles anschaffen können. Die Rechtswissenschaften wurden seit 1975 durch die Staatsbibliothek zu Berlin betreut, die auch schon zuvor über eine bedeutende Rechtssammlung verfügte. Bis Dezember 2013 hatte das Sondersammelgebiet Recht ca. 1,25 Millionen Druckwerke in seinem Bestand, über 2000 laufende Zeitschriften, unzählige laufende Schriftenreihen und die Lizenzen für die wichtigsten Rechtsdatenbanken des In- und Auslandes. Darüber hinaus ist durch das Sondersammelgebiet Recht ein Portal mit dem Namen **Virtuelle Fachbibliothek Recht** aufgebaut worden. Dieses Portal entwickelt sich immer mehr zu einem zentralen Einstiegspunkt für die rechtswissenschaftliche Recherche im Internet und wird später noch detaillierter vorgestellt werden.

Das Sondersammelgebietssystem ist durch die DFG 2012 und 2013 evaluiert worden und sie ist zu dem zum Schluss gekommen, dass das alte Modell nicht den tatsächlichen Bedürfnissen der Forschung und den voranschreitenden technischen Entwicklungen gerecht wird. Aus diesem Grunde ist ein neuer Förderbereich etabliert worden, der sich Fachinformationsdienste für die Wissenschaft (kurz: FID) nennt. Im Rahmen dieses Förderprogramms hatten die ehemaligen Sondersammelgebiete die Möglichkeit, einen entsprechenden Antrag auf Einrichtung und den Betrieb eines Fachinformationsdienstes zu stellen. Durch die Staatsbibliothek zu Berlin ist ein Antrag gestellt und durch die Deutsche Forschungsgemeinschaft der **Fachinformationsdienst für internationale und interdisziplinäre Rechtsforschung** bewilligt worden, der sich seit dem 1. Januar 2014 im Auf- bzw. Ausbau befindet.

Link: http://staatsbibliothek-berlin.de/recherche/fachgebiete/rechtswissenschaft/

Schon der neue Name verrät, dass der fachliche Fokus nun nicht mehr auf dem „Recht der Welt" liegt, sondern das internationale Recht (mit allen Facetten), die juristische Grundlagenforschung und alle interdisziplinären Aspekte rechtswissenschaftlicher Forschung in den Mittelpunkt rücken. Dafür sollte auch das Logo <intR>² (gesprochen: *Inter-Zwei*) des Fachinformationsdienstes stehen, welches jedoch durch die Fachcommunity nicht besonders gut angenommen worden ist, so dass nunmehr künftig die Abkürzung **FID intRecht** Anwendung finden wird. Im Unterschied zum Sondersammelgebiet hat der FID intRecht nun nicht mehr nur benötigte konventionelle Medien zu erwerben, sondern es ist das Ziel, der Forschungscommunity verstärkt elektronische Medien und Servicedienstleistungen zur Verfügung zu stellen. Dazu gehören u. a. neben einem Discoverysystem, einem Blogaggregator sowie Zeitschrifteninhaltsdienst, einem Dokumenten- und Publikationsservice und einem bedarfsgerechten Digitalisierungsservice auch ein Virtueller Lesesaal und weitere Services, die sämtlich über die Virtuelle Fachbibliothek für internationale und interdisziplinäre Rechtsforschung (ViFa) angeboten werden. Die Zukunft der Fachinformationsdienste ist noch ungewiss, da diese derzeit nur eine befristete Projektförderung erfahren. Eine Fortsetzung der Förderung der Fachinformationsdienste ist jedoch wahrscheinlich und in Planung.

Fazit: Es gibt eine Vielzahl von Bibliotheksangeboten in unmittelbarer Nähe zum Lehrgeschehen oder in Ihrem Universitäts- bzw. Ausbildungsort, die Sie unbedingt nutzen sollten, da Sie dort nicht nur einen Platz zum Arbeiten und Studieren (und damit auch Kontakte), sondern vor allem die notwendigen Materialien finden. Nutzen Sie diese Angebote und erkundigen Sie sich über die Bestände sowie Nutzungs- und Ausleihmöglichkeiten.

1.2.2 Bibliotheksorganisation

Haben Sie eine Bibliothek Ihrer Wahl gefunden? Gut! Um nunmehr möglichst schnell und effizient an die Literatur zu kommen, die Sie für die juristische Recherche benötigen, sollen Sie nun erfahren, wie in der Bibliothek danach gesucht werden kann. Hierzu brauchen Sie Kenntnisse, wie sich Ihre Bibliothek selbst organisiert und welche Werkzeuge sie dafür benutzt. Dies ist von Bibliothek zu Bibliothek zwar unterschiedlich, jedoch gibt es elementare Gemeinsamkeiten.

Einen ersten Überblick über die Bestände und die **Benutzung einer Bibliothek** können Sie sich auf den Internetseiten der Bibliothek oder durch ausliegendes Informationsmaterial verschaffen. Selbst die zu jeder Bibliothek gehörende Benutzungsordnung gibt bereits viele Auskünfte über die Bedingungen der Benutzung (z. B. Öffnungszeiten, Benutzungsverhältnis, Ausleihmöglichkeiten etc.). Wer einen direkteren oder persönlicheren Eindruck von der Bibliothek erhalten möchte, sollte an einer der vielfach angebotenen Benutzungseinführungen teilnehmen. Diese können allgemeiner Art sein oder sich bereits auf die konkrete Literatursuche beziehen. Darüber hinaus steht in jeder Bibliothek auskunftsfreudiges Personal bereit, welches Ihnen von einer kurzen Benutzungseinführung bis zur Schulung spezieller Datenbanken behilflich sein wird. Gerade für die Schulung juristischer Datenbanken oder spezielle Fachauskünfte zeichnen wissenschaftliche Bibliothekarinnen und Bibliothekare (Rechtsbibliothekar*innen) verantwortlich, die nahezu immer neben der Bibliotheksausbildung wenigstens den Abschluss in einem juristischen Hochschulstudium nachweisen können. Die **Rechtsbibliothekarinnen** und **Rechtsbibliothekare** sind im deutschsprachigen Bereich (Deutschland, Österreich, Schweiz) sogar in einem Verein, der **Arbeitsgemeinschaft für juristisches Bibliotheks- und Dokumentationswesen (AjBD)**, organisiert.

Link: https://www.ajbd.de/

Die Schweiz kann daneben allerdings noch eine eigene Vereinigung, nämlich die **Vereinigung der juristischen Bibliotheken der Schweiz (VjBS)** nachweisen. Für den anglo-amerikanischen Rechtskreis wären die **American Association of Law Libraries (AALL), Canadian Association of Law Libraries (CALL/ACBD), Australian Law Librarians' Association (ALLA)** und die **British and Irish Association of Law Librarians (BIALL)** zu nennen. Und selbst international hat sich dieser Berufszweig in der **International Association of Law Libraries (IALL)** organisiert. Die Links zu den Webseiten dieser Vereinigungen finden Sie im systematischen Ressourcenverzeichnis am Ende dieses Buches.

Neben dem Bibliothekspersonal können Ihnen auch Studierende aus den höheren Semestern beim Start in die Bibliotheksarbeit behilflich sein, die teilweise sogar als studentische Hilfskräfte in der Bibliothek arbeiten. Am besten ist es jedoch, Sie besuchen frühzeitig einen Kurs zum Erwerb von **Informationskompetenz**, der in vielen Universitäten sogar als Grundlagenschein anerkannt wird, so dass Sie umfangreich über die Serviceleistungen und Benutzungsdienste informiert sind und darüber hinaus einen sehr sinnvollen Schein erworben haben. Damit erlernen Sie diese **Schlüsselkompetenz** nicht scheibchenweise, sondern gleich zu Beginn Ihrer juristischen Ausbildung, so dass Sie von Anfang an bestens für Ihre Literaturrecherche gerüstet sind. Die nachfolgenden Ausführungen werden Sie mit dem wichtigsten Wissen dafür ausstatten.

1.2.2.1 Aufstellungssystematik

Die Aufstellung der frei vor Ort zugänglichen Literatur erfolgt in der Regel nach einem bestimmten System, das in der Bibliothekswelt **Aufstellungssystematik** genannt wird.

Diese Systematik könnten Sie sich dadurch erschließen, indem Sie durch die Regalreihen schlendern und nach der gewünschten Literatur suchen. Aufgrund des zumeist sehr großen Umfanges der Bestände würden Sie dieses Unternehmen wahrscheinlich jedoch schnell wieder aufgeben. Vielmehr sollten Sie bei der Auskunft der Bibliothek direkt nach der Aufstellungssystematik fragen und sich bestenfalls eine Übersicht davon aushändigen oder zeigen lassen. Oftmals sind diese jedoch so umfangreich, dass es besser ist, sich die elektronische Version vorzunehmen, um sich dann mit einer Raumübersicht auf den Weg zu machen. In bereits gut digitalisierte Bibliotheken ist der elektronische Katalog mit einem Rauminformationssystem (z. B. V:Scout) verbunden, so dass Sie sich bei Auffinden eines vor Ort aufgestellten Buches den direkten Weg dorthin anzeigen lassen können. Ansonsten werden Sie schnell herausfinden, dass die systematische Aufstellung nach den einzelnen Rechtsgebieten erfolgt, die ihrerseits wieder eine Untergliederung erfahren. Wie stark diese Untergliederung erfolgt, hängt von dem Rechtsgebiet, aber auch von der Bibliothek ab, da hier nicht immer eine einheitliche Systematik verwendet wird. Innerhalb dieser weiteren Untergliederung findet dann zumeist eine Ordnung nach dem Publikationstyp (Art der Publikation) statt. So stehen bestenfalls Lehrbücher neben Lehrbüchern, Kommentare neben Kommentaren und Fälle mit Lösungen neben Fällen mit Lösungen. Sollte der Platz im Freihandbereich **(Freihand- oder Präsenzbibliotheken)** nicht ausreichen, wird der Buchbestand in einem Magazin untergebracht **(Magazinbibliotheken)**, in welchem die Aufstellung derjenigen im Freihandbereich entspricht oder die Bücher erhalten fortlaufende Signaturen, die ihrem Eingang entsprechen (numerus currens). In diesem Fall (Magazinbibliotheken) werden Sie die Bücher jedoch meistens bestellen müssen. Bei der vorab geschilderten numerus currens-Aufstellung werden Sie das Problem haben, dass Sie die gesuchte Literatur nicht systematisch auffinden können, da hier ein Lehrbuch zum Verwaltungsrecht neben einer Festschrift für einen Zivilrechtslehrer und einem Kommentar zum Betäubungsmittelrecht stehen kann. Sie benötigen also ein Verzeichnis, in welchem einem Titel die eindeutige Signatur und ggf. auch noch ein Rechtsgebiet zugeordnet sind. Diese Aufgabe erledigt der Katalog.

1.2.2.2 Kataloge und Katalogrecherche

Ein **Katalog** ist ein Verzeichnis, welches den Bestand einer Bibliothek analog (auf Zetteln oder Kärtchen) oder digital (als elektronischer Katalog – auch **OPAC** [*online public access catalog*] genannt) nachweist. Es gibt verschiedene Arten von Katalogen. Die wichtigsten, die Sie kennen sollten, sind die Standort- sowie die alphabetischen und die sachlichen (systematischen) Kataloge. Der *Standortkatalog* verzeichnet die Bestände der Bibliothek so, wie diese aufgestellt sind. Bei den *alphabetischen Katalogen* werden die Namen der Verfasserinnen oder Verfasser bzw. der sonstigen beteiligten Personen oder Institutionen alphabetisch sortiert. Die Bestände können im alphabetischen Katalog aber auch nach den Titelanfängen alphabetisch sortiert sein. Der *systematische oder Sachkatalog* gliedert wiederum nach Wissenschaftsgebieten und dazugehörigen Untergebieten. Innerhalb der untersten sachlichen Ebene kann dann wiederum eine Ordnung nach Publikationstyp, chronologisch oder auch alphabetisch erfolgen. Diese sachlichen Zuordnungen werden mittlerweile fast nur noch elektronisch angeboten bzw. sind als Filter oder Zusatzfunktion in die OPACs oder Discoverysysteme integriert.

Tipp: Benutzen Sie die verschiedenen Kataloge Ihrer Bibliothek, um die gesuchte Literatur zu finden. Lassen Sie sich in die Benutzung der Kataloge vom Bibliothekspersonal einweisen.

Damit wissen Sie zwar, wo Sie entsprechende Literatur finden, jedoch fehlt Ihnen noch die Technik der Benutzung der Kataloge. Die **Katalogrecherche** ist heutzutage nicht viel komplexer als die Recherche in anderen Datenbanken oder mit Suchmaschinen, da die meisten Kataloge heute mittlerweile elektronisch als OPAC oder Discoverysystem zur Verfügung stehen.

Der klassische OPAC einer Bibliothek sollte es allgemein ermöglichen, in den Beständen der Bibliothek zu recherchieren, diese in Listen oder als Einzeltitel anzuzeigen sowie die Verfügbarkeit, Ausleihmöglichkeit oder den Standort des Mediums kenntlich zu machen. Angeboten wird in der Regel eine *einfache, erweiterte* oder *systematische Suche.*

Die einfachste Suche würde darin bestehen, einen oder mehrere Begriffe (diese wären automatisch mit **UND** verbunden) in den Suchschlitz einzugeben, so dass alle Kategorien (Bibliothekare nennen diese auch Metadaten) durchsucht werden. Besonders in Bibliotheken mit sehr großen Beständen kann dies zu umfangreichen Listen führen, die die Benutzerinnen oder Benutzer frustrieren. Außerdem könnten Titel angezeigt werden, denen man auf den ersten Blick nicht ansieht, warum sie aufgelistet sind. Das kann beispielsweise daran liegen, dass Suchbegriffe in den im Volltext durchsuchbaren Inhaltsverzeichnissen gefunden wurden. Aus diesem Grunde empfiehlt es sich, auch die einfache Suche von Beginn an einzuschränken. Sollten Sie eine genaue Wortfolge suchen, nutzen Sie die **Phrasensuche**, die nahezu ausschließlich über Anführungszeichen („") funktioniert. Wollen Sie hingegen nur einen Wortstamm benutzen (z. B. Umweltschutz), um auch Treffer zu erzielen, die diesen Wortstamm benutzen (z. B. Umweltschutzrecht, Umweltschutzmaßnahme) so müssen Sie eine **Trunkierung** des Suchbegriffs vornehmen.

Darüber hinaus werden zur Eingrenzung der einfachen Suche Wahllisten oder Wahlboxen angeboten, die in Klappboxen oder Pull-Down-Menüs abgelegt sind.

Die Suchoperatoren (auch **Boolesche Operatoren** genannt) beziehen sich auf die Stellung der Suchbegriffe zueinander. Mit **UND (AND)** findet man all die Dokumente, in denen beide Begriffe vorkommen (Schnittmenge → weniger Treffer). Bei einer **ODER**-Verknüpfung **(OR)** werden die Dokumente angezeigt, die mindestens einen der beiden Begriffe beinhalten (Vereinigungsmenge → mehr Treffer). Schließlich werden mit **NICHT (NOT)** bestimmte Begriffe ausgeschlossen (Differenzmenge → weniger Treffer). Durch Klammersetzungen kann verschieden kombiniert werden.

Beispiel: ((... UND ...) ODER (... UND ...)) NICHT (... ODER ...)

Neben den Suchoperatoren werden vielfach so genannte **Suchschlüssel** angeboten. Diese sollen helfen, die Art des Suchbegriffes bzw. dessen Fundort einzuschränken. Die gängigsten Suchschlüssel sind:
- *Alle Begriffe* (Alle Wörter, freie Suche)
  Oftmals voreingestellt! Recherche über alle möglichen Suchschlüssel. Teilweise sind bestimmte Suchschlüssel ausgenommen.
- *Titel* (Titelstichwort)
  Suche mit Stichwörtern im Titel, Untertitel oder Gesamttitel von Büchern, Zeitschriften und Serien etc.
- *Person* (Autor*in, Urheber*in [Werke von])
  Suche mit Personen (Autor*innen, Herausgeber*innen, Mitarbeiter*innen, Übersetzer*innen etc.)
- *Schlagwörter*
  Schlagwörter sind normierte Bezeichnungen, die den Inhalt eines Werkes zusammenfassend wiedergeben. Dabei kann es sich um Sachinhalte handeln sowie um Personen (Werke über), Gebiete oder Orte, Organisationen u. a., die das betreffende Werk zum Thema haben.

– *Erscheinungsjahr*
Bei der Suche in Onlinekatalogen ist es nahezu immer möglich, auf ein Erscheinungsjahr oder einen Erscheinungszeitraum einzugrenzen.
– *Inhaltsverzeichnisse*
Schließlich bieten mache OPACs eine ausschließliche Suche in den Inhaltsverzeichnissen (nicht im gesamten Inhalt des Werkes) an.

Die Suchoperatoren und Suchschlüssel können in der erweiterten Suche nahezu unzählig und auf verschiedene Art und Weise kombiniert werden. Zusätzlich kann die Suche beispielsweise nach Materialarten eingegrenzt werden. Diese Eingrenzung ist sehr sinnvoll, wenn Sie nur Aufsätze, Zeitschriften oder elektronische Angebote suchen. Je nach OPAC-System müssen Sie sich die Operatoren oder Suchschlüssel einzeln zusammenklicken oder die erweiterte Suche bietet vorbereitete Kombinationen an.

Hinweis: Über Onlinekataloge werden nicht die Inhalte von Datenbanken, Zeitschriften oder die Volltexte von Büchern durchsucht. Dies ist teilweise nur mit so genannten Discoverysystemen möglich, die regelmäßig die Bezeichnung „Katalog Plus / +" oder ähnlich tragen.

Neben den klassischen OPACs einzelner Bibliotheken gibt es auch Katalogtypen, die den Medienbestand mehrerer Bibliotheken gemeinsam nachweisen. Zu unterscheiden ist hierbei zwischen Verbundkatalogen, die den Datenbestand mehrerer Bibliotheken in einer gemeinsamen Datenbank verzeichnen, und den sogenannten virtuellen Katalogen, die eine einzelne Suchanfrage an verschiedene Einzel- oder Verbundkataloge schicken.

In Deutschland haben sich Bibliotheken verschiedener Regionen zu einzelnen Verbünden zusammengeschlossen, um sich durch die Übernahme von Katalogdaten anderer Bibliotheken die eigene Katalogisierung zu erleichtern. Als gemeinsames Nachweisinstrument dienen **Verbundkataloge**, die die Bestände aller teilnehmenden Bibliotheken nachweisen. Der Datenpool, in dem Sie hier recherchieren, ist ungleich größer als der jedes einzelnen OPACs. Insoweit erfüllen Verbundkataloge auch eine bibliographische Funktion (Was gibt es zu meinem Thema?). In Deutschland haben sich sechs regionale Verbünde wissenschaftlicher Bibliotheken etabliert (siehe systematisches Ressourcenverzeichnis in der Anlage).

Typischerweise präsentieren Verbundkataloge zunächst die bibliographischen Daten des gesuchten Mediums und darunter eine Liste der Bibliotheken, die über das entsprechende Werk verfügen. Sofern ein Werk in keiner Bibliothek Ihres Heimatortes vorhanden ist, können Sie es in der Regel über die Online-Fernleihe des Verbundkatalogs direkt selbst bestellen. Geliefert werden diese Werke dann in Ihre lokale Bibliothek.

Als virtuelle Kataloge oder auch **Metakataloge** bezeichnet man Kataloge, die Suchanfragen an zahlreiche OPACs einzelner Bibliotheken, an Verbundkataloge oder auch andere bibliographische Datenbanken weitergeben. Wenn Sie z. B. einen Titel in Ihrer Heimatbibliothek nicht finden können, aber wissen wollen, ob es dieses Buch in irgendeiner anderen deutschen Bibliothek gibt, um es möglicherweise über die Fernleihe zu bestellen, können Sie einen Metakatalog benutzen. Früher mussten alle Verbundkataloge nacheinander durchsucht werden, da es im föderalen Deutschland keinen nationalen Zentralkatalog gab und immer noch nicht gibt.

Der wichtigste virtuelle Katalog des deutschsprachigen Raums ist der **Karlsruher Virtuelle Katalog (KVK)**, über den auf alle Verbundkataloge des deutschsprachigen Raums, auf Verbundkataloge des Auslands sowie verschiedene Nationalbibliotheken, eine Auswahl der wichtigsten deutschen und internationalen Bibliotheken sowie auf zahlreiche Buchhandelsverzeichnisse und elektronische Publikationsplattformen (eDoc-Server) zugegriffen werden kann.

Link: https://kvk.bibliothek.kit.edu/

In Laufe der Jahre ist der KVK immer mehr verbessert worden. Besonders im Bereich Digitaler Medien können Sie viele frei zugängliche Publikationen (z. B. in BASE, DOAB, DOAJ und ZVDD, die später noch näher beschrieben werden) entdecken und selbst Google Books ist eingebunden.

Hinweis: Der KVK ist von der Verfügbarkeit bzw. der Erreichbarkeit der Zielsysteme im Internet abhängig, da er selbst über keine eigene Datenbank verfügt. Sollte also eine Zieldatenbank ausfallen, erhalten Sie auch über den KVK von dort keine Ergebnisse. Das System sucht in allen Katalogen, die angehakt sind. Die Links in den Kurztitellisten führen zu den Original-Volltitelanzeigen der einzelnen Systeme, die vom KVK nicht weiter aufbereitet werden.

Der weltweit größte Katalog im Hinblick auf die bibliographischen Daten und die nachgewiesenen Bibliotheken ist der **WorldCat**, der die Bestände von mehr als 10000 Bibliotheken aus über 170 Ländern nachweist; insgesamt sind über 500 Millionen Medien mit mehr als 3,1 Milliarden Besitznachweisen verzeichnet. Damit sind natürlich längst nicht alle Bibliotheken der Welt beteiligt, aber trotzdem ist dieser Pool gigantisch. Nach einer ausgeführten Suche klicken Sie auf ein Ergebnis und Sie sehen eine Liste der Bibliotheken, die diese Ressource im Bestand haben (sogar mit Entfernungsangabe in Kilometern, falls Sie Ihren Standort angegeben haben). Auf frei verfügbare Medien können Sie übrigens gleich direkt zugreifen.

Es gibt zwei verschiedene Versionen von WorldCat. Die etwas komfortablere Version ist diejenige für teilnehmende Bibliotheken. Was die Rechercheinhalte betrifft, steht die „freie" Version dem Bibliotheksangebot jedoch nicht nach.

Link: http://www.worldcat.org/

Mit dem WorldCat erzielen Sie riesige Treffermengen, so dass Sie leicht den Überblick verlieren könnten. Nutzen Sie auch für den WorldCat die erweiterte Suche und zur weiteren Eingrenzung der Treffermengen die Optionen links von der Ergebnisliste (Filter und Facetten → siehe nächster Abschnitt).

1.2.2.3 Suchmaschinen für die Bibliotheken

Was den kommerziellen Anbietern zu ihrem Erfolg verholfen hat, kann für die Verbesserung der Recherchemöglichkeiten in Bibliotheken nur hilfreich sein: Die Suchmaschinentechnologie! Diese machen sich immer mehr Bibliotheken zu Nutze und bieten eigene, zumeist auf Open Source basierende, oder von kommerziellen Anbietern nach Maß geschneiderte Werkzeuge an, die neuartige Funktionalitäten beinhalten.

Das so genannte **Discoverysystem** ist ein Portal mit dem nach Möglichkeit die verschiedensten Ressourcen, die in einer Bibliothek verfügbar sind, parallel durchsucht werden. Um also die nacheinander ablaufende Suche nach Büchern in Katalogen, nach Zeitschriftenartikeln bzw. anderen Inhalten in Datenbanken oder freie Ressourcen im Web abzulösen, gehen immer mehr Bibliotheken dazu über, eine Suche aus einer Hand anzubieten. Dafür werden der gesamte Katalogbestand einer Einrichtung, möglichst viele von der Einrichtung lizenzierte Inhalte externer Anbieter wie Aufsatzdaten, Volltextinhalte oder freie Webangebote bzw. im Open Access erschienene Publikationen in einen gemeinsamen Suchindex eingebracht, um diesen riesigen Datenbestand unter einer einzigen Oberfläche abzusuchen. Neben diesen Suchmaschinen werden eine gewisse Zeit lang auch noch die „normalen" oder „klassischen" OPACs der Bibliothek angeboten. Teilweise haben diese den konventionellen OPAC aber auch schon vollständig abgelöst, da die Daten aus dem OPAC integriert sind.

Als Standard-Sucheinstieg dient auch hier die *einfache Suche* mit einem Suchfeld. Sie können nach beliebigen thematischen Begriffen, Worten aus einem Ihnen bekannten Titel, Autor*innennamen usw. suchen. Bei einer Eingabe von Suchbegriffen im Singular wird gleichzeitig auch das entsprechende Wort im Plural gesucht und umgekehrt oder es kann die Suche nach verwandten Begriffen eingestellt werden.

Die neue Qualität einer solchen „Supersuchmaschine" erfordert bessere Funktionalitäten bei der Anzeige und Verwertung von Treffern. Die Sortierung der Treffer erfolgt in der Regel zunächst nach *Relevanz*. Diese bemisst sich daran, ob Ihre Begriffe in den Deskriptoren (Schlagwörtern), dem Titel, in den anderen Datenfeldern, in der Kurzzusammenfassung oder im eigentlichen Volltext vorkommen (absteigende Relevanz). Die Sortierung kann meistens jedoch in die chronologische Form (*absteigend* oder *aufsteigend*) umgestellt werden. In der Ergebnisliste sollten Sie Verfügbarkeitsinformationen zu jedem Treffer unterhalb der Kurztitelanzeige angezeigt bekommen. Im besten Fall finden Sie dort Links, die Sie direkt zum Volltext führen (Datenbank- oder Open Access-Inhalte). Mithilfe von *Filtern / Facetten*, die meistens links oder rechts von der Ergebnisliste stehen, können Sie Ihre Suchergebnisse weiter einschränken. Dies funktioniert in ähnlicher Weise, wie Sie es von Suchmaschinen oder kommerziellen Webangeboten gewohnt sind. Bitte beachten Sie, dass nicht in allen Datenquellen Daten für alle Facetten/Filter hinterlegt sind und daher auch nicht über die Filtermöglichkeiten gefunden werden können. Die Facetten bieten also Angebote für eine mögliche Einschränkung von Suchergebnissen, erfassen dabei aber manchmal nicht alle Ergebnisse. Durch einen Klick auf den Titel eines Treffers wechseln Sie in die *Einzelanzeige*, die Ihnen weitere relevante Hinweise wie bspw. Schlagwörter oder Abstracts liefert.

Zum Zwischenspeichern Ihrer Ergebnisse können Sie sich Ordner anlegen und deren Inhalte weiterverarbeiten. Die abgelegten Informationen stehen während Ihrer Session zur Verfügung. Wollen Sie darüber hinaus auch später noch auf Ihre Suchergebnisse zugreifen oder diese abspeichern, bieten Ihnen Discoverysysteme die Möglichkeit, sich persönlich anzumelden bzw. können Sie dies über Ihr Bibliothekskonto abwickeln. In diesem personalisierten Konto können Sie Ihre Einstellungen speichern, Suchvorgänge in Ordnern organisieren, Ordner mit anderen Benutzer*innen teilen, Ihren Suchverlauf speichern und aufrufen oder E-Mail-Alerts und/oder RSS Feeds einrichten. Standardmäßig bieten diese Systeme verschiedene Zitierstile an (z. B. AMA, APA, Harvard, MLA). Mit einem *Export-Manager* können Treffer im passenden Format in gängige Literaturverwaltungsprogramme (z. B. CITAVI, EasyBib, EndNote, ProCite, Reference Manager, Zotero) exportiert werden. Es gibt aber übrigens auch Discovery-Systeme, in die zusätzlich bibliographische Daten eingebunden sind, so dass Sie nur den Nachweis angezeigt bekommen und nicht auf den Volltext zugreifen können.

Hinweis: Außerhalb der Räume der Einrichtung oder des IP-Bereiches für einen Campus erreichen Sie manchmal nur einen Gastzugang mit eingeschränkter Ergebnisanzeige und eingeschränkten Funktionalitäten. Für die volle Funktionalität müssen Sie sich bei Ihrer Heimateinrichtung authentifizieren. Die Nutzung auch aller durch Ihre Bibliothek lizenzierten elektronischen Ressourcen im Fernzugriff setzt also immer eine gültige persönliche Anmeldung bzw. Berechtigung voraus. Der Grund dafür liegt darin, dass die Lizenzvereinbarungen für bestimmte Inhalte nur die lizenzierende Einrichtung zur Nutzung berechtigen. Damit soll ausgeschlossen werden, dass jeder bzw. jede kostenlos auf Inhalte zugreifen kann, für die eine Lizenz abgeschlossen werden muss.

1.2.2.4 Rechtsbibliographien

Im Gegensatz zu den Katalogen wird in den **Bibliographien** das Schrifttum dargestellt, das es beispielsweise zum Recht allgemein oder zu einem bestimmten Rechtsthema bzw. einer Epoche gibt. Das bedeutet, dass das, was Sie in einer Bibliographie finden, nicht unbedingt in Ihrer Bibliothek vorhanden sein muss.

Die **Karlsruher Juristische Bibliographie (KJB)** wird seit 1965 durch die Bibliotheken des Bundesverfassungsgerichts und des Bundesgerichtshofs erstellt und vom C.H.Beck-Verlag herausgegeben. Innerhalb einer systematischen Gliederung werden alle aktuellen juristischen Publikationen (Bücher, Aufsätze, Festschriften, Kongressbände etc.), die durch diese Bibliotheken erworben werden, aufgelistet. Innerhalb der Sachgebiete wird nach Verfasser*innen bzw. alphabetisch nach den Sachtiteln geordnet. Außerdem steht jeweils ein ausführliches Sachregister zur Verfügung. Im Bibliotheksbereich würde man hier von einer allgemeinen Rechtsbibliographie sprechen, da sie umfassend juristische Werke nachweist.

Hinweis: Die KJB ist die zentrale Bibliographie für Recht, Staat und Gesellschaft in Deutschland. Sie erscheint allerdings nur als gedruckte Zeitschrift in monatlichen Ausgaben, so dass Sie, wenn Sie darin suchen wollen, in die Bibliothek gehen müssen.

Kuselit Online hingegen ist eine kommerzielle Rechtsbibliographie (kostenpflichtig), die zweimal wöchentlich aktualisiert wird und einen Überblick zum aktuellen Literaturbestand aller Bereiche der Rechtswissenschaft bietet. Ausgewertet werden 705 juristische Zeitschriften, Festschriften (von 1949 bis heute) und Sammelwerke. Derzeit enthält die Datenbank über 5,5 Millionen Fundstellen (inkl. mehr als 100000 Volltexte von Entscheidungen der Bundesgerichte). Die Suche kann nach Publikationsart (z.B. *Aufsatz, Festschrift, Rezension, Rechtsprechung* und *Anmerkung*) eingegrenzt werden.

Link: https://www.kuselit.de/kuselit-online

Erkundigen Sie sich in Ihrer Bibliothek, ob Kuselit Online dort lizenziert ist.

Darüber hinaus gibt es noch Bibliographien zu speziellen Rechtsthemen oder Rechtsgebieten sowie für bestimmte Materialarten (z.B. Aufsätze). Eine Auswahl gedruckter und elektronischer juristischer Spezialbibliographien können Sie im

Katalog Ihrer Bibliothek finden, indem Sie zu Ihrem thematischen Suchbegriff das Schlagwort Bibliographie hinzufügen.

Als letzte Unterscheidung sollen noch die etwas aus der Mode gekommenen *Bibliographien der Bibliographien* wenigstens Erwähnung finden. Darin werden Rechtsbibliographien nachgewiesen. Ein Beispiel war die **Bibliographie der deutschen Rechtsbibliographien,** in der über 3800 Rechtsbibliographien nachgewiesen sind. Diese ist jedoch einmalig 1994 verlegt worden. Ähnlich verhält es sich mit **Neue juristische Bibliographien und andere Informationsmittel (NJBI),** die allerdings letztmalig 2013 verlegt worden ist. Eine Ergänzung mit aktuellen Nachweisen ist als PDF-Version online verfügbar.

Link: https://www.gehove.de/bnbn/njbi_add.pdf

1.2.2.5 Allgemeine materialspezifische Recherchedatenbanken

Nur den Katalog der eigenen Bibliothek zu kennen oder Bibliographien zu durchsuchen, reicht jedoch auch für die einfache rechtswissenschaftliche Recherche nicht aus. Zwar werden sehr viele Publikationsdaten in die modernen Kataloge oder Onlinebibliographien bereits integriert, allerdings laufen dort zumeist nicht immer die Informationen zusammen, was es insgesamt zum Thema gibt und wo oder von wo aus man darauf zugreifen kann. Zumindest einige wenige materialspezifische Angebote seien noch genannt, ohne deren Funktionalität in aller Breite zu erklären.

Für die Recherche nach Zeitschriften sollte der Katalog der **Zeitschriftendatenbank (ZDB)** herangezogen werden. Die ZDB ist die größte Nachweisdatenbank für periodisch erscheinende Materialien wie Zeitschriften, Zeitungen und Serien der Bibliotheksbestände in Deutschland und Österreich. Darin sind über 2 Millionen Titel in allen Sprachen ab dem Erscheinungsjahr 1500 bis heute verzeichnet. Aktuell reichern 3700 Bibliotheken diese Datenbank mit derzeit 19 Millionen Besitznachweisen (Stand Januar 2024) an. So können Sie sehen, ob die von Ihnen gesuchte Zeitschrift in Ihrer Bibliothek vorhanden ist. Was Sie allerdings in der ZDB nicht finden können, sind Nachweise von einzelnen Aufsätzen, die sich in den Zeitschriften befinden. Auf zwei besondere Features der ZDB sei jedoch noch hingewiesen. Haben Sie eine Zeitschrift aus der Ergebnisliste ausgewählt, können Sie sich über den Reiter *Bestandskarte* die Verteilung der Bibliotheksbestände dieser Zeitschrift auf einer Karte ansehen. Und der Reiter Titelrelationen veranschaulicht graphisch, in welcher Beziehung eine Veröffentlichung zu anderen Veröffentlichungen steht, was für Ihre vertiefte Recherche durchaus einmal von Relevanz sein kann.

Link: https://zdb-katalog.de/

Zwar weist die ZDB auch eine Vielzahl von elektronischen Zeitschriften, Zeitungen und Serien nach, jedoch steht diesbezüglich mit der **Elektronischen Zeitschriftenbibliothek (EZB)** eine gut geordnete und einfach zu recherchierende Datenbank zur Verfügung.

Link: https://ezb.uni-regensburg.de/

Wie bei der ZDB können Sie auch bei der EZB einstellen, für welche Bibliothek Sie die Bestände recherchieren wollen. Das Ampelsystem der EZB zeigt Ihnen, ob die Zeitschrift kostenlos zur Verfügung steht oder ob der Zugriff (bei Lizenzierungspflicht) eine Zugehörigkeit zu einer bestimmten Bibliothek erfordert oder diese gar nur in den Räumen einer bestimmten Bibliothek genutzt werden kann. Für die Rechtswissenschaft werden (ohne Bibliotheksauswahl) ca. 6500 elektronische Zeitschriften nachgewiesen. Die Einstellung einer Bibliothek kann dazu führen, dass erheblich mehr Zeitschriftentitel nachgewiesen werden. Gleichfalls gilt für die EZB, dass es nicht möglich ist, einzelne Aufsätze zu recherchieren. Allerdings wird häufig auf die Homepage der Zeitschrift verlinkt, wo Sie sich die Inhaltsverzeichnisse zumindest des aktuellen Jahrgangs oder darüber hinaus ansehen können.

Das **Datenbank-Infosystem (DBIS)** ist ein kooperativer Service zur Erfassung, Suche und den Zugang zu wissenschaftlichen Datenbanken. An DBIS sind über 370 wissenschaftliche und andere Bibliotheken beteiligt. Insgesamt verzeichnet DBIS derzeit rund 15000 Datenbanken, wovon über 6000 frei verfügbar sind.

Link: https://dbis.ur.de/

Im Gesamtnachweis können die Datenbanken nach Fächern oder alphabetisch sortiert angezeigt werden. Eine *einfache* und eine *erweiterte Suche* (mit formalen, geographischen und nutzungsspezifischen Einschränkungsmöglichkeiten) ergänzen die Recherchemöglichkeiten. Gerade die geographische Eingrenzung ermöglicht Ihnen eine Filterung nach Datenbanken zum Recht einzelner Regionen oder Länder. DBIS enthält derzeit über 1400 rechtswissenschaftliche Datenbanken. Die Liste für das einzelne Fach können Sie sich auch nach Datenbanktyp anzeigen lassen. Im Angebot sind u. a. *Adress- und Firmenverzeichnisse, Allgemeine Auskunftsmittel, Aufsatzdatenbanken, Bestandsverzeichnisse, Bilddatenbanken, biographische Datenbanken, Dissertationsverzeichnisse, Fachbibliographien, Faktendatenbanken, National-, Regionalbibliographien, Portale, Volltextdatenbanken, Wörterbücher, Enzyklopädien, Nachschlagewerke, Zeitungen* und *Zeitungs-, Zeitschriftenbibliographien.*

In der Gesamtliste bzw. einer Trefferliste wird Ihnen neben dem Titel der Datenbank die Zugangsart angezeigt. *WWW* bedeutet, dass es sich um eine Onlinedatenbank handelt, die lizenzpflichtig ist. Klicken Sie auf den Titel dieser Datenbank, erhalten Sie weitere Informationen zu den Inhalten und Sie können mittels des Klappmenüs *Bibliothek(en) mit Bestandsnachweis* sehen, welche der an DBIS beteiligten Bibliothek eine Lizenz für die Datenbank besitzt. Arbeiten Sie gerade in einer Bibliothek, die diese Datenbank lizenziert hat, erkennt das System die IP-Adresse und Sie können direkt auf die Datenbank zugreifen.

Hinweis: Beachten Sie, dass längst nicht alle Bibliotheken an DBIS teilnehmen. Es kann aber sein, dass Ihre Bibliothek trotzdem eine Lizenz besitzt. Fragen Sie in Ihrer Bibliothek nach.

CD-ROM/DVD bedeutet, dass sich die Datenbank auf einem entsprechenden Datenträger befindet. Auch hier können Sie sich wieder anzeigen lassen, welche Bibliothek den Datenträger im Bestand hat. Die mit *frei im Web* gekennzeichneten Datenbanken bedürfen keiner Lizenzierung und können gleich aus der Ergebnisliste heraus gestartet werden (*Start*). Bei den *deutschlandweit frei* zugänglichen Datenbanken handelt es sich um so genannte **Nationallizenzen.** Die Lizenzen für diese elektronischen Medien werden seit 2004 von der Deutschen Forschungsgemeinschaft finanziert, um die Versorgung mit elektronischer Fachinformation an deutschen Universitäten, Hochschulen, Forschungseinrichtungen und wissenschaftlichen Bibliotheken zu verbessern. In der Regel wird Ihre Heimateinrichtung für alle Nationallizenzen angemeldet sein, so dass Sie die Datenbanken direkt aus der DBIS-Liste heraus (sofern Sie sich in der Bibliothek Ihres Universitätsstandortes befinden) öffnen können. Eine Anmeldung für die angebotenen Nationallizenzen ist aber auch Privatpersonen möglich und für die Nutzung erforderlich.

Link: https://www.nationallizenzen.de/

Rufen Sie DBIS von einer Bibliothek aus auf, die sich an DBIS beteiligt, so erhalten Sie immer zunächst das DBIS-Profil der Bibliothek. Die Oberfläche der Bestände einzelner Bibliotheken unterscheidet sich teilweise erheblich. Außerdem bietet die Bibliothekssicht eine feinere Differenzierung der Zugangsart (mit farblicher Unterscheidung) und es werden größtenteils die TOP-Datenbanken für die einzelnen Fächer angezeigt. Wollen Sie sich doch lieber den Gesamtbestand in DBIS anzeigen lassen, so gehen Sie im Menü auf *Bibliotheksauswahl / Einstellungen* und über die Klappbox auf *Gesamtbestand in DBIS*. Am Ende bietet aber auch DBIS nur eine Suche nach Datenbanken und nicht in den Datenbanken.

Das **Zentrale Verzeichnis Digitalisierter Drucke (zvdd)** ist das Nachweisportal für in Deutschland erstellte Digitalisate von Druckwerken vom 15. Jahrhundert bis heute. Es ermöglicht eine Recherche nach Titeln, Autor*innen, Verleger/ Drucker*innen, Druckorten oder Erscheinungszeiten und Erscheinungszeiträumen, sowie verschiedenen Sammlungen, Dokumententypen, u.v.m.

Link: https://www.zvdd.de

Mit dem **Directory of Open Access Journals (DOAJ)** steht ein Verzeichnis von elektronischen Zeitschriften, die gemäß den Grundsätzen des Open Access frei im Internet zugänglich sind, zur Verfügung. DOAJ beinhaltet wissenschaftliche Fachzeitschriften, die sofort nach dem Erscheinen kostenfrei online nutzbar sind. Derzeit werden über 13000 Open Access Journals verzeichnet. Davon sind mehr als 700 Rechtszeitschriften, über die weit mehr als 175000 Artikel nachgewiesen werden. Anders als bei der EZB ist bei einem Teil der Zeitschriften eine Suche nach einzelnen Aufsätzen möglich.

Link: https://doaj.org/

Für kostenlos im Open Access zugängliche Bücher stehen das **Directory of Open Access Books (DOAB)** oder **OAPEN** zur Verfügung.

Links: https://www.doabooks.org, https://www.oapen.org/

1.3 Zentrale Rechtsdatenbanken und ein Fachportal

Bereits in der juristischen Ausbildung werden Sie sehr schnell mit drei wichtigen kommerziellen Datenbanken in Berührung kommen, die eine zentrale Rolle für das rechtswissenschaftliche Studium und die Forschung in Deutschland spielen, so dass diese bereits im Basiskapitel erwähnt werden. Dabei handelt es sich einerseits um **beck-online** und **juris**. Für beide oder zumindest eine dieser Datenbanken gibt es in nahezu jeder juristischen Bibliothek eine Lizenz. Während juris lange Zeit den deutschen kommerziellen Datenbankmarkt im Hinblick auf Rechtsprechung und Rechtsnormen beherrscht hat, wird dieser nunmehr schon seit einiger Zeit mit beck-online geteilt. Andererseits gibt es mittlerweile auch noch einen dritten Player in dieser Runde, der aber nicht über eine so große Marktabdeckung verfügt. Die Rede ist von **Wolters Kluwer Online**. Schließlich soll in diesem Abschnitt auf eine nicht kommerzielle Alternative hingewiesen werden, die zwar die kommerziellen Standarddatenbanken in keiner Weise ersetzen kann oder will, jedoch Lücken schließt, die im Hinblick auf eine Recherche noch bestehen.

Tipp: Nehmen Sie sich die Zeit, um für jede verwendete Datenbank die Recherche- und Suchhinweise zu studieren oder besuchen Sie eine entsprechende Datenbankschulung in Ihrer Universität oder Bibliothek. Sprechen Sie ggf. das Bibliothekspersonal auf die Durchführung solcher Schulungen an.

1.3.1 beck-online

Spätestens wenn Sie Ihren ersten *Habersack* oder *Sartorius* gekauft haben, kennen Sie den Verlag C.H.Beck. Er ist einer der führenden rechtswissenschaftlichen Verlage in Deutschland, der verschiedenste Publikationsformen für die juristische Arbeit und das juristische Studium anbietet. Dieses umfangreiche Angebot wird durch die Datenbank **beck-online** abgerundet, die auch von Studierenden sowie Referendarinnen und Referendaren sehr stark genutzt wird.

Das Angebot erstreckt sich von Büchern über Zeitschriften, Rechtsprechung, Normen sowie Richtlinien bis hin zu Verwaltungsanweisungen, Formularen und Arbeitshilfen. Der Vorteil von beck-online ist dabei natürlich, dass eine gute Auswahl der vom Verlag publizierten Druckwerke sowie Produkte des Nomos Verlages in die Datenbank integriert und durchsuchbar ist. Thematisch werden tatsächlich alle Gebiete des Rechts abgedeckt. Bezogen auf das Hochschulmodul (Standardlizenz für Universitäten und Hochschulen) verbergen sich allein unter dem Bereich *Bücher* ca. 480 Titel, die sich aus Lehrbüchern, Kommentaren (über 100 Onlinekommentare) und Handbüchern zusammensetzen. Ähnlich umfangreich ist das Angebot bei den Zeitschrifteninhalten (über 160 Zeitschriften im Volltext), der Rechtsprechung (Nachweis von über 3,6 Millionen Gerichtsentscheidungen), den Gesetzessammlungen (über 110 Gesetzessammlungen), den über 40 Formularsammlungen sowie über 60 Arbeitshilfen und e-learning-Angeboten. Aus diesem Grunde verwundert es nicht, dass teilweise durch Studierende behauptet wird, dass die Erstellung einer Hausarbeit allein mit beck-online möglich wäre. Hochschullehrende und Korrektoren sehen das allerdings teilweise anders. Aufgrund der starken Nutzung dieser Datenbank im Rahmen der juristischen Ausbildung wird sie in der Regel von den Bibliotheken der Universität bzw. Hochschule angeboten. Normalerweise verfügt diese über eine Basislizenz, die längst nicht alle Fachmodule sowie Zeitschriften-, Gesetzes- und Formularmodule enthält. Teilweise sind die Module in Kooperation mit mittlerweile rund 30 Fachverlagen erstellt worden. Zu den wichtigsten Partnern gehören Kohlhammer, NOMOS (mit NomosOnline), Mohr Siebeck, C.F. Müller, dfv Mediengruppe, zerb, Herder, VVW, Springer, Franz Vahlen etc.

Link: https://beck-online.beck.de/Home/29341 (Modulübersicht)

Der Kopf der **Startseite** wird durch eine *einzeilige* Suche, die über eine integrierte *Detail- und Profisuche* verfeinert werden kann, dominiert. Im linken Seitenbereich können Sie sich unter *Unsere Module / Unsere Inhaltsübersicht* einen Überblick verschaffen, welche *Bücher, Zeitschriften, Entscheidungen, Normen/Richtlinien, Verwaltungsanweisungen, Formulare* und *Arbeitshilfen/e-learning* sowie *Fachmodule* in beck-online integriert und recherchierbar sind. Ohne eine Suche absetzen zu müssen, können Sie sich durch die einzelnen Bereiche durchklicken (*blättern* oder *browsen* genannt), bis Sie zu einer gewünschten Einzelquelle kommen, deren Inhalte Ihnen dann im Mittelteil der Seite angezeigt werden. In der linken Spalte finden Sie auch die Werke, die der Datenbank neu hinzugefügt wurden.

Auch beck-online setzt Suchmaschinentechnologie ein, was die Geschwindigkeit der **Suche** unterstützt. Angeboten wird eine *einzeilige Suche* (ein Suchschlitz), der jeweils über ein Klappmenü (Detailsuche und Profisuche) zusätzliche Suchkriterien hinzugefügt werden können. Die Verknüpfung mit den Operatoren UND, ODER, OHNE oder NAHE ist möglich (siehe Profilsuche). Eine Phrasensuche muss durch Anführungszeichen gekennzeichnet werden. Mit der Eingabe von Suchbegriffen erhalten Sie eine Vorschlagsliste von Suchwörtern (auch zusammengesetzt), die je nach Eingabehäufigkeit sortiert sind. Tippfehler werden übrigens für das Generieren der Vorschlagsliste ignoriert und nach einer abgesetzten Suche erhalten Sie einen „*Meinten Sie ...*"-Vorschlag.

Die *Detailsuche* ermöglicht die Einschränkung auf *Rechtsgebiete*, eine konkrete *Publikation* oder einen bestimmten *Publikationstyp*. Darüber hinaus können Sie Ihre Suche auf bestimmte *Rechtsnormen, entscheidende Gerichte*, das *Datum der Entscheidung*, das *Gerichtsaktenzeichen* bzw. die *Dokumentennummer*, den/die *Autor*in* oder die genaue *Fundstelle* (in einer Zeitschrift, Entscheidungssammlung oder in einem Kommentar) eingrenzen.

Die *Profisuche* von beck-online ist da schon komplexer. Hier können Sie *nur in Überschriften suchen* auswählen oder die oben genannten Operatoren benutzen. Die Strukturierung der Anfrage hat mittels Klammersetzung zu erfolgen, was allerdings vertiefte Recherchekenntnisse voraussetzt, die Sie im zweiten Teil (Advanced) erlernen werden.

Die *Trefferliste* ist bei beck-online übersichtlich strukturiert. In ihr werden die wichtigsten Angaben zum gefundenen Dokument in Kurzübersicht dargestellt. Außerdem kennzeichnet ein Symbol, um welchen Publikationstyp es sich bei der Quelle handelt (z. B. Waage für Rechtsprechung etc.). Die Trefferliste kann nach Relevanz oder Datum sortiert werden, wobei beck-online als Relevanzkriterien die Häufigkeit und den Abstand der Suchbegriffe im Dokument, die Länge des Dokuments, die Zitierhäufigkeit und das Verlinkungsumfeld, die Klickpopularität in den letzten 30 Tagen, die Aktualität des Dokuments, die Instanz (bei Rechtsprechung) sowie die Anzahl der Parallelfundstellen benennt. Das Eurozeichen oder Vorhängeschloss kennzeichnen übrigens, ob der jeweilige Treffer von der Lizenz der Bibliothek umfasst ist oder nicht. Über die Kategorienfilter auf der linken Seite können Sie Ihre Ergebnisse nach Rechtsgebieten oder Publikationstypen weiter eingrenzen. Sodann werden Ihnen weitere Filter angeboten, mit denen Sie Ihre Ergebnisliste noch mehr eingrenzen können. Außerdem ist es möglich, auf der rechten Seite weitere *Einstellungen* vorzunehmen. Mit der Funktion Kontexte anzeigen werden die Suchbegriffe in relevanten Textteilen hervorgehoben. Über *Top-Treffer* erhalten Sie einen Überblick über die wichtigsten Normen (*Top-Paragrafen*) zu Ihrer Sucheingabe und mittels der Einstellung *Schlagworte anzeigen* werden Ihnen in der rechten Spalte passende Begriffe zur Sucheingabe angegeben.

In der Einzeltrefferansicht werden die Suchbegriffe hervorgehoben und in der rechten Spalte erhalten Sie unter *Siehe auch ...* weitere Informationen zum Dokument. Für den Export oder Druck steht Ihnen ein Druck- und Exportmanager mit verschiedenen Optionen zur Verfügung.

Links:
https://rsw.beck.de/beck-online-service/training (Webinare und Training)
https://rsw.beck.de/beck-online-service/bedienhilfe/wichtige-funktionen-im-%C3%BCberblick (Kurzanleitung)

1.3.2 juris

Das Angebot **juris** hat sich von einer trägergestützten Rechtsprechungsdatenbank zu einem riesigen Onlinerechtsportal und zu einem Print-Online Verlag entwickelt. Ursprünglich handelte es sich dabei um ein von 1973 bis 1985 beim Bundesministerium der Justiz angesiedeltes Rechtsinformationssystem. Im Herbst 1985 wurde dieses dann aus der Bundesverwaltung ausgegliedert und die daraufhin gegründete juris GmbH nahm Anfang 1986 ihre Geschäftstätigkeit auf. Das Unternehmen hat sich im Laufe seiner Entwicklung immer wieder den neuen technischen und inhaltlichen Anforderungen gestellt.

Link: https://www.juris.de/

Heute bietet juris weit mehr als 1,7 Millionen Rechtsprechungsdokumente an. Der größte Teil davon umfasst die Rechtsprechung des Bundesverfassungsgerichts, der fünf obersten Bundesgerichte seit deren Bestehen sowie die Entscheidungen des Bundespatentgerichts. Seit 1976 wird auch die Rechtsprechung einzelner Instanzgerichte nachgewiesen. Zwar ist nicht sämtliche **Rechtsprechung** der Bundesrepublik enthalten, jedoch ist juris trotzdem die umfangreichste Rechtsprechungsdatenbank Deutschlands. Der Aufbau dieser Datenbank war juris durch die Einrichtung der Dokumentationsstellen des Bundesverfassungsgerichts sowie der fünf obersten Bundesgerichte und weiterer Dokumentationsstellen möglich. Die Rechtsprechung kommt damit aus erster Hand. Zusätzlich gibt es einen Bereich für anhängige Verfahren beim Bundesfinanzhof, dem Bundesverfassungsgericht sowie dem EuGH. Schließlich kann die Rechtsprechung des EuGH und des EuG, des Reichsfinanzhofs, des Reichsgerichts in Strafsachen und des Reichsgerichts in Zivilsachen durchsucht werden.

Doch juris ist weitaus mehr als nur eine Rechtsprechungsdatenbank. Ein wichtiger weiterer Hauptbestandteil ist die Vorschriftensammlung. Diese umfasst **Rechtsnormen** der Europäischen Union, der Bundesrepublik, der einzelnen Bundesländer, Vorschriften der DDR und sogar Ortsrechte in einzelnen Bundesländern sowie Tarifverträge. Für die Aktualisierung des Bundesrechts ist die Dokumentationsstelle des Bundesministeriums der Justiz der wichtigste Partner von juris. Ein großer Vorteil der Gesetzes- und Verordnungssammlung ist, dass teilweise die unterschiedlichen Fassungen einer Norm angezeigt werden können. Seit dem 01.01.2020 hat juris seinen Service in diesem Bereich weiter ausgebaut, indem die Sammlung der amtlichen Verkündungsblätter von **Recht für Deutschland** (Makrolog) in das juris-Portal übernommen wurde. Somit ist nunmehr auch das Gesetzblatt der **DDR** Bestandteil der Datenbank.

Außerdem ist das Angebot von juris auch durch den Nachweis von Sekundärliteratur (Aufsätze und Rezensionen) angereichert worden. Die eigenen Druckwerke von juris (PraxisReporte, PraxisKommentare, Die Monatszeitschrift) sowie andere Kommentare, Arbeitshilfen, Zeitschriften und Formulare der jurisAllianz Partner ergänzen das Informationsangebot. Die jurisAllianz ist ein verlagsübergreifendes Netzwerk, das juristische Fachinformationen und Publikationen führender Herausgeber bündelt. Damit wird Ihnen über juris Zugriff auf über 1700 Werke aus unterschiedlichsten Fachgebieten und Themenbereichen angeboten. Der jurisAllianz gehören derzeit die folgenden Verlage an: Dr. Otto Schmidt, De Gruyter Recht, Erich Schmidt, C.F. Müller, Verlagsgruppe Hüthig Jehle Rehm, Stollfuß, Reguvis, dfv Mediengruppe, Deutscher Anwaltsverlag, Deutscher Notarverlag, IWW Institut, RWS Verlag, Fachmedien Otto Schmidt und Boorberg.

Hinweis: Neu bei juris ist PreLex. Hier können die Bundestagsdrucksachen (BT-Drs.) und Bundesrats-Drucksachen (BR-Drs.) sowie die Bundestags- und Bundesratsprotokolle ab der 15. Wahlperiode (Oktober 2002) durchsucht werden.

Für Studierende oder Universitäts- bzw. Hochschulangehörige erfolgt der Zugriff auf juris in der Regel über einen zentralen Link, den Sie im OPAC oder dem Datenbankverzeichnis finden. Da es sich dabei um eine Lizenz für die gesamte Institution oder Einrichtung handelt, ist es nicht möglich, die personalisierten Funktionen wie z. B. den Abruf von Informationsdiensten, die Anlage von Favoriten oder Suchprofilen sowie die Speicherung von Akten und Notizen zu nutzen.

Die Suchoberfläche bei juris ist erneut optimiert worden, so dass nunmehr eine intuitive und leichte Recherche möglich ist. Im Wesentlichen werden eine *einfache Suche* (*Schnellsuche*) und eine *erweiterte Suche* (*Weitere Suchfelder*) angeboten, die durch den Einsatz von Filtern ergänzt werden können. Starten Sie mit dem einfachen Suchschlitz (einfache Suche/Schnellsuche), der Ihnen schon von den Suchmaschinen im Internet bekannt ist. Komfortabel daran ist, dass das System ziemlich genau erkennt, nach welcher Kategorie bzw. welchem Kriterium Sie suchen (z. B. Norm, Gerichtsentscheidung, Fundstelle, Gericht) und automatisch eine Vorschlagsliste mit Treffern aufgeklappt wird, die ein entsprechendes Präfix besitzen, aus der dann treffende Suchmöglichkeiten ausgewählt werden können. Der Liste ist auch zu entnehmen, wie viele Treffer jeweils zu erwarten sind. So können Sie hintereinander beliebige Suchbegriffe eingeben und mit dem Lupensymbol die Suche abschicken. Einzelne Begriffe oder die gesamte Suche können mit „x" wieder gelöscht werden. Standardmäßig ist die UND-Verknüpfung eingestellt. Dies gilt auch für die erweiterte Suche (*Weitere Suchfelder*), wo Sie die Begriffe einzelnen Suchfeldern zuordnen können. Eine dort abgesetzte Suche wird in die einzeilige Suchleiste übertragen. Andere Suchoperatoren, die immer in Großbuchstaben einzugeben sind (nutzen Sie auch ODER sowie NICHT), müssen Sie selber in die Suchzeile eintragen. Schließlich kann bei juris der durchaus nützliche NAHE-Operator verwendet werden, womit der Abstand (maximal 15 Wörter) der Suchbegriffe voneinander festgelegt werden kann. Die Suchbegriffe sind dabei allerdings in „ " (entspricht einer Phrasensuche) zu setzen. Anstatt NAHE kann auch ~ (Tilde) genommen werden.

Beispiel: „Kruzifix Schule"NAHE7 oder „Kruzifix Schule"~7 (Schule soll nicht weiter als sieben Wörter von Kruzifix entfernt stehen)

Die jeweils angestoßene Suche berücksichtigt alle Kategorien (Container links oben) der Datenbank. Hier erfolgt eine Einschränkung über den Dokumententyp bzw. die

Art der Quelle. Derzeit wird die Selektion nach folgenden Kategorien (mit Unterkategorien) angeboten: Rechtsprechung, Vorschriften (Gesetze/Verordnungen, Verwaltungsvorschriften, Weitere Vorschriften), Kommentare/Bücher (Kommentare, Handbücher, Lexika, Literaturnachweise), Zeitschriften (Zeitschriften-Volltexte, Literaturnachweise) und Weitere Kategorien (Nachrichten, Tabellen und Leitlinien, Verkündungsblätter, Parlamentarische Vorgänge). Nach einer Suche erhalten Sie immer die Trefferzahl, die es pro Kategorie bzw. Unterkategorie gibt. Im Ergebnis kann die Eingrenzung dabei nachträglich erfolgen, indem Sie nach einer Suche über alle Kategorien in der Auswahl auf die Kategorie oder Unterkategorie Ihres Interesses klicken (z. B. Kommentare). Oder Sie schränken Ihre Suche bereits zu Beginn beispielsweise auf die Rechtsprechung ein, indem Sie auf Rechtsprechung klicken und im Anschluss eine Suche absetzen. Je nach Kategorie können zusätzlich verschiedene **Filter** (*Rechtsgebiete, Sachgebiete, Regionen, Gerichtsbarkeiten, Werke, Titel/Hefte*) angewendet werden, die das Suchergebnis einschränken. Bei den jeweiligen Filtern ist eine Mehrfachauswahl möglich und alle Filter einer Kategorie können miteinander kombiniert werden. Filter bleiben solange gesetzt, bis sie aktiv zurückgesetzt werden (mit dem „x").

Als **Trefferliste** werden bei juris standardmäßig 25 Treffer (erweiterbar auf 50, 100, ∞) auf einer Seite angezeigt, die nach Relevanz sortiert sind. Relevanz definiert der Anbieter mit der Häufigkeit, in der Suchbegriffe in den einzelnen Bereichen (z. B. Überschrift oder Text) eines Dokumentes vorkommen sowie der Wichtigkeit, die sich auf die Quelle des Dokuments (z. B. BGH oder Landgericht) bezieht. Wie die Abstufungen konkret gehandhabt werden, ist im Detail nicht beschrieben und sehr oft das Geheimnis eines Datenbank- oder Suchmaschinenanbieters. Sollten Sie eine andere Sortierung (*Datum absteigend, Datum aufsteigend, Typ*) bevorzugen, kann diese über *Sortieren nach* eingestellt werden. Die Sortierung nach Typ meint die Kategorien in der Reihenfolge Rechtsprechung, Vorschriften, Kommentare/Bücher und Zeitschriften. Die Trefferliste enthält die wesentlichen Informationen der gefundenen Einzeldokumente (inkl. Dokumententyp, Spruchkörper, Aktenzeichen, Erscheinungsdatum, Fundstelle etc.). Die Navigation in der Liste ist selbsterklärend und die **Druckfunktion** ist über das entsprechende Symbol nutzbar. Abschließend sei noch der **Schnellzugriff** am rechten Bildschirmrand erwähnt, der Ihnen zum Suchbegriff passende zusätzliche Inhalte wie Normen oder Kommentierungen anzeigt.

Den Einzeltreffer öffnen Sie einfach mit einem Klick darauf. Im Rahmen der allgemeinen Hochschullizenzen werden in der Regel zusätzlich eine Ansicht des Dokuments im PDF- und RTF-Format sowie eine Druckfunktion angeboten. Von großem Interesse ist aber immer auch die Möglichkeit der **Übernahme von Textteilen** aus einzelnen Dokumenten, für die bestenfalls automatisch auch noch ein **Zitiervorschlag** generiert wird. Markieren Sie hierfür in juris den gewünschten

Textteil und klicken Sie anschließend auf das am Ende der Markierung erscheinende Symbol (Text und Plus → *Text mit Zitiervorschlag kopieren*). Der in Ihr eigenes Dokument kopierte Textteil enthält am Ende einen randnummerngenauen Zitiervorschlag. Schließlich können Sie sich (bezogen auf den Einzeltreffer) *Ähnliche Dokumente* in der rechten Spalte anzeigen lassen.

Auf den Seiten der Datenbank werden umfangreiche Recherchehilfen angeboten. Hervorzuheben ist die Möglichkeit der Anmeldung zum Anfänger- bzw. Fortgeschrittenen-Webinar.

Link: https://www.juris.de/jportal/nav/services/schulungen/index.jsp

---

1.3.3 Wolters Kluwer Online

Wolters Kluwer Online ist ein stark praxisorientierter juristischer Onlinerecherchedienst sowie eine individualisierbare Arbeitsumgebung für rechtswissenschaftliche Inhalte, die durch technische Innovationen (z. B. den Einsatz von KI) insbesondere die Anwaltschaft in Deutschland überzeugen will. Über die Datenbank ist – je nach Lizenz und Fachmodulzuschnitt – der Zugriff auf über 1 Million Gerichtsentscheidungen (davon ca. 800000 im Volltext), 1,3 Millionen Rechtsnormen und Verwaltungsvorschriften sowie Tarifverträge (des Bundes, der Länder und der Europäischen Union), mehr als 80000 Aufsätze und Fachbeiträge aus über 100 Rechtszeitschriften und diverse Arbeitshilfen (Formulare, Verträge und Musterschreiben etc.) aus über 500 Einzeltiteln von juristischen Verlagen, darunter Luchterhand, Carl Heymanns und Werner, möglich. Thematisch werden über Fach- bzw. Servicemodule u. a. das Zivilrecht, Arbeits- und Sozialrecht, Erbrecht, Familienrecht, Insolvenzrecht, Immobilien- und Mietrecht, Bank- und Kapitalmarktrecht, Verwaltungsrecht, Baurecht, Verkehrsrecht, Medizinrecht, und Strafrecht sowie die Anwalts- und Notarpraxis u.v.m. abgedeckt.

An dieser Stelle soll lediglich die Suche Gegenstand der Betrachtung sein. Auf der Einstiegsseite steht zunächst eine *einfache Suche* (Suchschlitz) zur Verfügung, im Rahmen derer Sie die Ihnen bekannten Operatoren UND, ODER (auch als AND bzw. OR verwendbar) und NICHT benutzen können, wobei für den NICHT-Operator auch das dem Suchbegriff unmittelbar vorangestellte Minuszeichen verwendbar ist. Mehrere Begriffe ohne Operator werden automatisch mit UND verknüpft, bei der Phrasensuche sind die Begriffe in Anführungszeichen zu setzen und für die Trunkierung (Platzhalter) nehmen Sie bitte *. Sie können allgemeine Suchbegriffe, Aktenzeichen oder auch Rechtsvorschriften eingeben. Es handelt sich dabei um eine Volltextsuche in allen Quellen, die von der abonnierten Lizenz umfasst sind.

Neben der einfachen Suche können Sie die Filterfunktion und die *Erweiterten Suche* ansteuern. Die erweiterte Suche bietet differenzierte Eingabefelder für die ausschließliche Recherche über Rechtsprechung, Rechtsvorschriften und Literatur an. Auch die Eingrenzung auf einen bestimmten Zeitraum oder einzelne Rechtsgebiete ist möglich.

Die *Ergebnislisten* sind bei Wolters Kluwer Online übersichtlich gestaltet. Diese zeigen standardmäßig alle Suchtreffer in den von Ihnen abonnierten Inhalten an. Ein Wechsel in nicht abonnierte Quellen oder Ihre archivierten Quellen kann vorgenommen werden. Eine Sortierung der **Trefferliste** ist nach Relevanz oder nach Datum (aufsteigend/absteigend) wählbar.

Eine Besonderheit ist die *Dual View*-Funktionalität. Verlinkungen innerhalb eines Dokuments zu Rechtsprechung oder Vorschriften können darüber geöffnet werden.

Link: Video-Tutorials: https://research.wolterskluwer-online.de/informationen/videos

---

Auf eine Besonderheit sei bei Wolters Kluwer Online noch hingewiesen. Die Rechtsprechungs- und Gesetzesdatenbank kann nämlich kostenlos genutzt werden!

Link: https://research.wolterskluwer-online.de/bibliothek

Geben Sie hierzu in die Suchzeile einfach Ihren Suchbegriff ein und Sie erhalten eine Ergebnisliste zu Rechtsprechung und Rechtsvorschriften dazu.

1.3.4 Virtuelle Fachbibliothek für internationale und interdisziplinäre Rechtsforschung

Aufgrund der Vielzahl der bis hier beschriebenen Angebote ist festzustellen, dass der Markt für juristische Fachinformationen nicht immer besonders übersichtlich und damit schwerer zu durchdringen ist. Es fehlt im Grunde ein System oder Portal, welches es ermöglicht, die verschiedensten Angebote für eine juristische Recherche zu bündeln bzw. die Lücken zu füllen, die die kommerziellen Datenbanken lassen. Dieser Aufgabe hat sich die **Virtuelle Fachbibliothek des Fachinformationsdienstes für internationale und interdisziplinäre Rechtsforschung** angenommen. Ziel dieses Portals ist es, für den rechtswissenschaftlich arbeitenden Nutzer*innenkreis ein gebündeltes Informationssystem im Sinne eines Single-Access-Points anzubieten. Aus der Virtuellen Fachbibliothek Recht hervorgegangen, wurde dieses Portal seit der zweiten Auflage dieses Buches einem radikalen inhaltlichen und optischen Relaunch unterzogen, wobei entbehrliche bzw. wenig oder nicht genutzte Inhalte bzw. Services entfernt wurden. Vielmehr stehen über dieses Portal derzeit eine optimierte Discovery-Suche (rechtswissenschaftliche Suchmaschine) sowie verschiedene Push- und Servicedienste zur Verfügung. Die Virtuelle Fachbibliothek ist jedoch stark auf die internationale und interdisziplinäre Rechtsforschung fokussiert.

Link: https://www.vifa-recht.de

Das Portal bietet die Bereiche *Informieren, Suchen* und *Service* an. Von der Startseite aus kann sofort eine Suche (einfache Suche) über den *Discovery Service* abgesetzt werden, der jedoch zusätzlich auch im Bereich *Suchen nach Forschungsliteratur* hinterlegt ist. Die einzelnen Bereiche stellen sich ansonsten wie folgt dar:

Informieren

Auch in der Rechtswissenschaft ist es von großer Wichtigkeit, den aktuellen Forschungsstand zu laufenden Debatten und Themenschwerpunkten zu kennen. Diesem Bedarf nimmt sich der Bereich *Informieren* an, wobei nach Medienarten unterschieden wird. Unter **Blogs & Podcasts** werden tagesaktuell neueste Beiträge aus juristischen Wissenschaftsblogs und Podcasts gelistet, die über eine Themenliste (rechts) via **RSS** abonniert werden können, so dass Sie sich unabhängig vom Portal die entsprechenden Beiträge abrufen können.

Tipp: Unter https://www.rss-readers.org/einfuehrung-in-rss/ erfahren Sie mehr über RSS und wie ein RSS-Feed abonniert werden kann.

Die *Liste der aggregierten Blogs / Podcasts* zeigt Ihnen, welche juristischen Wissenschaftsblogs bzw. Podcasts in diesen Service eingebunden sind. Auf die einzelnen Blogs der Liste und zu den Beiträgen ist verlinkt und der jeweilige Volltext ist lesbar bzw. der Podcast hörbar.

Über den Bereich *Open Access-Publikationen* können Sie sich aktuelle juristische Veröffentlichungen anzeigen lassen, die im Open Access erschienen sind. Nach dem gleichen Prinzip ist der **Zeitschrifteninhaltsdienst** aufgebaut. In diesen Dienst sind über 400 Zeitschriften (*Liste der aggregierten Zeitschriften*) eingebunden, die nach aktuellen Artikeln abgefragt werden. Wieder steht RSS für das Abonnement zu einzelnen Rechtsgebieten zur Verfügung, allerdings sind die einzelnen Artikelnachweise zwar mit den Webseiten verlinkt, jedoch größtenteils lizenzpflichtige Angebote und damit nicht im Volltext über das Portal lesbar. Sollte Ihre Bibliothek allerdings eine Lizenz für die entsprechende Zeitschrift, in der sich der Artikel befindet, haben, kann der Artikel über diese Lizenz im Volltext aufgerufen werden. Bitte beachten Sie, dass die Fachzeitschriften der Verlage C.H. Beck und Nomos aufgrund technischer Restriktionen leider nicht in die Aggregation einbezogen sind.

Mit dem wöchentlich versandten **Newsletter** werden ausgewählte juristische Tagungen, Ausschreibungen und akademische Veranstaltungen kommuniziert, die über den **Veranstaltungskalender** angezeigt werden.

Schließlich werden unter der Rubrik **Neuerscheinungen** kalenderwöchentlich die in Deutschland und in deutscher Sprache veröffentlichten Publikationen zum Recht (Einbindung des Katalogs der Deutschen Nationalbibliothek) und unter **FID-Neuerwerbungen** die monatlichen Ankäufe des Fachinformationsdienstes für internationale und interdisziplinäre Rechtsforschung nachgewiesen. Auch für diese beiden Informationsquellen steht jeweils ein RSS-Service zur Verfügung.

Als wissenschaftliche Spezialservices werden unter dem Reiter *Informieren* noch eine jährliche **Forschungskartierung** (kalenderjährliche Zusammenfassung von Forschungsprojekten etc. im Bereich Rechtswissenschaft) sowie ein **Habilitiertenverzeichnis** (Nachweis jüngst habilitierter Juristinnen und Juristen) angeboten.

Suchen

Ihnen wird sicherlich nicht entgangen sein, dass noch ein wichtiger Informations- und Rechercheservice fehlt. Gemeint ist eine rechtswissenschaftliche Suchmaschine. Seit Dezember 2022 wird auf der Startseite des Portals (einfacher Suchschlitz) und im Bereich *Suchen / nach Forschungsliteratur* eine vollkommen neue Discovery-Suche angeboten, welche den unflexiblen kommerziellen Vorgänger ablöst. Diese bietet eine disziplinspezifische aber auch interdisziplinäre Suche. Dabei werden nicht nur alle durch den FID erworbenen Druckwerke sowie die lizenzierten Inhalte recherchierbar gemacht. Vielmehr ist die Datengrundlage für den Suchraum des Discovery-Service ein Index mit über 222 Millionen Datensätzen aus verschiedenen Katalogen, Datenbanken und anderen Nachweissystemen. Durch eine gezielte Auswahl der durchsuchbaren Kollektionen im verwendeten Index und ein spezielles Boosting-Verfahren werden juristische Inhalte zwar privilegiert dargestellt, jedoch ist mit diesem System nichtsdestotrotz problemlos auch eine interdisziplinäre Suche möglich, da bewusst nur in einem begrenzten Rahmen gefiltert wird, damit auch fachverwandte Thematiken zuverlässig abgebildet werden. Durch die Einbindung eines speziellen Tools können sich nunmehr alle Nutzenden in ganz Deutschland die lokale Verfügbarkeit in der Heimatbibliothek anzeigen lassen. Aus welchen Datenbanken bzw. Kollektionen die jeweiligen Treffer zu Ihrer Anfrage kommen, können Sie der auf der rechten Seite angebotenen Facette *Quelle/Ressource* entnehmen, wobei die vollständige Liste über *mehr* sichtbar wird. Durch

Anhaken der einzelnen *Quelle/Ressource* wird automatisch eine reduzierte Ergebnisliste generiert. Darüber hinaus können Trefferlisten unter anderem über die Facetten *Online-Ressource, Open Access, Medientyp, Autor:in, Sprache, Erscheinungsjahr, Schlagwörter* und *Rechtsgebiet* eingegrenzt werden. Bezüglich der Einzelergebnisse wird angezeigt, ob diese im Bestand des FID (Button *Bestand SBB*) vorhanden ist und über den Button *lokaler Bestand* kann danach gesucht werden, ob sich das gewünschte Werk in Ihrer Heimatbibliothek befindet. Hierzu einfach Ihre Heimatstadt oder die gesuchte Bibliothek eingeben und auf *Suche* klicken. Ansonsten ist jeweils in der Detailansicht eines Treffers auf eine Fernleihmöglichkeit und/oder den kostenpflichtigen Dokumentlieferservice Subito verlinkt.

Hinweis: Personen, die als Benutzerinnen und Benutzer der Staatsbibliothek zu Berlin registriert sind, können sich über das Portal in ihr Bibliothekskonto einloggen und haben direkten Zugriff auf die elektronischen Ressourcen im Fernzugriff.

Es ist noch darauf hinzuweisen, dass die wichtigsten deutschen Standarddatenbanken (juris, beck-online und Wolters Kluwer Online) nicht in den Suchraum einbezogen werden können (lizenzrechtliche Gründe). Damit erscheinen Inhalte oder Daten aus diesen Datenbanken nicht mit in der Gesamtergebnisliste nach einer Suche. Die Discovery-Suche des Portals bietet aber den Service an, dass Ihre jeweilige Suchanfrage simultan in den jeweils frei zugänglichen Bereich von beck-online und Wolters Kluwer Online eingespielt wird. Bei juris ist das leider nicht mehr möglich. Durch Anklicken des Logos der entsprechenden Datenbank (rechts von der Ergebnisliste) erhalten Sie wenigstens Informationen darüber, was in der einzelnen Datenbank zu Ihrer Suchanfrage enthalten ist.

Tipp: Benutzen Sie die Discovery-Suche der Virtuellen Fachbibliothek, um sich mit einer Suche eine umfangreiche Quellensammlung zu einem Thema zusammenzustellen.

Eine Beschreibung der Suchen *im Dokumentenserver* und *nach digitalisierten Quellen* innerhalb des Portals ist hier entbehrlich, da diese als Ressourcen in die Discovery-Suche integriert sind.

Service

Neben den Recherchemöglichkeiten werden über die Virtuelle Fachbibliothek noch verschiedene Services angeboten, die teilweise allerdings nur einem eingegrenzten Personenkreis zur Verfügung stehen. Dazu gehört ein *Virtueller Lesesaal*, ein *Digitalisierung on Demand* Service, ein Dokumenten- und Publikationsservice zum *Open Access-Publizieren* sowie ein *Direkter Leihverkehr.*

Hinweis: Auch für angrenzende Wissenschaftsgebiete (z. B. Wirtschaft und Politik) gibt es übrigens Fachinformationsdienste und Virtuelle Fachbibliotheken bzw. Portale.
Link: https://wikis.sub.uni-hamburg.de/webis/index.php/FID-Einrichtungen

2 Advanced – Rechtsrecherche für Fortgeschrittene

In diesem Teil werden Sie die Kenntnisse erlangen, die Sie für die vertiefte rechtswissenschaftliche Recherche benötigen. Dafür müssen Sie zunächst wissen, welche Quellen Sie heranziehen können und wie diese zu bewerten sind. Nachdem Sie diese Quellen kennengelernt haben, werden Sie in die Feinheiten von verschiedenen Suchstrategien eingewiesen. Im Anschluss daran wird es um die Grundlagen juristischer Methoden und Arbeitstechniken gehen. Schließlich werden Ihnen anhand ausgewählter Datenbanken (auch zum ausländischen und internationalen Recht) die Strategien einer erfolgreichen Suche nähergebracht.

2.1 Allgemeine Quellen

Bei der Bearbeitung juristischer Themen ist es zunächst wichtig zu wissen, welche Quellen Sie für Ihre Argumentation heranziehen können und müssen. Dabei ist es nicht nur bedeutsam, dass Sie die verschiedenen Quellenarten kennen, sondern auch den Zusammenhang erkennen, welchen Rang, Wert oder Qualität die entsprechende Quelle für Ihre juristischen Begründungen hat.

2.1.1 Gesetze/Rechtsnormen

Gesetzesrecht ist das Recht, dessen Quelle ein **Gesetz** ist. Nach kontinental-europäischer Auffassung hat es einen höheren Stellenwert als das Fallrecht und das Richterrecht, weshalb es auch am Anfang behandelt wird. Während des gesamten Jurastudiums und im Rahmen wissenschaftlichen Arbeitens werden **Rechtsnormen** zitiert sowie ausgelegt, und bereits für Ihre ersten Klausuren stehen Ihnen Gesetzessammlungen als Quelle für die Bearbeitung zur Verfügung. Ob nun als Taschenbuch, gebundene Gesetzessammlung oder in Loseblattform wird Sie diese Quelle von Beginn der Ausbildung bis hin zur Berufsausübung begleiten.

Vom Begriff Gesetz wird mehr umfasst als nur das förmliche Parlamentsgesetz. Vielmehr wird nach Gesetzen im formellen und materiellen Sinne unterschieden. **Gesetze im formellen Sinne** sind im Rahmen eines von der Verfassung vorgegebenen Verfahrens zustande gekommen. Diese werden in der Regel vom Parlament in einem förmlichen Gesetzgebungsverfahren erlassen und in den verschiedenen Gesetzblättern veröffentlicht. Hingegen sind **Gesetze im materiellen Sinne** alle generell-abstrakten Regelungen, die eine unmittelbare Außenwirkung haben. Ne-

https://doi.org/10.1515/9783111400068-003

ben den förmlichen Gesetzen (außer den Haushaltsgesetzen) gehören hierzu auch Rechtsverordnungen, Satzungen und das Gewohnheitsrecht. Diese Unterscheidung ist u. a. für die Normenhierarchie wichtig, da nicht alle Gesetze in ihrer Anwendbarkeit den gleichen Rang haben. So geht das höherrangige Gesetz stets dem niederrangigen Gesetz vor. Sehen wir von der in Deutschland bestehenden Kompetenzordnung einmal ab, lässt sich dies mit der **Normenpyramide** immer noch am besten darstellen:

Europarecht
Grundgesetz
allgemeine Regeln des Völkerrechts
förmliche Bundesgesetze
Verordnungen/Satzungen des Bundes
förmliche Gesetze der Länder
Verordnungen/Satzungen der Länder

Dem Grunde nach hat in Deutschland das Europarecht grundsätzlich Vorrang vor nationalem Recht, einschließlich dem Grundgesetz (Vorrang des Unionsrechts / Supranationalitätsprinzip). Gemäß Artikel 23 Absatz 1 des Grundgesetzes (GG) hat die Bundesrepublik Deutschland die Möglichkeit, Hoheitsrechte auf die Europäische Union zu übertragen. Durch diese Übertragung entsteht eine Bindung an das Europarecht. Das bedeutet, dass EU-Recht, das von den EU-Institutionen erlassen wird, grundsätzlich Anwendungsvorrang vor nationalem Recht, einschließlich dem Grundgesetz, hat. Dieser Vorrang gilt jedoch nur, wenn das EU-Recht unmittelbar anwendbar ist (z. B. bei Verordnungen) und keine Umsetzung durch nationales Recht erforderlich ist (Richtlinien, die jedoch hinsichtlich des zu erreichenden Ziels verbindlich sind). Es gibt jedoch Ausnahmen und Grenzen für den Vorrang des Europarechts. Das Bundesverfassungsgericht (BVerfG) hat in mehreren Entscheidungen betont, dass der Vorrang des Europarechts in bestimmten Fällen begrenzt sein kann, um grundlegende Verfassungsprinzipien zu schützen. In einem solchen Kollisionsfall haben sowohl das BVerfG als auch der EuGH Prüfungskompetenzen.

Das Grundgesetz steht wiederum im Rang über allen anderen innerstaatlichen Rechtsgrundlagen und geht diesen bei der Anwendung vor. So dürfen z. B. Gesetze und andere Normen nicht verfassungswidrig sein. Nach Art. 25 GG sind die allgemeinen Regeln des Völkerrechts Bestandteil des Bundesrechts und stehen über den förmlichen Gesetzen, aber unter dem Grundgesetz. Schließlich steht gemäß Artikel 31 GG das Bundesrecht über dem Landesrecht, wobei jedoch die Kompetenzvorschriften im Grundgesetz für die Gesetzgebung zu beachten sind (Art 70 ff. GG).

2.1.1.1 Bundesgesetze/Rechtsverordnungen des Bundes

Mit den Möglichkeiten des Auffindens der innerstaatlichen Gesetze und Rechtsgrundlagen (**Bundesgesetze** und **Rechtsverordnungen**) soll begonnen werden, da diese für die Ausbildung und die Rechtspraxis bisher immer noch die größte Bedeutung haben. Die beiden wichtigsten Verkündungsorgane des Bundes sind das Bundesgesetzblatt und der Bundesanzeiger.

Nach Art. 82 Abs. 1 GG werden Bundesgesetze im **Bundesgesetzblatt (BGBl.)** veröffentlicht. Besonders wichtig sind die Teile I und II (Teil III soll hier vernachlässigt werden) mit folgenden Inhalten:

Teil I: förmliche Bundesgesetze (ohne völkerrechtliche Übereinkünfte), Rechtsverordnungen (falls nicht im Bundesanzeiger veröffentlicht), Zuständigkeitsentscheidungen nach Artikel 129 GG, Entscheidungsformeln der Urteile des Bundesverfassungsgerichts (§ 31 BVerfGG), Anordnungen und Erlasse des Bundespräsidenten, Bekanntmachungen über innere Angelegenheiten des Deutschen Bundestags und des Bundesrats

Teil II: internationale Verträge und Übereinkommen, die zu ihrer Inkraftsetzung erlassenen Rechtsvorschriften sowie damit zusammenhängende Bekanntmachungen

Übrigens wurde im Bundesgesetzblatt Nr. 1 vom 23. Mai 1949 das Grundgesetz verkündet.

Zitierregel: BGBl. (Abkürzung für Bundesgesetzblatt) I (Teil) S. 1111 (Seitenzahl). Da das Verkündungsdatum immer vorangestellt wird, ist es ersichtlich, in welchem Jahrgang des Bundesgesetzblattes Sie nachsehen müssen.
Beispiel: Gesetz über die Sammlung des Bundesrechts vom 10. Juli 1958, BGBl. I S. 437.

Seit dem 1. Januar 2023 wird das Bundesgesetzblatt I/II durch das Bundesministerium der Justiz und das Bundesamt für Justiz online veröffentlicht. Auf diesen Seiten finden Sie auch das Archiv des Bundesgesetzblattes Teile I (ab Nr. 1 aus 1949) und II (ab Nr. 1 aus 1951) bis 31.12.2022, das neben der jeweiligen Druckausgabe parallel durch den Bundesanzeiger Verlag online veröffentlicht wurde. Ein Durchsuchen im Rahmen einer Datenbankrecherche ist für alle seit 2023 veröffentlichten Bundesgesetzblätter nunmehr auf diesen Seiten möglich. Das Archiv ist nicht durchsuchbar. Dort können also nur entsprechende Gesetze, Rechtsverordnungen oder völkerrechtliche Verträge gefunden werden, wenn die Fundstelle bereits bekannt ist.

Link: https://www.recht.bund.de/

In den meisten Bibliotheken ist allerdings auch noch die Druckausgabe des Bundesgesetzblattes bis 31.12.2022 (danach wurde die Druckausgabe ja eingestellt) verfügbar.

Ein weiteres Verkündungs- und Bekanntmachungsorgan der Bundesrepublik Deutschland ist der **Bundesanzeiger (BAnz.)**, der ebenfalls vom Bundesministerium der Justiz herausgegeben und vom Bundesanzeiger Verlag betrieben wird. Inhalt des Bundesanzeigers sind ein *Amtlicher Teil* (Verkündungen, Bekanntmachungen und Ausschreibungen des Bundes sowie Hinweise der Deutschen Bundesbank und des Bundesgesetzblatts), ein *Nichtamtlicher Teil* (institutionelle Veröffentlichungen wie bspw. Regelwerke und Normen), ein *Gerichtlicher Teil* (Aufgebote von Personen in Grundstücks- und Nachlasssachen, Aufgebote von Urkunden, Ausschlussurteile, Kraftloserklärungen und sonstige Beschlüsse, Beiladungen, das Klageregister nach dem Kapitalanleger-Musterverfahrensgesetz (KapMuG), Konkurse, Gesamtvollstreckungs- und Insolvenzverfahren, öffentliche Zustellungen, das Register anonymer und pseudonymer Werke, das Restrukturierungsforum, Strafsachen, Verschiedenes), *Gesellschaftsbekanntmachungen* (Aktionärsforum und gesellschaftsrechtliche Bekanntmachungen), *Rechnungslegung/ Finanzberichte* (Rechnungslegungsunterlagen und Unternehmensberichte, für Geschäftsjahre beginnend vor dem 01.01.2022), *Kapitalmarkt* (Kapitalmarktinformationen und -berichte) und andere *Verschiedene Bekanntmachungen* (Ausschreibungen, Berichte Anbieter sozialer Netzwerke, Berufsgenossenschaften, Krankenkassen, Vereine und Verbände, Verwertungsgesellschaften, Verschiedenes).

Neben der Druckausgabe des Bundesanzeigers wurde zusätzlich ein elektronischer Bundesanzeiger aufgebaut, der seit 1. April 2012 die Papierausgabe vollständig ersetzt. Der Vorteil ist, dass auch dieser (seit 2002) kostenlos im Internet zur Verfügung steht und mittels einer einfachen und erweiterten Suche recherchierbar ist.

Link: https://www.bundesanzeiger.de

Eine kurze Erwähnung sollen noch die vom Bundesministerium der Justiz jährlich herausgegebenen **Fundstellennachweise A und B** finden. Der Fundstellennachweis A (FNA) enthält die Fundstellen aller nach dem 31.12.1963 im Bundesgesetzblatt Teil I und Teil II veröffentlichten sowie im Bundesanzeiger verkündeten Vorschriften einschließlich der dazu ergangenen Änderungen. Fortgeltendes Recht der ehemaligen DDR und diesem zuzuordnendes späteres Bundesrecht sind in einem Anhang gelistet. Der Fundstellennachweis B (FNB) verzeichnet die von der Bundesrepublik Deutschland und ihren Rechtsvorgängern abgeschlossenen völkerrechtlichen Vereinbarungen, die im Bundesgesetzblatt, Bundesanzeiger und deren Vorgängern veröffentlicht wurden, einschließlich der Verträge zur Vorbereitung und Herstellung der Einheit Deutschlands. Beide Nachweise werden seit der Ausgabe 2012 nicht mehr in gedruckter Form herausgegeben und sind (inklusive des Archives des Bundesanzeiger Verlags) seit 1. Januar 2023 über das Portal für das Bundesgesetzblatt einsehbar.

Link: https://www.recht.bund.de/de/bundesgesetzblatt/fundstellennachweise/fundstellennachweise_node.html

---

Im Gegensatz dazu enthalten die **Amtsblätter der Ministerien** (z. B. das Verkehrsblatt oder das Bundessteuerblatt II und III) sowie das vom Bundesministerium des Innern herausgegebene **Gemeinsame Ministerialblatt** (GMBl.) in der Regel keine Gesetze, sondern fachbezogene Verwaltungsvorschriften, Mitteilungen und Bekanntmachungen.

Nun müssen Sie allerdings in Studium und Ausbildung nicht alle Gesetze und Einzelnormen, die Sie benötigen, in den Verkündungs- oder Ministerialblättern nachschlagen. Vielmehr werden Sie sich für das tägliche Studium eine Sammlung der wichtigsten und ausbildungsrelevanten Gesetze anschaffen. Diese sollte nach Möglichkeit auch immer Gesetzesänderungen berücksichtigen. Hierfür gibt es auf dem Markt verschiedene Angebote an Druckwerken. Ratsam ist es allerdings, sich solche Sammlungen zu beschaffen, die den späteren Anforderungen für die zugelassenen Hilfsmittel für die erste und zweite juristische Staatsprüfung entsprechen. Zur Veranschaulichung ein Auszug aus der **Hilfsmittelbekanntmachung** des Bayerischen Staatsministeriums der Justiz:

[...]"Auf Grund des § 7 Abs. 2 Nr. 4 der Ausbildungs– und Prüfungsordnung für Juristen (JAPO) vom 13. Oktober 2003 (GVBl S. 758) bestimmt der Prüfungsausschuss für die Erste Juristische Staatsprüfung:
1. In der Ersten Juristischen Staatsprüfung sind als Hilfsmittel zugelassen:
1.1 Habersack, Deutsche Gesetze (Loseblattsammlung, ohne Ergänzungsband)
1.2 Sartorius Band I, Verfassungs- und Verwaltungsgesetze der Bundesrepublik Deutschland (Loseblattsammlung, ohne Ergänzungsband)
1.3 Ziegler/Tremel, Verwaltungsgesetze des Freistaates Bayern
1.4 Beck-Texte, Deutscher Taschenbuch Verlag (dtv), Band 5006, Arbeitsgesetze (ArbG)
1.5 Europarecht, Textausgabe, Nomos Verlagsgesellschaft Baden-Baden
1.6 Kalender [...]

Darüber hinaus gibt es verschiedene Datenbankangebote, mit deren Hilfe Sie Bundesrecht recherchieren können.

Mit **Gesetze im Internet** stellen das Bundesministerium der Justiz und das Bundesamt für Justiz für den privaten Gebrauch nahezu das gesamte aktuelle Bundesrecht kostenlos im Internet zur Verfügung. Dies betrifft Gesetze und Rechtsverordnungen in der jeweils geltenden Fassung. Angereichert ist dieser Service mit einem Aktualitätendienst (Verlinkungen zu allen neu im Bundesgesetzblatt Teil I verkündeten Vorschriften bis zu sechs Monate nach deren Inkrafttreten), der über einen RSS-Feed abonniert werden kann, einer *Titelsuche* und einer *Volltextsuche*. Unter dem Menüpunkt *Translations* finden Sie wichtige deutsche Gesetze in englischer Übersetzung.

Link: https://www.gesetze-im-internet.de/
Hinweis: Die über Gesetze im Internet angezeigten Gesetzestexte sind nicht die amtliche Fassung. Diese finden Sie nur im Bundesgesetzblatt, was für die Zitierung zu beachten ist.

Schließlich stellt die Bundesregierung (unter Federführung des Bundesministeriums des Innern) wiederum gemeinsam mit der juris GmbH für den privaten Gebrauch eine Datenbank mit aktuellen **Verwaltungsvorschriften** der obersten Bundesbehörden kostenlos **im Internet** zur Verfügung.

Link: https://www.verwaltungsvorschriften-im-internet.de/

Aber auch die verschiedenen kommerziellen Anbieter haben das Bundesrecht und teilweise das Recht der Bundesländer sowie die Gesetzgebung der EU in ihr Datenbankangebot integriert:

Beginnen wir diesmal mit **Wolters Kluwer Online**, da die kostenfreie Variante ein Teil der Gesetzesdatenbank enthält. Im Bereich *Bibliothek* stehen Ihnen unter *Meine Inhalte/Rechtsvorschriften* das geltende Bundesrecht, das außer Kraft getretene Bundesrecht sowie das Recht der EU zur Verfügung. In der lizenzpflichtigen Version können Sie rund 1,3 Millionen Rechtsnormen und Verwaltungsvorschriften sowie Tarifverträge des Bundes, der Länder und der Europäischen Union recherchieren. Die Gesetzgebung des Bundes und viele landesrechtliche Vorschriften sind dabei nicht nur in ihrer aktuell gültigen Fassung, sondern auch in historischen Fassungen enthalten. Hierfür ist eine Funktion zum *Rechtsstandsvergleich* integriert, die Sie allerdings nur nutzen können, wenn Sie angemeldet sind.

Die Recherche ist (im Sinne einer erweiterten Suche) auf *Norm, Normgeber* und *Datum/Zeitraum* vorab eingrenzbar. Innerhalb der Ergebnisliste können Sie nach *Inhaltsart* und *Rechtsgebieten* filtern. Einzelnormen werden in der aktuellen Fassung angezeigt. Der Tag, ab dem die Norm in dieser Fassung gilt, wird oben rechts angezeigt. Für einen Fassungsvergleich, der Gesetzesänderungen sichtbar macht, klicken Sie auf den Pull Down-Pfeil neben dem Gültigkeitsdatum der aktuellen

Fassung. Sodann werden Ihnen die historischen Fassungen der Einzelnorm zum Vergleich angeboten, wobei die jeweiligen Änderungen farblich hervorgehoben sind. Darüber hinaus können Sie sich das gesamte Gesetz, aus der die Einzelnorm stammt, ansehen und darin suchen. Über *Zitieren* werden Verweise auf Kommentierungen, Zeitschriftenartikel, Rechtsprechung sowie weitere relevante Rechtsvorschriften geliefert, die ihrerseits wieder gefiltert werden können.

Link: https://research.wolterskluwer-online.de/bibliothek?source=MyProducts&category=Rechtsvorschriften (kostenfreie Version)

In **beck-online** können Sie auf verschiedene Art und Weise nach Rechtsnormen suchen. Im Rahmen der Hochschullizenz steht das Modul *Unsere Normen* zur Verfügung. Dieses Modul ist in *Rechtsvorschriften, Verwaltungsvorschriften, Verträge* und *sonstige Rechtsquellen* sowie *Gesetzessammlungen* unterteilt. Die Einstiegsseite jedes Teilbereiches hält eine Suchmaske nach Normen und Richtlinien über *Normtitel, Abkürzungen,* und *Alias* bereit. Kombinieren können Sie diese Suche mit einer Angabe zum Titel des Druckwerkes (in der Datenbank als *Print-Slg.* bezeichnet / z. B. *Aichberger plus Sozialgesetzbuch*), einem *Rechtsgebiet* und/oder dem *Geltungsbereich* (*EU, Bund, Bundesländer*). Bei der Eingabe in ein bestimmtes Suchfeld werden Ihnen gleich Vorschläge für Ihr Suchwort angeboten und das System verändert Ihren Suchbegriff sofort in die entsprechende Abkürzung. Unterhalb der Suchmaske ist eine alphabetische Liste mit den in Ihrem Modul zu diesem Bereich enthaltenen Normen (Gesetze, Verordnungen, Richtlinien) angefügt. Diese enthält auch jeweils Abkürzung, Alias und Langtext der Norm. Die Liste reduziert sich als Ergebnisliste entsprechend Ihrer Anfrage. Nach Auswahl werden Ihnen der Titel, die vorliegende Fassung, die Fundstelle der Veröffentlichung im Bundesgesetzblatt (direkte Verlinkung) oder einem anderen Organ und die letzte Änderung (auch mit Fundstelle) angezeigt. Darunter befinden sich teilweise amtliche Anmerkungen und andere Verweise sowie *Geltungszeiträume* des Gesetzes. Die unterschiedlichen Geltungszeiträume können Sie anhaken und mit *Ausgewählte Fassungen vergleichen* einander gegenüberstellen. Oder Sie lassen sich *Alle Fassungen anzeigen*. In der linken Spalte werden Ihnen, soweit es für das Gesetz zutrifft, ein *Änderungsverzeichnis*, eine *Inhaltsübersicht (redaktionell)*, eine *Vorbemerkung (redaktionell)* und eine *Inhaltsübersicht (amtlich)* sowie *Anlagen* angeboten. Durch die Inhaltsübersicht können Sie dann blättern und eine Einzelnorm auswählen. Für diese werden jeweils der Verkündungsstand, der Wortlaut selbst und der Wortlaut der möglichen verschiedenen Fassungen (*Ausgewählte Fassungen vergleichen* oder *Alle Fassungen anzeigen*) dargestellt. Auf der rechten Seite finden Sie zusätzliche Informationen (*siehe auch...*), z. B. in welchen anderen Normen die ausgewählte Norm zitiert wird oder welche Rechtsprechung, Kommentierung oder Besprechung in Aufsätzen es zu diesem Thema gibt.

Für *Verwaltungsvorschriften* und *Verträge, sonstige Rechtsquellen* steht eine Suche nach *Stichwort, Geltungsbereich (Bund, Bundesländer), Behörde* (nur für Verwaltungsvorschriften) sowie *Datum* bereit.

Als weiterer Unterpunkt zum Modul *Unsere Normen* gibt es die Möglichkeit, eine der vom Beck-Verlag (oder von kooperierenden Verlagen) herausgegebenen *Gesetzessammlungen* (z. B. Satorius plus etc.) zu suchen. Hier können Sie also Ihre häufig verwendeten Gesetzessammlungen digital nutzen. Gegliedert sind die Gesetze in den Sammlungen genau wie in der Druckausgabe nach Ordnungsnummern. Nach Auswahl eines bestimmten Gesetzes erfolgt die Ansicht wie vorab beschrieben.

Darüber hinaus bietet beck-online in seinen *Fachmodulen* immer einen Bereich *Normen* an, der die wichtigsten Gesetzessammlungen bzw. Einzelnormen zum ausgewählten Fach enthält. Schließlich gibt es noch den Bereich *Gesetzesmodule*, in welchem die wichtigsten Gesetzessammlungen (auch der Länder) zusammengestellt sind.

Die Normensuche in **juris** stellt sich ähnlich dar wie bei beck-online, obwohl juris nicht auf so umfangreiche und thematische Normensammlungen zurückgreifen kann wie der Beck-Verlag. Zur Suche einer Rechtsnorm können Sie im linken Blockbereich *Vorschriften* (*Gesetze/Verordnungen, Verwaltungsvorschriften, Weitere Vorschriften*) auswählen. Haben Sie beispielsweise den Unterbereich *Gesetze/Verordnungen* gewählt, öffnet sich ein „Bücherregal" mit den einzelnen Normsammlungen, die den Titel, die Anzahl der enthaltenen Dokumente sowie eine inhaltliche Kurzbeschreibung bietet. Mit den Filtern *Rechtsgebiete, Regionen, Sachgebiete* oder *Themen*gebiete sowie *Produkte* können Sie die Auswahl sofort einschränken. Im Suchschlitz kann dann entsprechend der Suchbegriff eingegeben werden. Der Suchbegriff wird gleich einem entsprechenden Suchaspekt (z. B. Text oder Norm) zugeordnet. Die Wortergänzungsfunktion unterstützt Sie bei der Suchwortfindung und zeigt auch gleich die Anzahl der Treffer an, die die Suche mit dem entsprechenden Begriff vorhält. Dabei wird standardmäßig nach der aktuellen Fassung der Norm gesucht. Über die erweiterte Suche (*Weitere Suchfelder*) können Sie die Datenbank noch detaillierter abfragen (*Text, Autor*in/Gericht, Fundstelle, Gesetzestitel, Norm, AZ/ECLI, Datum, Stand*). Nach dem Absetzen einer Suche bleibt die Suchanfrage erhalten. Es ist Ihnen möglich, einzelne Suchbegriffe zu löschen oder eingestellte Filter zurückzusetzen. Sie können aber auch noch zusätzlich Begriffe einfügen oder weitere Filter anwenden.

Die Detailanzeige für eine Einzelnorm hält in einer Kopfzeile die amtliche Abkürzung des Gesetzes bzw. der Verordnung bereit, in dem bzw. der sich die Norm befindet, das Datum der Fassung der angezeigten Norm, die Gültigkeit, den Dokumenttyp (z. B. Gesetz), die Quelle und einen Zitiervorschlag, den Sie in die Zwischenablage kopieren können. Die Kopfzeile für die Anzeige eines ganzen Gesetzes enthält zusätzlich noch das Datum der Neufassung des Gesetzes, das Datum des ersten Textnachweises und die Fundstelle (im BGBl). Unter der jeweiligen Kopfzeile finden Sie verschiedene zusätzliche Funktionen, die sich auf die Einzelnorm beziehen. Das sind ein *Fassungsvergleich*, der die unterschiedlichen Fassungen einer Einzelnorm nebeneinanderstellt (mit farblicher Markierung der Änderungen), die *Aktuelle Gesamtausgabe* des Gesetzes, in der sich die Einzelnorm befindet, eine *Gesamtausgaben-Liste* des Gesetzes, in der sich die Einzelnorm befindet sowie ein Ausblick auf Gesetzgebungs- bzw. Gesetzänderungsverfahren bezüglich des Gesetzes, in der sich die Einzelnorm befindet (*Prelex*). In der Anzeige der Einzelnorm sehen Sie den vollständigen Text der Norm. Im Anschluss folgen Fußnoten, weitere Fassungen der Norm sowie Zitierungen in Kommentaren, Rechtsprechung, Bundes- und Landesgesetzgebung sowie Verwaltungsvorschriften des Bundes und der Länder und Literaturnachweise. Schließlich gibt es eine Anzeige entsprechender Änderungsgesetze. Die Verweise sind in der Regel verlinkt und führen wiederum zu Volltexten. Im linken Blockbereich finden Sie zusätzlich das navigierbare Inhaltsverzeichnis des Gesetzes, in der sich die Einzelnorm befindet. Rechts werden inhalts- bzw. themenbezogen *Ähnliche Dokumente* angeboten. Diese Ähnlichkeitssuche können Sie übrigens auch für markierte Textteile durchführen, indem Sie einfach den entsprechenden Button, der Ihnen nach der Markierung des Textteils angezeigt wird, durchführen.

2.1.1.2 Gesetzesdokumentationen für Bund und Länder

Oftmals genügt es nicht, lediglich den Text eines Gesetzes zu kennen. Vielmehr ist die Information von Bedeutung, mit welcher Begründung ein Gesetz erlassen wurde oder ob es Auseinandersetzungen im Rahmen der parlamentarischen Debatte gab. Die im Zusammenhang des Gesetzgebungsprozesses von Bundestag oder Bundesrat entstehenden Materialien (z. B. Parlamentsmaterialien, Ausschussprotokolle, Materialien der Ausschüsse, Stellungnahmen von Sachverständigen, Formulierungshilfen, Gutachten, Eingaben von Verbänden und vergleichbare Unterlagen) werden **Gesetzesdokumentation** bzw. **Parlamentsdokumentation** genannt und durch das Parlamentsarchiv (Archiv des Bundestages) bzw. das Archiv des Bundesrates nach formalen und inhaltlichen Kriterien ausgewertet sowie verwahrt. Zwar steht beispielsweise das Parlamentsarchiv vorrangig den Mitgliedern des Deutschen Bundestages sowie deren Mitarbeitern, Fraktionsangestellten und den Angehörigen der Bundestagsverwaltung zur Verfügung, jedoch kann jede Person das Archivgut des Parlamentsarchivs nach Maßgabe der Archivordnung für den Deutschen Bundestag auf Antrag nutzen, wobei die Nutzung mit Auflagen verbunden oder unter dem

Vorbehalt des Widerrufs genehmigt werden kann. Außerdem bedarf es einer individuellen Zutrittsgenehmigung (lesen Sie hierzu die Archivordnung und Nutzungsordnung für das Parlamentsarchiv). Glücklicherweise werden jedoch große Teile der Dokumentationen in der Datenbank **Dokumentations- und Informationssystem für Parlamentsmaterialien (DIP)** veröffentlicht und durchsuchbar gemacht.

Link: https://dipbt.bundestag.de/

DIP ist das gemeinsame Informationssystem von Bundestag und Bundesrat, welches das parlamentarische Geschehen beider Gesetzgebungsorgane darstellt. In DIP sind folgende Inhalte recherchierbar: Zu den Dokumenten gehören die **Drucksachen** und **Stenografische Berichte** (Plenarprotokolle) des Deutschen Bundestages und des Bundesrates. Die Originaldokumente des Deutschen Bundestages seit 1949 werden als PDF-Dateien zur Verfügung gestellt und sind über eine Volltextsuche recherchierbar. Die Drucksachen des Bundesrates sind ab 1984 annähernd vollständig als PDF-Dokumente verfügbar, allerdings ist hier erst ab 2003 eine Volltextsuche möglich. Bei den früheren Dokumenten handelt es sich um in PDF eingebettete Bildscans ohne maschinell durchsuchbaren Text. Die Plenarprotokolle des Bundesrates liegen vollständig ab 1949 vor, allerdings erst ab dem Jahr 2000 mit einem durchsuchbaren Text.

Darüber hinaus können die Vorgänge abgerufen werden. Das ist die vollständige Darstellung von Inhalt, Ablauf und Ergebnis eines parlamentarischen Beratungsverfahrens, etwa eines Gesetzgebungsverfahrens, mit Links zu allen zugehörigen Dokumenten. Für noch laufende Beratungsverfahren wird der jeweils aktuell gültige Stand angezeigt. Der **Vorgang** ist ein sehr wichtiges Informations-Format, da er allen anderen Formaten übergeordnet ist und die einzelnen Dokumente und Debatten im Plenum in den inhaltlichen Zusammenhang des jeweiligen Beratungsgegenstandes einordnet. Die elektronische Erfassung von Beratungsvorgängen begann zu Beginn der 8. Wahlperiode im Dezember 1976. Seit dieser Zeit sind zu allen parlamentarischen Beratungsverfahren entsprechende Vorgänge in DIP gespeichert. Aus den Wahlperioden 1 bis 7 liegen dagegen ausschließlich Dokumentdaten (sowie die Dokumente selbst) vor. Recherchen zu Beratungsverfahren dieser Wahlperioden müssen derzeit noch im **Sachregister** durchgeführt werden (liegt als PDF vor).

Link: https://dip.bundestag.de/sach-und-sprechregister-1-7-wahlperiode

---

Die parlamentarischen Tätigkeiten von Abgeordneten und Regierungsmitgliedern, z. B. Reden im Plenum, mündliche und schriftliche Fragen, (Mit-)Autorschaft an

Gesetzentwürfen, Anträgen etc. werden als **Aktivität** in DIP dokumentiert und beziehen sich auf das parlamentarische Tätigkeitsspektrum einzelner Personen. So können Sie beispielsweise erfahren, was Ihre Abgeordnete bzw. Ihr Abgeordneter so im Bundestag macht oder gemacht hat. Diese sind vom Beginn der 8. Wahlperiode an verzeichnet, soweit sie in Drucksachen oder Plenarprotokollen aufgenommen wurden. Für die 1. bis zur 7. Wahlperiode sind derzeit nur die Autor*innen von Drucksachen in Bundestags-Dokumenten erfasst, jedoch keine Reden im Plenum oder Zwischenfragen etc. Bestimmte Beiträge von Personen einer Plenarsitzung der 1. bis 7. Wahlperiode sind jedoch im **Sprechregister** verzeichnet. Sowohl von Dokumenten als auch von Aktivitäten wird stets auf den Vorgang verlinkt, dem sie angehören (es kann auch mehrere Bezugsvorgänge geben).

Unter der Rubrik *Neu in DIP* werden Sie über neue Entwicklungen und Recherchemöglichkeiten informiert.

Auf der Startseite des DIP können Sie mit Ihrer Recherche beginnen. Geben Sie hierzu in das Suchfeld ein beliebiges Suchwort ein. Gesucht wird dann zunächst ausschließlich in der aktuellen Wahlperiode. Mehrere Suchwörter hintereinander werden mit UND verknüpft. Die Verwendung von Anführungszeichen ermöglicht hier die Phrasensuche und mit * erfolgt sowohl eine Links- als auch Rechts-Trunkierung. Andere Operatoren können nicht verwendet werden.

Die generierte Trefferliste kann sodann nach Informationstyp (*Vorgang, Dokument, Aktivität*) und/oder *Wahlperiode* eingegrenzt bzw. verändert werden. Der *Suchfilter* ermöglicht eine weitere Einschränkung und über *Datum* können Sie die Treffermenge nach bestimmten Zeitintervallen eingrenzen. Die Sortierung erfolgt standardmäßig nach Relevanz und kann optional geändert werden. Die Einzeltreffer in der Ergebnisliste enthalten je nach Informationstyp unterschiedliche Elemente. Auf jeden Fall wird jedoch für jeden Treffer auf das Basisdokument verlinkt (*BT-Drs...* = Bundestags-Drucksache), dass Sie sich im Volltext aufrufen können.

Viel detaillierter kann die Recherche mit der *Erweiterten Suche* erfolgen. Angeboten wird eine sehr große Auswahl an Suchfeldern. Um einen bestimmten Suchbereich gezielt ansteuern zu können, wurden die Facetten *Dokumentenart, Vorgangstyp, Drucksachentyp, Aktivitätsart, Initiative, Urheber*in, Person, Sachgebiet* und *Datum* eingerichtet. Die Operatoren *UND, ODER* und *UND NICHT* sind wählbar. Die sehr komplexe Expertensuche soll hier nicht beschrieben werden.

Zu den Bereichen **Zivil- und Strafrecht** sammelte die **Bibliothek des Bundesgerichtshofs** seit 1949 und bis zum Ende der 19. Wahlperiode (Oktober 2021) Gesetzesmaterialien und stellt die entsprechenden bibliographischen Nachweise bzw. einzelne Dokumente online zur Verfügung. Auch hier werden, je nach Wahlperiode, unterschiedliche Quellen für die Recherche angeboten.

Für die **1. bis 14. Wahlperiode** wird auf den Katalog der Bibliothek des BGH verwiesen, da für diesen Zeitraum vorwiegend die gedruckten Bundestags- und Bundesratsdrucksachen sowie Plenar- und Ausschussprotokolle gesammelt und im Bibliothekskatalog nachgewiesen wurden. Elektronische Volltexte stehen für diesen Zeitraum nicht zur Verfügung.

Für die **15. bis 19. Wahlperiode** ergänzte die Bibliothek ihre Sammlung um Hintergrundinformationen wie EU-Richtlinien, Gerichtsurteile und Stellungnahmen von Fachverbänden. Für diese Wahlperioden steht ein Volltextangebot zur Verfügung, bei dem Sie zunächst (nach Wahlperiode) in einer alphabetischen Liste nach dem Kurztitel der Vorschrift suchen müssen, um dann die entsprechenden Materialien – größtenteils im Volltext – angezeigt zu bekommen.

Link: https://www.bundesgerichtshof.de/DE/Bibliothek/GesMat/gesmat_node.html

Wer noch weiter in die parlamentarische Geschichte zurückgehen möchte und sich etwa für die Verhandlungen des Deutschen Reichstags interessiert, der wird beim Projekt **Verhandlungen des Deutschen Reichstags und seiner Vorläufer** fündig. Beginnend mit der 1. Wahlperiode des Norddeutschen Bundes bis 1942 kann durch die Protokolle und Anlagen geblättert oder darin gesucht werden.

Link: https://www.reichstagsprotokolle.de/rtbiiiauf.html

Was DIP für den Bund ist, ist der **Parlamentsspiegel** für die Bundesländer als gemeinsames Informationssystem der Landesparlamente der Bundesrepublik Deutschland. Dort finden Sie Dokumente zu allen Gesetzesinitiativen mit der entsprechenden parlamentarischen Auseinandersetzung, zu Regierungserklärungen und aktuellen Debatten, zu Anträgen, zu Anfragen an die Landesregierungen, zu Untersuchungsausschüssen und Enquete-Kommissionen etc. Der Parlamentsspiegel setzt auf die einzelnen Parlamentsdokumentationen der Länder auf, die unter *Links zu den Parlamentsdokumentationen* gelistet sind.

Link: https://www.parlamentsspiegel.de/home/links-zu-den-parlamentsdokumenta.html

Für den Zeitraum von 1957 bis 1979 stehen lediglich die Erschließungsdaten der damaligen **Zentraldokumentation Parlamentsspiegel** in den Parlamenten vor Ort zur Verfügung oder sind in verschiedenen Bibliotheken als gebundene Jahresregister vorhanden. Im Onlineangebot des Parlamentsspiegels können Sie Dokumente ab 1980 suchen und über den *Dokumentenabruf* (*Drucksachen/Protokolle, Gesetzblätter*) nutzen, wobei für den Zeitraum von 1980 bis 1997 nur Initiativen von länderübergreifender Bedeutung verzeichnet sind (z. B. Gesetzentwürfe, zahlreiche

Regierungserklärungen oder Große Anfragen etc.). Mit dem Jahr 1997 wurde die Beschränkung der Dokumente nach länderübergreifender Relevanz nach und nach aufgehoben und seit Herbst 2004 werden alle Initiativen in das System aufgenommen, wobei jedoch Vorgänge mit überregionaler Bedeutung weiterhin ausgewiesen werden. Bundestag und Bundesrat sowie die europäischen Gremien werden seit 2002 nicht mehr berücksichtigt. Auf die entsprechenden Angebote des Bundes und der Europäischen Union wird jedoch verlinkt. Eine detaillierte Übersicht zu den Inhalten finden Sie unter dem Karteireiter *Aktueller Bestand* der Einstiegsseite.

Für die Recherche im Parlamentsspiegel werden eine *Einfache Suche, Erweiterte Suche*, ein *Dokumentenabruf (Drucksachen/Protokolle, Gesetzblätter)*, eine Suche nach *Gesetzgebung (Schnellsuche, Detailsuche)* und eine *Suche in Rechtssystematik* angeboten.

Link: https://www.parlamentsspiegel.de

2.1.1.3 Exkurs: Juristische Auslegung

Die Kenntnisse über das Auffinden von Gesetzesfassungen oder Plenarprotokollen bzw. Drucksachen kann u. a. unterstützend für die juristische Auslegung sein. Im klassischen Sinne werden vier Formen der juristischen Auslegung unterschieden:

– Bei der **grammatischen Auslegung** soll der Sinn einer Rechtsnorm möglichst nahe an ihrem Wortsinn ermittelt werden. Dabei kann dies auf verschiedene Art und Weise geschehen. Zunächst wird nach dem allgemein umgangssprachlichen Sinn und den grammatikalischen Zusammenhängen gesucht. Darüber hinaus ist auch der spezielle juristische Sprachgebrauch zu berücksichtigen, wie er beispielsweise in bestimmten Gesetzen Verwendung gefunden hat. Zur Ermittlung können Wörterbücher und Nachschlagewerke herangezogen werden. Vom Wortlaut wird in der Regel nur dann abgewichen, wenn der Begriff einen Bedeutungswandel erfahren hat. Aufgrund des so genannten Analogieverbotes – das aus dem Grundsatz *Nulla poena sine lege* (keine Strafe ohne Gesetz) abgeleitet wird – ist der Wortlaut für das materielle Strafrecht von besonderer Bedeutung. Der Wortlaut ist hier nämlich bindend. Eine Handlung, die nicht vom Wortlaut einer Rechtsnorm umfasst wird, wäre demnach nicht strafbar.

– Im Rahmen der **historischen Auslegung** steht die Entstehungsgeschichte eines Rechtssatzes im Mittelpunkt. Unterschieden wird nach der **dogmengeschichtlichen Auslegung** und der genetischen Auslegung. Dogmengeschichtlich ist die Auslegung dann, wenn der geschichtliche Werdegang einer Norm betrachtet wird. So ändern sich bei einer Einzelvorschrift mehrmals der Inhalt und der Wortlaut. Damit wird der Entwicklungsweg einer Norm bis zur gegenwärtigen Fassung nachvollzogen. Unberücksichtigt bleiben allerdings spätere Fassungen und die tatsächliche Rechtanwendung dieser Norm. Hingegen wird bei der **genetischen Auslegung** nach dem Willen des Gesetzgebers gesucht. Dabei werden Gesetzgebungsmaterialien (amtliche Begründungen, Parlamentsberatungen etc.) herangezogen. Entscheidend ist jedoch, dass der Wille des Gesetzgebers auch erkennbar im Gesetz zum Ausdruck gekommen ist, da verschiedene Meinungen im Rahmen des Gesetzgebungsprozesses zur Geltung kommen. Die historische Auslegung ist insoweit problematisch, da gesellschaftliche Veränderungen sowie ein sich änderndes Meinungsbild keine Berücksichtigung finden.

– Bei der **systematischen Auslegung** ist das Normengefüge, in der sich die anzuwendende Norm befindet, Gegenstand der Betrachtung. Entscheidend sind die Platzierung der Norm im Gesetz und im Abschnitt sowie die Stellung zu anderen Rechtsinstituten im gleichen Gesetz. Als Indiz kann beispielsweise die Überschrift des Abschnitts oder der Norm herangezogen werden. Hintergrund ist der, dass der Gesetzgeber mit der Anordnung der einzelnen Rechtssätze einen sachlichen und systematischen Zusammenhang herstellen will, der durch das Gesetz zum Ausdruck kommen soll und dieses damit interpretierbar macht. Als besondere Form der systematischen Auslegung wird die verfassungskonforme Auslegung betrachtet, bei der die Vereinbarkeit einer Norm mit der Verfassung überprüft wird.

– Schließlich fragt die **teleologische Auslegung** nach dem Sinn und Zweck einer Norm. Dabei werden der rechtspolitische Regelungszweck und das Regelungsziel durch die Betrachtung des Rechtssystems, die geschichtliche Entwicklung der Norm, der Wille des Gesetzgebers im Wandel politischer und sozialer Verhältnisse ermittelt und die zutage getretenen Interessen abgewogen. Bei der Interessenabwägung sollten allerdings immer die Anwendbarkeit und die Rechtssicherheit im Vordergrund stehen. Bedenklich ist dabei jedoch, dass die Interessenabwägung oftmals sehr subjektiv gefärbt ist. Teilweise wird der teleologischen Auslegung die **rechtsvergleichende Auslegung** zugeordnet, indem der Regelungszweck aus anderen Rechtsordnungen dem des nationalen Rechts gegenübergestellt wird, was jedoch nicht immer angebracht oder möglich ist.

Hinweis: Es gibt keine vorgeschriebene Reihenfolge für die verschiedenen Auslegungsmethoden. In der Regel wird jedoch empfohlen, mit der grammatischen Auslegung zu beginnen. Sollte diese zu keinem befriedigenden Ergebnis führen, sollte mit der systematischen und danach mit den anderen fortgefahren werden.

Isoliert voneinander machen alle die vorab beschriebenen Auslegungsmethoden keinen Sinn. In kombinierter Form finden diese jedoch in der alltäglichen Rechtspraxis uneingeschränkte Anwendung und gehören damit zu einem besonders wichtigen Handwerkszeug für Juristinnen und Juristen. Insbesondere auch bei Klausuren kann man diese sehr gut als Argumentationshilfe benutzen.

Hinweis: Darüber hinaus gibt es keine Rangordnung hinsichtlich der Auslegungsergebnisse. Es ist das Auslegungsergebnis vorzuziehen, welches durch die überzeugendste Begründung getragen wird (Abwägung).

Nach ständiger Rechtsprechung des Bundesverfassungsgerichts muss eine Rechtsnorm, die im Range unter der Verfassung steht und aus verfassungsrechtlicher Sicht bedenklich ist, verfassungskonform ausgelegt werden. Im Ergebnis ist die Rechtsnorm dann nur mit der verfassungskonformen Auslegung gültig. Lässt der Wortlaut der Norm allerdings keinen Interpretationsspielraum zu, ist die **verfassungskonforme Auslegung** unzulässig. Schließlich ist im Falle einer Kollision mit dem Europarecht die **europarechtskonforme Auslegung** zwingend. Diese erfordert, dass nationale Gerichte und Behörden sicherstellen, dass ihre Entscheidungen und Maßnahmen den Grundsätzen und Zielen des EU-Rechts entsprechen. Dies kann bedeuten, dass nationale Rechtsvorschriften im Lichte des EU-Rechts interpretiert und angepasst werden, damit sie nicht im Widerspruch zu den Verpflichtungen des betreffenden Mitgliedsstaates zum EU-Recht stehen. Dieser Ansatz trägt dazu bei, eine kohärente und einheitliche Anwendung des EU-Rechts in allen Mitgliedsstaaten sicherzustellen.

2.1.1.4 Gesetzgebung der Bundesländer

Die **Gesetze, Verordnungen, Verwaltungsvorschriften** etc. der einzelnen **Bundesländer** werden in Gesetz-, Verordnungs-, Amts-, Justiz- und Ministerialblättern veröffentlicht. Die Datenbanken **juris, beck-online, Wolters Kluwer Online** sowie der **Parlamentsspiegel** stellen jeweils entsprechende Angebote bereit. Jedoch finden Sie auch für jedes Bundesland kostenlose Portale im Internet. Diese wurden teilweise mit Unterstützung kommerzieller Verlage aufgebaut oder als eigenes Produkt entwickelt. Eine Liste mit den Angeboten der einzelnen Länder finden Sie im systematischen Ressourcenverzeichnis (Anhang).

2.1.2 Rechtsprechung

In der juristischen Ausbildung steht in den ersten Semestern – bis auf die Auseinandersetzung mit höchstrichterlichen Entscheidungen – nicht die Rechtsprechung im Vordergrund, sondern die vorab genauer beleuchteten Gesetze und deren Auslegung. Anders wäre es in einem Land, dass in der Tradition des **Case law** steht. Diese auch als Richterrecht bezeichnete Rechtstradition ist insbesondere in den anglo-amerikanischen Staaten bzw. Common Law-Gebieten zu finden. Danach entwickeln und setzen die Gerichte in übereinstimmender und ständiger Rechtsprechung (Rechtsfortbildung) Recht, ohne dass es hierfür einer Entscheidung der Legislative oder Exekutive bedarf. Anhand von Präzedenzfällen werden dann auch nachfolgende Fälle entschieden.

2.1.2.1 Richterrecht in Deutschland

Das deutsche Recht steht in der Tradition des Gesetzesrechts. Richterinnen und Richter sind danach nur dem Gesetz unterworfen und Gerichtsentscheidungen beziehen sich lediglich auf einen bestimmten Rechtsstreit und sind einzig für die am Prozess beteiligten Parteien bindend. Eine Ausnahme hierzu bilden aber die Entscheidungen des Bundesverfassungsgerichts, die die Verfassungsorgane des Bundes und der Länder sowie alle Gerichte und Behörden binden und Gesetzkraft haben. Aus diesem Grunde werden sie auch im Bundesgesetzblatt Teil I veröffentlicht. Außerdem gibt es noch eine Bindungswirkung für Verweisungsbeschlüsse, Zurückverweisungen und die Entscheidungen großer bzw. gemeinsamer Senate der Bundesgerichte.

Auch wenn die Rechtsprechung hierzulande nicht als Rechtsquelle angesehen wird, ist ihre faktische Bedeutung nicht zu unterschätzen. Erst- oder zweitinstanzliche Gerichte weichen teilweise nur bei wichtigen Gründen von der Spruchpraxis der höchstrichterlichen Entscheidungen ab, da sie so die Aufhebung und Zurückweisungen ihrer Entscheidungen vermeiden können, zumindest wenn dagegen ein Rechtsmittel eingelegt werden kann. Damit hat insbesondere die Rechtsprechung der Bundesgerichte und teilweise auch die der Oberlandesgerichte (als Revisionsinstanzen) richtungweisenden Charakter, an der sich „untere" Gerichte größtenteils orientieren. Es ist jedoch zu beachten, dass es in der Regel wenig identische Fälle gibt. Aus diesem Grunde müssen bei einer Hinzuziehung einer höchstrichterlichen Entscheidung für die Beurteilung eines Falles immer genau der Tatbestand und die Urteilsbegründung untersucht werden, um eine Vergleichbarkeit herstellen zu können.

In Deutschland gilt das Prinzip der richterlichen Unabhängigkeit, was bedeutet, dass Richter*innen bei der Ausübung ihres Amtes unabhängig von Weisungen und

Einflüssen handeln sollen. Das **Richterrecht** bezieht sich nicht auf eine eigenständige Rechtsquelle, sondern es handelt sich um die Befugnis der Richter*innen, im Rahmen der Gesetze eigenständige Entscheidungen zu treffen. Es wird auch als richterliche Rechtsfortbildung bezeichnet.

Richter*innen haben demnach die Aufgabe, bei der Auslegung und Anwendung von Gesetzen und anderen Rechtsnormen im konkreten Fall zu entscheiden. Dabei kann es vorkommen, dass die anzuwendenden Gesetze keine eindeutige Lösung für einen speziellen Fall bieten, nicht eindeutig formuliert oder zu generell abstrakt sind. In solchen Situationen können die Richter*innen auf allgemeine Rechtsprinzipien, die Rechtsprechung anderer Gerichte, die Rechtslehre und ihre eigenen juristischen Überlegungen zurückgreifen, um eine angemessene Entscheidung zu treffen. Folgende Anwendungsfälle sollten Sie in diesem Zusammenhang kennen:
- Die Rechtsprechung hat im Rahmen der Rechtsanwendung – insbesondere im Hinblick auf allgemein gehaltene, generalklauselartige oder **unbestimmte Rechtsbegriffe** – die Inhalte von Normen zu konkretisieren, um gegebenenfalls bestimmte Anwendungstypen herauszuarbeiten. Dabei ist stets die Ausstrahlungswirkung von Verfassungsaussagen zu berücksichtigen (z. B. Drittwirkung von Grundrechten).
- **Zeitgemäße Normanwendung** soll bedeuten, dass Begriffe in Normen ihren Inhalt und ihr Wesen im Laufe der Zeit verändern (z. B. Ehe, Medien, Miete etc.). Insofern hat eine Anpassung an die aktuellen Lebensverhältnisse zu erfolgen.
- Durch das Richterrecht werden dabei auch so genannte **planwidrige Lücken** geschlossen, die durch den Gesetzgeber schlichtweg übersehen oder vergessen wurden. Diese können dann durch Analogie, teleologische Reduktion oder juristische Schlussfiguren geschlossen werden.

Bei der **Analogie** wird ein für einen ähnlichen Sachverhalt vorhandener Tatbestand auf eine Gesetzeslücke hin angewendet. Das ist allerdings nicht zulässig, wenn sich aus den Rechtsvorschriften ergibt, dass sie nicht analog verwendet werden dürfen.

Folgende Analogien werden unterschieden:
- Bei der **Gesetzesanalogie** wird eine bereits für einen vergleichbaren Sachverhalt existierende Norm auf einen nicht geregelten Sachverhalt angewendet (z. B. analoge Anwendung des § 817 S. 2 BGB für den Fall, dass lediglich der Leistende gegen ein gesetzliches Verbot oder die guten Sitten verstößt).
- Im Rahmen der **Rechtsanalogie** wird ein solcher – mangels vergleichbarer Tatbestände – erst aus anderen Rechtssätzen und den dahinterstehenden Prinzipien mit einer entsprechenden Rechtsfolge gebildet (z. B. culpa in contrahendo).

- Ist eine Gesetzes- oder Rechtsanalogie nicht möglich, sind die „natürlichen Rechtsgrundsätze" heranzuziehen, die allgemeinsten Prinzipien und Werte, die der Rechtsordnung zugrunde liegen.

Die **teleologische Reduktion** kann als Gegenteil der Analogie bezeichnet werden. Danach wird eine Norm auf einen Sachverhalt nicht angewendet, wenn der Regelungsinhalt nach dem Wortlaut zu weit wäre. Beispielsweise ist die versuchte Selbsttötung nicht vom § 212 StGB erfasst, da nach dem Sinn und Zweck dieser Norm nur die Tötung eines anderen Menschen strafbar sein soll.

Bei den **juristischen Schlussfiguren** wird nach Umkehrschluss und Größenschlüssen unterschieden:

- Umkehrschluss bedeutet, dass wenn an einen bestimmten Sachverhalt vom Gesetzgeber keine Rechtsfolge geknüpft worden ist, auch keine Lücke vorliegt, sondern vielmehr ein **Umkehrschluss** (argumentum e contrario).
- Die Größenschlüsse könnte man auch als **Erst-Recht-Schlüsse** (argumentum a fortiori) bezeichnen. Hier werden unterschieden:
  - Das Argumentum a maiore ad minus berechtigt auch das Kleinere zu dürfen, wenn einem das Größere erlaubt ist.
  - Das Argumentum a minore ad maius beinhaltet im Umkehrschluss, dass wenn bereits das Kleinere nicht erlaubt ist, dies erst recht für das Größere gilt.

Fazit: Diese durch die Rechtsprechung angewandten Techniken (inklusive der Auslegungsmethoden) gehören zum Handwerkszeug der juristischen Argumentation. Gerade in Klausuren oder Hausarbeiten können Sie damit unter Beweis stellen, dass Sie mehr als nur Normwissen beherrschen.
Beachte: Für das Europarecht und Völkerrecht gelten teilweise abweichende Regeln hinsichtlich der Auslegung oder Rechtsfortbildung.

2.1.2.2 Gedruckte Entscheidungssammlungen

Nachdem wir nun wissen, welche Bedeutung die Rechtsprechung im Rahmen der rechtswissenschaftlichen Ausbildung und juristischen Praxis hat, ist es wichtig, die Quellen zu kennen, wo relevante Rechtsprechung zu finden ist.

Auch wenn Rechtsprechungsdatenbanken längst die Recherche nach Gerichtsentscheidungen dominieren, ist es trotzdem sinnvoll sein, auch die **gedruckten Entscheidungssammlungen** zu kennen, da daraus oftmals zitiert wird (z. B. BVerfGE 1, 332-349) und ggfs. nicht immer der Zugriff auf eine Datenbank möglich ist. Vorab müssen Sie sich jedoch klar machen, dass längst nicht alle Entscheidungen der deutschen Gerichte veröffentlicht oder gar abgedruckt werden. Eine Ausnahme bilden die Entscheidungsformeln der Urteile des Bundesverfassungsgerichts, die sogar im *Bundesgesetzblatt Teil I* zu veröffentlichen sind. Hingegen werden Kammerbeschlüsse nur als *Kammerentscheidungen des Bundesverfassungsgerichts – BVerfGK* abgedruckt, wenn sie über den Einzelfall hinaus bedeutsame verfassungsrechtliche Aussagen und Entscheidungen enthalten.

Damit wären wir bereits bei der ersten Quellensammlung angelangt. Der Begriff der *amtlichen Sammlung* der Entscheidungen des Bundesverfassungsgerichts oder eines Bundesgerichts hat sich zwar eingebürgert, ist jedoch nicht korrekt, da diese gedruckten Entscheidungssammlungen von Verlagen und nicht vom Bundesverfassungsgericht und den Bundesgerichten herausgegeben werden. Vielmehr benutzen diese Gerichte die Terminologie, dass es sich dabei um Entscheidungen der Senate handelt, die in der vom Gericht autorisierten Sammlung der *Entscheidungen des Bundesverfassungsgerichts – BVerfGE* abgedruckt werden. Die wirklich amtliche Sammlung existiert lediglich in den Gerichten bzw. deren Archiven oder Bibliotheken selbst. Folgende Sammlungen, die in verschiedenen Verlagen herausgegeben werden, sollten Sie kennen (die für die Zitierung verwendete Abkürzung ist jeweils angefügt):

- *Entscheidungen des Bundesverfassungsgerichts – BVerfGE*
- *Kammerentscheidungen des Bundesverfassungsgerichts – BVerfGK*
- *Entscheidungen des Bundesverwaltungsgerichts – BVerwGE*
- *Entscheidungen des Bundesgerichtshofs in Zivilsachen – BGHZ*
- *Entscheidungen des Bundesgerichtshofs in Strafsachen – BGHSt*
- *Entscheidungen des Bundesarbeitsgerichts – BAGE*
- *Entscheidungen des Bundessozialgerichts – BSGE*
- *Sammlung der Entscheidungen des Bundesfinanzhofes – BFHE*
- *Entscheidungen des Bundespatentgerichts – BPatGE*

Da in sehr vielen Fällen der Instanzenzug bereits auf der Ebene der Gerichte der Bundesländer erschöpft ist, sollten Sie auf jeden Fall auch deren wichtigste **Entscheidungssammlungen** kennen. Teilweise wurden diese aber bereits eingestellt. Zur besseren Übersicht wird hier nach Rechtsgebieten unterteilt:

Öffentliches Recht
- *Entscheidungen der Verfassungsgerichte der Länder Baden-Württemberg, Berlin, Brandenburg, Bremen, Hamburg, Hessen, Mecklenburg-Vorpommern, Niedersachsen, Saarland, Sachsen, Sachsen-Anhalt, Thüringen – LVerfGE*
- *Sammlung von Entscheidungen des Bayerischen Verwaltungsgerichtshofes und des Bayerischen Verfassungsgerichtshofs – VGHE/VerfGHE*
- *Amtliche Sammlung von Entscheidungen der Oberverwaltungsgerichte Rheinland-Pfalz und Saarland mit Entscheidungen der Verfassungsgerichtshöfe beider Länder – AS RP-SL*

– *Entscheidungen der Oberverwaltungsgerichte für das Land Nordrhein-Westfalen in Münster und für das Land Niedersachsen in Lüneburg: mit Entscheidungen des Verfassungsgerichtshofes Nordrhein-Westfalen und des Niedersächsischen Staatsgerichtshofes (bis 1995 unter dem Titel: Entscheidungen der Oberverwaltungsgerichte für das Land Nordrhein-Westfalen in Münster sowie für die Länder Niedersachsen und Schleswig-Holstein in Lüneburg) – OVGE* (2015 mit Band 55.2011 eingestellt)
– *Entscheidungssammlung des Hessischen Verwaltungsgerichtshofs und des Verwaltungsgerichtshofs Baden-Württemberg mit Entscheidungen des Staatsgerichtshofes des Landes Hessen und des Verfassungsgerichtshofs für das Land Baden-Württemberg – ESVGH*
– *Jahrbücher des Sächsischen Oberverwaltungsgerichts: Entscheidungssammlung des Sächsischen Oberverwaltungsgerichts und des Verfassungsgerichtshofes des Freistaates Sachsen – JbSächsOVG* (2013 mit Band 20.2012 eingestellt)
– *Entscheidungen des Oberverwaltungsgerichts Berlin-Brandenburg* (vor der Fusion: Entscheidungen des Oberverwaltungsgerichts Berlin / 2019 mit Band 35 eingestellt)

Finanzgerichtsbarkeit
– *Entscheidungen der Finanzgerichte – EFG*

Zivilrecht
– *Entscheidungen der Oberlandesgerichte in Zivilsachen einschließlich der freiwilligen Gerichtsbarkeit – OLGZ* (1965–1994)
– *Entscheidungen des Bayerischen Obersten Landesgerichts in Zivilsachen* (1948–2004)
– *OLG-Report: Zivilrechtsprechung der Oberlandesgerichte plus BGH* (1991–2009)

Strafrecht
– *Entscheidungen der Oberlandesgerichte in Straf-, Ordnungswidrigkeiten und Ehrengerichtssachen – OLGSt*
– *Entscheidungen des Bayerischen Obersten Landesgerichts in Strafsachen* (2004 mit Band 54 eingestellt)

Zwar gibt es für die vorab genannten Entscheidungssammlungen auch Register, jedoch haben Sie darüber hinaus auch noch die Möglichkeit, in **thematisch aufgebauten Entscheidungssammlungen** bzw. **Leitsatzkarteien** zu suchen. Dabei handelt es sich in der Regel um Loseblattwerke, die nach bestimmten Gerichten oder Rechtsgebieten aufgebaut sind. Innerhalb dieser Sammlungen findet üblicherweise eine Untergliederung nach relevanten Gesetzen statt, um dann die

Rechtsprechung eines Gerichts oder mehrerer Gerichte zu dieser Norm nachzuweisen. Im Mittelpunkt steht zumeist die zentrale Norm einer Entscheidung. Waren mehrere Normen Entscheidungsgrundlage, so sind die nachgewiesenen Entscheidungen auch an mehreren Stellen zu finden. Eine Verweisungskette könnte für eine Entscheidungssammlung des BGH so aussehen:

Beispiel: BGH → Zivilrecht → BGB → § 823 Abs. 1

oder für eine Arbeitsrechtliche Sammlung

Beispiel: Kollektivarbeitsrecht → BPersVG → § 46 → BAG ...

In diesem Zusammenhang sind folgende Sammlungen beispielhaft hervorzuheben:
- *Nachschlagewerk des Bundesgerichtshofs: Rechtsprechung – Lindenmaier-Möhring (LM)*
- *Kommentierte BGH-Rechtsprechung – Lindenmaier-Möhring (LMK)* (Druckausgabe bis 2009 / seit 2003 elektronisch in beck-online verfügbar)
- *Sammel- und Nachschlagewerk der Rechtsprechung des Bundesverwaltungsgerichts*
- *Entscheidungssammlung zum Arbeitsrecht – EzA*
- *Betriebsverfassungsgesetzentscheidungen: Entscheidungssammlung zum neuen BetrVG vom 15. 1. 1972 nebst Wahlordnung*
- *Entscheidungssammlung zum Tarifrecht im öffentlichen Dienst – EzTöD*
- *Entscheidungssammlung zum Gewerberecht – EzGewR*
- *Entscheidungssammlung zum Sozialversicherungsrecht*
- *Rechtsprechung zum Urheberrecht: Entscheidungssammlung mit Anm.*
- *Entscheidungssammlung zum Zuwanderungs-, Asyl- und Freizügigkeitsrecht – EZAR-NF (2005 - 2021)*
- *Entscheidungssammlung zum Kommunalrecht – EzKommR*
- *Rechtsprechung zum Computerrecht: Entscheidungssammlung mit Anmerkungen*
- *Entscheidungssammlung zum Datenschutzrecht – EzDAT*
- *Entscheidungssammlung zur Sozialhilfe und Grundsicherung – EzSG*
- *Entscheidungssammlung für das Jusstudium*

Darüber hinaus werden auch in **Fachzeitschriften Gerichtsentscheidungen** abgedruckt, die jedoch gekürzt, kommentiert oder redaktionell überarbeitet sein können. Manchmal sind nur die Leitsätze abgedruckt. Um hier einen Überblick über die aktuelle Rechtsprechung zu behalten, bietet sich das regelmäßige Studium der *Neuen Juristischen Wochenschrift (NJW)* an. In der Rubrik *Rechtsprechung* erfolgt

eine Unterteilung z. B. in Europäische Gerichte, Bundesverfassungsgericht, Zivilge-
richte, Strafgerichte, Verwaltungsgerichte, Bundesarbeitsgericht, Bundessozialgericht, Bundesfinanzhof und Vorlagebeschlüsse. Speziell auf die Ausbildung ist beispielsweise die Rechtsprechungsübersicht der *Juristischen Schulung (JuS)*
ausgerichtet, die für jede Entscheidung mit Anmerkungen versehen ist oder die
Juristische Ausbildung (JURA) mit Karteikarten zur Rechtsprechung. Schließlich
bieten einige der fachlich spezialisierten Rechtszeitschriften so genannte Recht-
sprechungsreports als separate Zeitschriften an (z. B. Gewerblicher Rechtsschutz
und Urheberrecht/Rechtsprechungs-Report [GRUR-RR], NStZ-Rechtsprechungsre-
port-Strafrecht [NStZ-RR] oder NVwZ-Rechtsprechungsreport-Verwaltungsrecht
[NVwZ-RR]). In der Gesamtschau ist jedoch festzustellen, dass nahezu alle juristischen Fachzeitschriften für das speziell behandelte Gebiet aktuelle Rechtsprechung
nachweisen.

Hinweis: Lesen Sie regelmäßig den Rechtsprechungsteil von Fachzeitschriften, um sich über die aktuellen Entscheidungen allgemein oder für ein bestimmtes Rechtsgebiet zu informieren.

Abschließend sei für die juristische Ausbildung noch auf besondere Entscheidungssammlungen für den Studiengebrauch hingewiesen. In diesen sind die in der
Lehre am häufigsten zitierten und diskutierten Entscheidungen zu finden. Darüber
hinaus werden sie mit Erläuterungen sowie Anmerkungen angereichert und im
Kontext des jeweiligen Rechtsgebietes kommentiert. Diese Bücher tragen meistens
den Titel **Casebook** (z. B. Casebook Verfassungsrecht, Casebook Strafrecht Allge-
meiner Teil oder Casebook Europarecht etc.) bzw. ist der Titel zu einer solchen
Entscheidungssammlung in seltenen Fällen mit dem Zusatz **Studienauswahl** oder
Studienausgabe versehen (z. B. Entscheidungen des Bundesverfassungsgerichts,
Studienauswahl).

Hinweis: Benutzen Sie während der Ausbildung Casebooks oder die Studienauswahl von Entscheidungssammlungen, die Ihnen didaktisch und ausbildungsrelevant höchstrichterliche Entscheidungen
vermitteln.

Entscheidungssammlungen haben mitunter Vorgänger aus der Zeit **vor der
Bonner Republik**, auf die teilweise in der Ausbildung Bezug genommen wird oder
die Sie möglicherweise benötigen, wenn Sie rechtshistorisch arbeiten. Dies gilt
insbesondere für die Entscheidungssammlungen der Entscheidungen des Reichsgerichts. Auch bei diesen gedruckten Versionen handelt es sich nicht um die amtliche Sammlung der Originalurteile und dort sind auch nicht alle Entscheidungen
des Reichsgerichts abgedruckt. Die Originalentscheidungen befinden sich in der
Bibliothek des Bundesgerichtshofs in Karlsruhe. Ohne den Anspruch auf Vollstän-

digkeit zu erheben, sei für Deutschland auf die folgenden historischen Entscheidungssammlungen hingewiesen:
- *Entscheidungen des Reichsgerichts in Zivilsachen – RGZ* (1880 -1945 / ab 1921 sind die Entscheidungen des Staatsgerichtshofs enthalten)
- *Entscheidungen des Reichsgerichts in Strafsachen – RGSt* (1880 - 1945)
- *Sammlung der Entscheidungen und Gutachten des Reichsfinanzhofs – RFHE* (1920 -1944 [1952])
- *Entscheidungen des Preußischen Oberverwaltungsgerichts – Pr.OVGE* (1877-1941)

Hinweis: Die **Entscheidungen des Reichsgerichts in Zivilsachen (RGZ) und in Strafsachen (RGSt)** stehen für den wissenschaftlichen Gebrauch in Deutschland frei als Nationallizenz zur Verfügung. Sie können sich aber auch als Privatperson anmelden.
Nähere Informationen erhalten Sie unter:
Link: http://www.nationallizenzen.de/angebote/nlproduct.2007-02-23.9444846153

Schließlich soll noch auf ein anderes Kapitel der deutschen Geschichte aufmerksam gemacht werden, welches möglicherweise für Forschungszwecke von Interesse sein könnte. Auch für die Entscheidungen des Obersten Gerichts der Deutschen Demokratischen Republik gibt es eine gedruckte Entscheidungssammlung, die direkt vom Obersten Gericht der **DDR** im Staatsverlag herausgegeben wurde, jedoch leider nicht vollständig sind und zum Ende der 1970er bzw. zu Beginn der 1980er Jahre ihr Erscheinen eingestellt haben:
- *Entscheidungen des Obersten Gerichts der Deutschen Demokratischen Republik in Zivilsachen (1951 - 1983)*
- *Entscheidungen des Obersten Gerichts der Deutschen Demokratischen Republik in Strafsachen (1951 - 1977)*
- *Entscheidungen des Obersten Gerichts der Deutschen Demokratischen Republik in Arbeitsrechtssachen (1959 - 1983)*

Gedruckte Entscheidungssammlungen sind zwar immer noch ein sehr wichtiges Arbeits- und Rechercheinstrument (insbesondere für die Forschung), jedoch bieten die elektronischen Angebote entsprechend mehr Suchkomfort, der bei Anwendung der richtigen Recherchestrategie zu außerordentlich guten Ergebnissen führt.

2.1.2.3 Kommerzielle Entscheidungsdatenbanken
Viele der vorab genannten gedruckten Entscheidungssammlungen werden seit einiger Zeit zusätzlich elektronisch angeboten. Dieser Abschnitt soll sich jedoch mit den übergreifenden Rechtsprechungsdatenbanken und kostenfreien Internetangeboten zur Rechtsprechung in Deutschland beschäftigen.

Die drei großen kommerziellen Player für Rechtsdatenbanken in Deutschland bieten alle auch eine Rechtsprechungssuche an. In **juris** sind derzeit über 1,7 Million Gerichtsentscheidungen enthalten, wobei der überwiegende Teil der Entscheidungen im Volltext vorliegt. Die Rechtsprechung des Bundesverfassungsgerichts und der fünf obersten Bundesgerichte ist vollständig integriert.

Die Suchstrategie entspricht der Suche nach Gesetzen und Verordnungen. Um Ihre Suche von Anfang an auf Rechtsprechung zu begrenzen, klicken Sie bitte im linken Auswahlmenü auf *Rechtsprechung*. Wenn Sie dies tun, werden Ihnen sogleich zentral verschiedene Rechtsprechungskollektionen angezeigt, die einzeln durchsuchbar sind. Für die Eingrenzung der Suche können die Filter *Rechtsgebiete*, *Gerichtsbarkeiten*, *Regionen* und *Sachgebiete* gewählt werden. Bei Auswahl eines oder mehrerer dieser Filter werden Ihnen zunächst Unterkollektionen und sodann alle entsprechenden Entscheidungen angezeigt. Die *einfache Suche* bietet eine Textvervollständigung an und über *Weitere Suchfelder* stehen Eingabeboxen für *Text, Norm, Autor/Gericht, AZ/ECLI, Fundstelle, Datum* (von/bis) und *Kurztext* zur Verfügung.

Reihen Sie im Suchfeld verschiedene Suchbegriffe aneinander, werden diese automatisch mit dem Operator *UND* verbunden. Sollten Ihnen die amtlichen Abkürzungen von Gerichten, Normen oder Fundstellen etc. noch nicht so geläufig sein, hilft Ihnen die Wortvervollständigung bei der Eingabe. Im Ergebnis wird Ihnen die Kurzliste der einschlägigen Entscheidungen nach Relevanz oder wahlweise in chronologischer Reihenfolge (absteigend oder aufsteigend) bzw. nach Typ präsentiert. Eine konkrete Entscheidung können Sie sich im *Kurztext* oder *Langtext* aufrufen (standardmäßig wird zuerst der Langtext angezeigt). Egal in welcher Sicht oder Anzeige Sie sich befinden, ist Ihnen die Verarbeitung des Dokuments (Speicherung, Druck oder Anzeige) als PDF- oder Worddokument möglich. Vergessen Sie für das Onlinedokument auch hier nicht die Kopierfunktion mit Zitiervorschlag oder die Ähnlichkeitssuche (Textteil zuvor markieren). Innerhalb des Entscheidungstextes wird auf zitierte Normen oder andere Gerichtsentscheidungen innerhalb von juris verlinkt. Standardmäßig wird ohnehin in der rechten Spalte auf *Ähnliche Dokumente* verwiesen. Insgesamt ist die Suche nach Rechtsprechung in juris sehr übersichtlich und relativ selbsterklärend. Kurz hingewiesen werden soll noch auf **juris Analytics**, ein spezielles Produkt, das allerdings nur in **juris Professional** und **juris Spectrum** enthalten ist. Damit kann die im juris Portal enthaltene Rechtsprechung bezüglich der geographischen und chronologischen Häufigkeit, der Dauer des Rechtmittelverfahrens, der Verfahrensstreitwerte und der Zitierungen statistisch ausgewertet werden.

Auch in **beck-online** ist umfangreiche Rechtsprechung zu finden. Dabei filtert die Datenbank insbesondere die in den eigenen Zeitschriften veröffentlichten Gerichtsentscheidungen heraus (insgesamt 3,6 Mio. Entscheidungen). Seit 2003 sind aber auch ungekürzte Originalentscheidungen von Gerichten in beck-online verfügbar. Dieser Dienst nennt sich **Beck-Rechtsprechung**, wird in der Datenbank mit **BeckRS** abgekürzt und enthält über 1,5 Mio. Gerichtsentscheidungen. Darüber hinaus ist die entsprechende Rechtsprechung den Fachmodulen zugeordnet.

Die Suche ist einfach. Im Auswahlmenü *Unsere Inhaltsübersicht* können Sie auf *Rechtsprechung* klicken und erhalten sofort eine chronologisch geordnete Auswahl von Gerichtsentscheidungen. Eine prinzipielle Eingrenzung ist über den Auswahlbereich *Treffer nach Rechtsgebiet, Treffer für Gericht, Treffer nach Publikationen, Treffer nach Anhängige Verfahren* und *Treffer nach Zeitraum* möglich. Außerdem können Sie unkompliziert nach dem *Gericht*, dem *Aktenzeichen*, dem *Datum* und dem Eingang der Entscheidung in der Datenbank sowie danach eingrenzen, ob das *Verfahren anhängig, neu* oder *erledigt* ist. Für die *Detailsuche* werden entsprechende Suchfelder (mit Vorschlagslisten) zur Verfügung gestellt.

Über **Wolters Kluwer Online** können Sie in ca. 1 Million Gerichtsentscheidungen aller Gerichtsbarkeiten und Instanzen (über 800000 im Volltext) recherchieren. Das sehr breite kostenfreie Angebot reicht über alle Hauptrechtsgebiete, die verschiedenen Instanzen bis zu Fachpresseauswertungen. Entsprechende Suchoptionen werden vorgehalten. Zugriff auf die Rechtsprechung erhalten Sie via *Bibliothek → Quellen → Rechtsprechung* oder *Inhaltsverzeichnis → Rechtsprechung* (mit weiteren Eingrenzungsmöglichkeiten).

Für die eigene Rechtsprechungsdatenbank hat Wolters Kluwer aber auch noch ein wirklich innovatives Tool mit Hilfe von KI geschaffen. Es werden nämlich **GPT-generierte Zusammenfassungen von Gerichtsentscheidungen** angeboten, um den Inhalt von Urteilen und Beschlüssen auf einen Blick zu erfassen, ohne alle diese relevanten Entscheidungen selber lesen zu müssen. Das erleichtert den Rechercheaufwand enorm. Voraussetzung dafür ist allerdings, dass Sie zumindest kostenlos persönlich bei Wolters Kluwer Online angemeldet sind. Nach dem Login setzen Sie einfach eine Suche ab und wählen aus der Liste der Gerichtsentscheidungen eine Entscheidung aus. Dann brauchen Sie nur noch auf den Filter *GPT-Zusammenfassung* klicken und diese öffnet sich in einem separaten Fenster.

2.1.2.4 Freie Internetangebote zur Rechtsprechung

Aktuelle Rechtsprechung und ein begrenztes Archiv der Entscheidungen des Bundesverfassungsgerichts sowie der Gerichtshöfe des Bundes finden Sie kostenlos im Internet. Die entsprechenden Links dazu sind im systematischen Ressourcenverzeichnis gelistet. Auf den sehr übersichtlichen Seiten dieser Gerichte müssen Sie immer nur den Menüpunkt *Entscheidungen* oder *Urteile & Beschlüsse* auswählen. Folgende Zeiträume und Funktionalitäten sind abgedeckt:

Bundesverfassungsgericht	ab 1. Januar 1998 (ab Bd. 97) alle wesentlichen Entscheidungen bis 1998 Einzelentscheidungen mit immer größeren Lücken, je älter die Entscheidungen sind	Einfache Suche (Suchbegriff, Fundstelle, Aktenzeichen) / Erweiterte Suche (Datum, Verfahrensart, Entscheidungstyp) / Filter (Jahr, Verfahrensart, Entscheidungstyp, Sprache!) / Übersicht der Entscheidungen aus der gedruckten Sammlung (BVerfGE)
Bundesgerichtshof	ab 1. Januar 2000 (mit bestimmten Ausnahmen) bis 31.12.1999 (nur Entscheidungsversand)	Dokumentensuche (Datum, Aktenzeichen oder ECLI, Suchbegriff) / Kalenderblatt (Jahr, Monat, Tag) / Liste aktueller Entscheidungen (Senat, Entscheidungsdatum, Einspieldatum, Aktenzeichen)
Bundesverwaltungsgericht	ab 1. Januar 2002 (mit bestimmten Ausnahmen) Entscheidungen vor 2002 werden nach und nach ergänzt	Suche (Suchbegriff) / Filter (Entscheidungsart, Senat, Verfahrensart, Archiv)
Bundesarbeitsgericht	ab 1. Januar 2010	Dokumentensuche (Datum, Aktenzeichen, Text) / Filter (Jahr, Monat, Entscheidungen) / Liste aktueller Entscheidungen (Aktenzeichen, Datum, Beschreibung)
Bundessozialgericht	ab 1. Januar 2018 ab 2010 über Rechtsprechung im Internet ab 1954 Entscheidungsversand	Suche (Suchbegriff) / Filter (Sachgebiet, Senat, Dokumententyp, Erscheinungsjahr)
Bundesfinanzhof	ab 1. Januar 2010	Dokumentensuche (Aktenzeichen, ECLI, Norm, Datum von/bis, Suchbegriff) / Liste aktueller Entscheidungen (Veröffentlichungsdatum, V/NV, Senat, Entscheidungsdatum, Aktenzeichen, Titel)
Bundespatentgericht	ab 1. Januar 2000	Dokumentensuche (Datum, Aktenzeichen oder ECLI, Stichwort) / Kalender (Jahr, Monat, Tag) / Liste aktueller Entscheidungen (Senate, Datum, Aktenzeichen)

Etwas einfacher gestaltet sich die Suche über die vorab gelisteten Entscheidungssammlungen (ab 2010) mittels der Datenbank **Rechtsprechung im Internet**, die vom Bundesministerium der Justiz und dem Bundesamt für Justiz angeboten wird, unter der Rubrik *Entscheidungssuche.* Die einfache *Suche* kann vorab nach dem gewünschten Gericht eingeschränkt werden und in der *Erweiterten Suche* stehen die Felder *Text, Norm, Datum, Gericht* und *Aktenzeichen/ECLI* zur Verfügung. Via RSS können Sie sich sogar einen *Benachrichtigungsdienst* einrichten.

Link: https://www.rechtsprechung-im-internet.de/

Unter der Rubrik *Rechtsprechung weiterer Gerichte* wird darüber hinaus auf die Entscheidungsdatenbanken mit kleineren Archiven der einzelnen Bundesländer verwiesen (Rechtsprechungsteil im **Justizportal des Bundes und der Länder**). Entsprechende Nachweise finden Sie auch im systematischen Ressourcenverzeichnis am Ende dieses Buches.

Link: https://justiz.de/onlinedienste/rechtsprechung/index.php

Schließlich sei noch auf die gemeinnützig betriebene Rechtsprechungsdatenbank **openJur** hingewiesen. Dort sind mehr als 600000 frei im Volltext verfügbare Gerichtsentscheidungen (EU, Bund, Länder) verfügbar.

Link: https://openjur.de/

2.1.3 Studien- und Lernmaterial

Dieser Abschnitt soll sich mit der Literatur beschäftigen, die Sie (neben Gesetzessammlungen) für ein effizientes Studium und die Vorbereitung auf Ihre Staatsexamina oder andere Abschlüsse benötigen. Hier wird es um Literatur bzw. Material gehen, dass Sie vorlesungs- oder seminarbegleitend benutzen, um sich das notwendige Fachwissen anzueignen, welches nicht vollständig durch die Lehrangebote in Ihrer Universität vermittelt oder vertieft werden kann. Es wird sogar erwartet, dass Sie den vermittelten Stoff selbständig nacharbeiten. Für diese Art von Literatur gibt es einen riesigen Markt und ein entsprechend umfangreiches Angebot. Die eigene Erfahrung lehrt, dass es etwas Zeit braucht, herauszufinden, mit welcher Art von Studien- oder Lehrmaterial Sie am besten zurechtkommen. Das hängt natürlich auch wesentlich davon ab, welchen Lernstil Sie bevorzugen. Probieren Sie sich darin aus!

Tipp: Um unnötige Kosten zu vermeiden, und um das für Sie richtige Studien- und Lehrmaterial zu finden, sollten Sie sich zunächst in Ihrer Fachbereichsbibliothek oder der Lehrbuchsammlung Ihrer Bibliothek einen Überblick verschaffen.

Am Ende werden Sie nicht daran vorbeikommen, sich das eine oder andere Lehrbuch bzw. Skript trotzdem anzuschaffen, da Sie mit den eigenen Büchern viel individueller umgehen können (Anstreichungen, Markierungen, mit in die Badewanne nehmen oder beim Lesen Kaffee trinken). Gehen Sie mit Bibliotheksmaterial nicht sorgsam um, könnte auch dies teuer für Sie werden. Eine mit wenigen Kosten verbundene Alternative wäre das Kopieren, das jedoch urheberrechtlich nur bis zu einem bestimmten Umfang zulässig ist (Bücher vollständig zu kopieren, ist nicht gestattet!). Außerdem verlangt es Ihnen ein gutes und übersichtliches Dokumentmanagement ab. Diesbezüglich werden Sie auch Ihre Erfahrungen sammeln. Der Mittelweg wäre schließlich der Erwerb eines bereits gebrauchten Buches, das jedoch nicht zu alt sein sollte.

2.1.3.1 Lehrbücher

Wer glaubt, dass es *das juristische Lehrbuch* gibt, wird bald eines Besseren belehrt sein. Lassen Sie sich nicht von der Verwendung des Begriffs verwirren. Je nach wissenschaftlichem Anspruch, Umfang und didaktischer Aufbereitung lassen sich folgende Arten unterscheiden:

– **Einführungen** oder **Grundrisse** (diese Bezeichnung wird dann häufig auch im Buch- oder Reihentitel geführt) dienen der Überblicksdarstellung und der Grundwissensvermittlung. Dabei steht die eigene wissenschaftliche Meinung der Verfasserin bzw. des Verfassers nicht im Vordergrund. Vielmehr werden kurz und knapp die unterschiedlichen Meinungen skizziert und häufig mit Beispielen und einschlägiger Rechtsprechung unterfüttert. Dies ist genau die Gattung von Buch, die Sie begleitend zur Stoffvermittlung an der Universität oder Hochschule studieren sollten. Damit können Sie sich ebenfalls nach längerer Unterbrechungszeit wieder in eine bestimmte Materie einarbeiten.

Beispiel: *Battis, Ulrich/Edenharter, Andrea,* Einführung in das Verfassungsrecht. Staatsorganisationsrecht und Grundrechte, 7., völlig neu bearbeitete Auflage, Berlin 2022.

– Hingegen sind die **Systematischen Darstellungen** schon eher daraufhin ausgerichtet, einen etwas breiteren Überblick zur Rechtsmaterie zu geben. Sie sind weniger wissenschaftlich, haben jedoch den Anspruch, nicht reines Lernmaterial zu sein. Diese eignen sich für die Vertiefung in ein Rechtsgebiet, da über die wissenschaftliche Auseinandersetzung hinaus der Praxisbezug nicht vernachlässigt wird.

Beispiel: *Martini, Mario*, Verwaltungsprozessrecht und Allgemeines Verwaltungsrecht. Systematische Darstellung in Grafik-Text-Kombination, 7., vollständig überarbeitete und erweiterte Auflage, München 2023.

– **Wissenschaftliche Lehrbücher, Handbücher, Enzyklopädien** setzen sich auf einem sehr hohen Niveau mit einem Rechtsgebiet oder einem Teil davon auseinander. Sie sind in der Regel sehr umfangreich und nicht geeignet, einfach und leicht verständlich in die Materie einzuführen. Teilweise enthalten diese zusätzlich Formulare bzw. Formulierungshilfen, Checklisten oder Verfahrenshinweise für die juristische Praxis. Dementsprechend sind diese Bücher auch weniger didaktisch aufgebaut. Vielmehr verfolgen sie den Zweck, sehr tief in die Materie einzusteigen, um Basiskenntnisse zu vertiefen und Spezialwissen zu vermitteln. Die wissenschaftliche Behandlung ist sehr stark durch die Auffassung der Autorin bzw. des Autors gefärbt. Vielfach sind es Werke, die als herrschende Meinung im Schrifttum oder als entsprechende Mindermeinung herangezogen werden. Unbedingte Verwendung sollten diese für Hausarbeiten oder zur Prüfungsvorbereitung im Schwerpunktbereich finden bzw. in der späteren juristischen Praxis.

Beispiel: *Tschöpe, Ulrich*, Arbeitsrecht Handbuch, 13. neu bearbeitete Auflage, Köln 2023.

2.1.3.2 Fallsammlungen

Von Entscheidungssammlungen unterscheiden sich Fallsammlungen dadurch, dass letztere nicht einfach nur relevante Gerichtsentscheidungen wiedergeben, sondern diese im fachwissenschaftlichen Kontext besprochen und in der Aufbereitung des entsprechenden Falls, der inhaltlich schon einer höchstrichterlichen Entscheidung entsprechen kann, ein bestimmtes Lernziel verfolgt wird. Danach kann wie folgt unterschieden werden:

– **Einfache Fallsammlungen** stellen den Fall im Kontext der Behandlung eines bestimmten Tatbestandes oder Rechtsinstitutes (durchaus auch in Klausurform) dar, um diesen beispielhaft zu veranschaulichen. Dies kann mit Fragen und Antworten kombiniert sein. Ziel ist dabei die fallbezogene Vermittlung juristischer Inhalte.

Beispiel: *Armbrüster, Christian*, Fallsammlungen zum Gesellschaftsrecht. 12 Klausuren und 380 Prüfungsfragen, Berlin 2018.

– Die andere Form der Fallsammlungen stellt die Methodik der **Fallbearbeitung** oder der Klausurtechnik in den Mittelpunkt. Teilweise wird dies im Titel mit

„Fälle und Lösungen" etc. verdeutlicht. Diese Art der Fallsammlungen gibt es für die Klausur im Gutachtenstil und die Relationstechnik oder auch für den Aktenvortrag. Der Aufbau entspricht in der Regel dem einer Musterklausur, einer Musterhausarbeit bzw. eines Aktenvortrages. Eine Vertiefung des Lehrstoffes kann oftmals damit nicht erreicht werden, da nicht genügend Fälle darin abgehandelt werden können. Darüber hinaus sollten die Grundsätze der juristischen Bearbeitungsmethoden bekannt sein. Ziel ist das souveräne Vorgehen im Rahmen der Fallbearbeitung und die konsequente Anwendung des Gutachten- oder Urteilsstils (besonders für das Assessorexamen).

Beispiel: *Bringewat, Peter,* Methodik der juristischen Fallbearbeitung. Mit Aufbau- und Prüfungsschemata aus dem Zivil-, Strafrecht und öffentlichen Recht, Stuttgart 2024.

2.1.3.3 Schemata

In Ihrer juristischen Ausbildung wird man Sie bei der Fallbearbeitung zunächst darauf trimmen, in Frage kommende Ansprüche oder die Strafbarkeit eines Verhaltens etc. nach einem bestimmten Schema zu prüfen. Für das Strafrecht bedeutet dies die Prüfung des Tatbestandes (alle Tatbestandsmerkmale einschließlich der Alternativen), der Rechtswidrigkeit und der Schuld. Damit Sie keinen Prüfungspunkt vergessen, gibt es sogenannte Schemata, die alle notwendigen Prüfungsschritte auflisten.

Schemata gibt es für alle Rechtsgebiete (siehe auch vorangegangenes Beispiel), können jedoch nicht alle Fallbearbeitungsvarianten abdecken, da es zu viele verschiedene Fallkonstellationen gibt. Außerdem ist diese rein statische Abarbeitung von Prüfungspunkten nicht immer ausreichend, um eine wirklich gute Klausur oder Hausarbeit zu schreiben. Vielmehr muss Ihre Lösung noch mit relevanter Rechtsprechung oder der Diskussion von Meinungsständen etc. angereichert werden. Reine Schemata sind jedoch sehr hilfreich, um zunächst das juristische Denken und die juristische Methodik zu verinnerlichen.

Beispiel: *Kremers, Fabian,* Strafrecht Allgemeiner Teil. Alle wichtigen Schemata. Vom Grundstudium bis zur Examensvorbereitung, München 2024.

2.1.3.4 Skripte und Repetitorien

Es gibt mittlerweile einen sehr großen Markt an Veranstaltungen, die selbstzahlende Studentinnen und Studenten oder Referendarinnen und Referendare für das Examen fit machen sollen. Mitunter wird sogar die Meinung vertreten, dass Vorlesungen in der Universität entbehrlich sind, wenn man den richtigen Repetitor besucht. Neben den teilweise wirklich gut ausgearbeiteten Kursunterlagen werden auch für Nichtkursteilnehmende **Skripte** und Vertiefungskurse publiziert und über den Buchhandel vertrieben. Es gibt sie für größtenteils alle Rechtsgebiete und Ausbildungsphasen. Inhaltlich sind diese sehr stark darauf ausgerichtet, Sie für die Prüfungsleistungen zu konditionieren. Insoweit ist der didaktische Wert eher hoch, während der wissenschaftliche Wert eher gering einzuschätzen ist. Vermeiden Sie es deshalb möglichst, im Rahmen einer Hausarbeit oder Seminararbeit aus einem solchen Skript zu zitieren. Früher waren solche Materialien auch häufig in Bibliotheken und Lehrbuchsammlungen zu finden. Heutzutage verzichtet man dort u. a. aus Kostengründen zunehmend darauf. Daher werden Sie dieses Geld für kommerzielle Skripte und Repetitorien selbst investieren müssen. Immer öfter werden jedoch in den Universitäten ähnliche Prüfungsvorbereitungskurse angeboten, die den gewerblichen Anbietern teilweise nicht nachstehen.

Tipp: Erkundigen Sie sich im Fachbereich oder Institut nach Prüfungsvorbereitungskursen.

2.1.3.5 Wissens-Checks, Übungskarteien

Besonders zur Vorbereitung auf die mündliche Prüfung, zur gelegentlichen allgemeinen Auffrischung von Lehrstoff oder zur Ermittlung des Wissenstandes in einem Gebiet können Sie sich eines **Wissens-Checks** oder eines breiten Sortiments an **Übungskarteien** (werden teilweise auch vom Repetitor angeboten) bedienen. Der Aufbau ist in der Regel simpel. Zu kurzen Fragen oder sehr reduzierten Fallkonstellationen werden Ihnen in gebotener Kürze die Antworten präsentiert. Der Art der Publikation sind hier keine Grenzen gesetzt. Es gibt diese als kleine Heftchen oder Büchlein, im Karteikartenformat sowie als Hörmedium oder Onlinetutorium.

Tipp: Sie können sich solche Wissens-Checks auch selbst erstellen, indem Sie sich für Abschnitte oder Teile aus einem Lehrbuch Fragen ausdenken, diese auf einer Karte notieren und auf der Rückseite Antworten formulieren. Mit dieser Methode können Sie nicht nur Stoff wiederholen, sondern auch kontrollieren, ob Sie die durchgearbeiteten Inhalte verstanden haben. Dabei kann Ihnen übrigens auch sehr gut ChatGPT helfen. Versuchen Sie es einfach beispielsweise einmal mit: „Formuliere mir Prüfungsfragen zum Verwaltungsakt".

2.1.3.6 Exkurs: Freie Internetangebote für das Studium und die Examina

Nunmehr schlagen wir eine Brücke von gedruckten Studien- und Lernmaterialien zu elektronischen Medien für diese Zwecke, die darüber hinaus auch noch kostenlos zur Verfügung stehen. Hier soll auf ein besonderes Projekt hingewiesen werden, das dies teilweise schon möglich macht und sein Angebot künftig weiter ausbauen wird. Die Rede ist von **OpenRewi**. Dabei handelt es sich um ein 2020 gegründetes Projekt für eine offene Rechtswissenschaft, das kollaborativ frei zugängliche, hochwertige, aktuelle und veränderbare rechtswissenschaftliche Lehrmaterialien erstellt. Viele der Teilprojekte veröffentlichen ihre Bücher zwar auch noch in renommierten Verlagen, jedoch finden Sie jedes dieser Bücher zugleich auf der Plattform **Wikibooks** oder anderen offenen Plattformen. Dort können die Inhalte der Bücher kommentiert und diskutiert werden. Zudem sind alle durch OpenRewi publizierten Materialien frei verwendbar. Bisher wurden insbesondere Projekte im öffentlichen Recht realisiert. Für die anderen Rechtsgebiete sind jedoch zahlreiche weitere Projekte am Start.

Link: https://openrewi.org/

Unabhängig von OpenRewi finden Sie Vorlesungen, Teile von Lehr- bzw. Lernmaterial sowie Schemata und Skripte oftmals in den geschlossenen E-Learning-Plattformen der Hochschulen oder Universitäten. Hierfür wird häufig **Moodle** eingesetzt. Für die Registrierung ist in der Regel aber eine Immatrikulation bei der entsprechenden Einrichtung notwendig.

Viel weiter führen die **Open Educational Resources (OER)**, die für die Gesamtheit frei lizenzierter Lern- und Lehrmaterialien stehen. In Deutschland gibt es bisher nur wenig überzeugende Beispiele für Open Online Universitäten (in Hamburg, Bremen, Trier) oder OER-Portale (kleine Auswahl im systematischen Ressourcenverzeichnis am Ende des Buches) und gerade die Breite an juristischen Inhalten lässt noch sehr zu wünschen übrig. Da werden Sie am besten noch mit der erweiterten Suche der Ihnen bekannten Suchmaschinen fündig. Mit der erweiterten Suche von Google ist es beispielsweise möglich, eine Suche nach *Nutzungsrechten* der angezeigten Suchergebnisse einzugrenzen.

Zu den OER gehört aber ein bemerkenswertes Lehrmedium, von dem zwar noch nicht gewiss ist, ob es sich vollständig durchsetzen wird, das jedoch neue Wege für selbstbestimmtes und ortsunabhängiges Lernen weist. Die Rede ist von **Open Online Courses (OOC)** oder auch **Massive Open Online Course (MOOC)**. Das Besondere an diesen – ursprünglich in den USA entwickelten – Kursen ist, dass diese nicht im Hörsaal stattfinden, sondern im Internet. Sie sind im Netz frei zugänglich und werden meist kostenlos angeboten. In Videos erklären Hochschullehrende – wie in der Vorlesung auch – den Stoff. Teilweise handelt es sich sogar um Originalmitschnitte von Vorlesungen. Durch zusätzliche Instrumente wie Quizfragen, Links zu Lesematerialien oder Diskussionsforen können Sie die Lehrinhalte vertiefen. Der Vorteil dieser Onlinekurse ist, dass Sie in die Lage versetzt werden, diese Kurse sehr flexibel zu nutzen, indem Sie – anders als in den Vorlesungen – die Informationen Ihren Bedürfnissen und Ihrem Lerntempo entsprechend erfassen und verarbeiten können. Für die Absolvierung eines MOOC müssen Sie allerdings eine hohe Eigenmotivation mitbringen und wirklich an dem so erworbenen Wissen interessiert sein. Für deutsche Studierende werden noch nicht sehr viele rechtswissenschaftliche Kurse angeboten (insbesondere nicht auf Deutsch). Besser sind europäische oder nordamerikanische Gemeinschaftsprojekte zum Recht aufgestellt. Unter Umständen ist eine kostenlose Registrierung notwendig. Selbstredend gibt es natürlich auch kostenpflichtige Angebote.

Zu den wichtigsten Portalen, die kostenlos Onlinekurse anbieten, gehören **MOOChub** und **iversity** (für MOOCs aus Deutschland), **OpenupED** (für MOOCs aus Europa) sowie **Coursera**, **edX** und **Class Central** (weltweit).

2.1.4 Kommentare

Der Gebrauch von Kommentaren ist sowohl für die fortgeschrittene Ausbildung (Hausarbeiten, zweites juristisches Staatsexamen) als auch für die juristische Praxis (Auslegung, Rechtsprechungsübersicht) von größerer Bedeutung, obwohl die sachgerechte Nutzung von Kommentaren bereits frühzeitig im Studium erlernt werden sollte. Der Kommentar ist die m.E. am breitesten angelegte Quellensammlung zu einem Gesetz, Gesetzesabschnitt oder Rechtsgebiet. Das Prinzip besteht darin, dass in einem Kommentar in der Regel das kommentierte Gesetz bzw. die Vorschrift abgedruckt ist, wobei nach dem Wortlaut einer jeden einzelnen Norm die auslegungserheblichen Teile beschrieben werden. Sämtliche relevanten Quellen werden zitiert bzw. herangezogen (u. a. Gesetzblätter oder Gesetzgebungsmaterialien, Rechtsprechung, andere Kommentare, Aufsatzliteratur und sonstiges Schrifttum) bzw. miteinander verglichen. Unter Umständen wird sogar bewertet, ob es sich dabei um die herrschende oder eine Mindermeinung handelt und es fließt die eigene Sichtweise der Kommentator*innen mit ein. Insofern findet in Kommentaren eine inhaltlich-systematische Aufbereitung statt.

Hinweis: Kommentare dienen der punktuellen Bearbeitung eines Einzelproblems. Für die didaktische Einführung in ein Rechtsgebiet benutzen Sie ein Lehrbuch und für die einschlägigen Normen Gesetzessammlungen. Eine Ausnahme bilden die s. g. Studienkommentare, die punktuell zur Stoffaufbereitung verwendet werden können. Für wissenschaftliche Arbeiten ziehen Sie besser mehrere Kommentare zum Thema heran und stellen die Kommentarmeinungen gegenüber.

Im Grunde gibt es Kommentare für die verschiedensten Bedürfnisse. Auf jeden Fall sind es Verbrauchsmaterialien, die schnell veralten, da die Gesetze selbst oder die Rechtsprechung bzw. das Schrifttum sich ändern. Deshalb erscheinen viele Kommentare jedes Jahr oder alle zwei bis drei Jahre in einer neuen Auflage. Allgemein können Kommentare wie folgt unterschieden werden:

- Dem Umfang nach werden *Kurzkommentare* von *mehrbändigen Kommentaren* oder *Großkommentaren* (sehr detaillierte Kommentierung) unterschieden.
- Von der Art der Kommentierung bzw. der Zielgruppe lassen sich *Studienkommentare* (didaktische Kommentierung) von *wissenschaftlichen Kommentaren* (Kommentierung durch Hochschullehrer*innen) und *Praxiskommentaren* (Kommentierung durch und für Richter*innen sowie durch und für Anwaltschaft unter starker Bezugnahme auf die Rechtsprechung oder anwaltliche Praxis) unterscheiden. Kommentare der besonderen Art sind hinsichtlich der Aufbereitung noch die *kritischen Kommentare*, die *kritisch-historischen Kommentare* oder die *Alternativkommentare*.

Tipp: Machen Sie sich rechtzeitig mit den Kommentaren vertraut, die u. a. für die zweite juristische Staatsprüfung zugelassen sind, was von Bundesland zu Bundesland etwas variieren kann (z. B. **Grüneberg (BGB), Thomas/Putzo (ZPO), Hopt (HGB), Fischer (StGB), Meyer-Goßner/Schmitt (StPO), Kopp/Ramsauer (VwVfG), Kopp/Schenke (VwGO).** Eine frühzeitige Beschäftigung damit ermöglicht den effizienten Gebrauch während der Prüfung.

- Hinsichtlich der Art der Publikation lassen sich noch *gebundene Kommentare, Kommentare in Loseblattform* und *Onlinekommentare* unterscheiden. Bei Loseblatt- und reinen Onlinekommentaren ist zu beachten, dass alte Fassungen meistens nicht mehr vorhanden sind, da die aussortierten Blätter in der Regel entsorgt bzw. alte Onlineversionen nicht archiviert werden.

Hinweis: In den Datenbanken **beck-online, Wolters Kluwer Online** und **juris** werden bereits sehr viele Standard- und Spezialkommentare in elektronischer Form zur Verfügung gestellt und durchsuchbar gemacht (hängt von der Lizenz ab).

Der Kommentar folgt der Struktur jeder Einzelnorm, wobei Tatbestand und Rechtsfolge zerlegt und einzeln kommentiert werden. Dies gilt auch für Alternativen und Lücken etc. Darüber hinaus werden notwendige Verweisungen vorgenommen und zitiert. Mitunter werden ganze Abschnitte von Gesetzen in einer Einleitung kommentiert oder verwandte Themen im Anhang behandelt.

Die Kommentierung zu einem Paragraphen kann sehr umfangreich sein. In diesem Fall folgt nach der Norm oftmals ein Inhaltsverzeichnis für die Kommentierung. Dieses ist in der Regel nicht nach Seiten, sondern nach Randnummern strukturiert. Daraus ergibt sich auch die für Kommentare typische Zitierweise (vgl. Kapitel 3). Ebenfalls der eigentlichen Kommentierung vorangestellt sind bibliographische Angaben zu anderen Veröffentlichungen zum Thema (Aufsätze, andere Kommentare, Lehrbücher etc.) oder es ist einschlägige Rechtsprechung zu finden.

Diese sollten allerdings nur herangezogen werden, wenn Sie sich in ein Einzelproblem sehr vertiefen wollen, zumal der Inhalt dieser Veröffentlichung in der Regel in die Kommentierung einbezogen ist.

Tipp: Überlegen Sie sich bei der Benutzung eines Kommentars genau, für welches Einzelproblem Sie eine Lösung suchen, da Sie sich ansonsten schnell verlieren können, weil Sie mit Neben- oder Randproblemen konfrontiert werden.

Mitunter ist die typographische und sprachliche Präsentation der Kommentierung gewöhnungsbedürftig. So finden sich Kommentare, die sehr klein und auf hauchdünnem Papier gedruckt sind und nahezu ausschließlich mit Abkürzungen arbeiten (hier ist teilweise der Begriff „Augenpulver" berechtigt), so dass ein Blick in das Abkürzungsverzeichnis hilfreich sein kann.

2.1.5 Aufsatzliteratur, Sammel- und Festschriften

Aufsatzliteratur wird im bibliothekarischen Bereich auch **unselbständige Literatur** genannt, weil diese in einem übergeordneten Werk oder einer Zeitschrift publiziert wird.

2.1.5.1 Zeitschriftenaufsätze

Den wohl größten Umfang an unselbständiger Literatur machen die Aufsätze in juristischen Zeitschriften aus. Allen Zeitschriften gemein ist, dass Sie periodisch erscheinen, weshalb sie im Bibliothekswesen auch **Periodika** genannt werden. Die Periodizität einer Zeitschrift kann unter anderem wöchentlich, zweiwöchentlich, monatlich, quartalsweise, halbjährlich oder jährlich (Jahrbücher) sein. Trotz unterschiedlicher Periodizität sind Zeitschriften ein besonders schnelles Medium im Vergleich zu Kommentaren oder Lehrbüchern. Je nach Art der Zeitschrift sind diese von unterschiedlicher wissenschaftlicher Qualität bzw. Zielrichtung. So verfolgen Aufsätze in juristischen **Ausbildungszeitschriften** (wie z. B. *JuS* oder *JURA*) stark ausbildungsspezifische Ziele, die von aktuellen Klausurthemen, über Rechtsprechungsübersichten bis zu Probeklausuren oder Lernkarteien reichen. Beiträge in **Praxiszeitschriften** wollen einen schnellen Überblick zu Streitgegenständen in bestimmten Rechtsfragen oder Überblicke über aktuelle Gesetzgebung und Rechtsprechung vermitteln. Dazu zählen auch die Rechtsprechungsübersichten, die in der Regel den Titelzusatz **Rechtsprechungsreport (RR)** tragen. In den teilweise sehr speziellen **wissenschaftlichen Zeitschriften** finden Sie Beiträge, die auf einem höheren wissenschaftlichen Niveau Teilaspekte des fokussierten Rechtsgebietes behandeln, kommentieren oder neue wissenschaftliche Erkenntnisse darlegen. So ist es u. a. nicht unüblich, einen Abschnitt oder ein Kapitel der noch nicht fertig gestellten Doktorarbeit vorab in einer wissenschaftlichen Zeitschrift zu veröffentlichen, um das Projekt öffentlich zu machen und sich frühzeitig als „Experte bzw. Expertin" zu profilieren.

Damit findet Aufsatzliteratur auch auf unterschiedliche Art und Weise Einzug in andere juristische Quellen. Insbesondere in Kommentaren und Lehrbüchern werden wissenschaftliche Abhandlungen aus Zeitschriften zitiert und aufgenommen. Diese müssen bewertet werden. Insbesondere Aufsätze, die eine starke Mindermeinung vertreten oder die eine geringe wissenschaftliche Eigenleistung enthalten, sind kritisch zu würdigen. Zum Erlernen abweichender bzw. kritischer juristischer Argumentation oder rechtswissenschaftlicher Arbeitstechniken sind sie jedoch sehr gut geeignet.

In der bibliothekarischen Auskunftstätigkeit kommt es oft vor, dass nach Zeitschriften gefragt wird, jedoch Aufsätze gemeint sind. Die **Suche** von einem zitierten Zeitschriftenaufsatz bis zum gewünschten Volltext ist wie folgt zu beschreiben: Zunächst müssen Sie nach der Zeitschrift suchen, in der der Aufsatz abgedruckt ist. Bereits aus der Zitierform ist zu erkennen, dass für die Zeitschriftentitel sehr häufig Abkürzungen verwendet werden (z. B. NJW, MDR, JZ, NStZ). Sollten Sie einmal eine Abkürzung nicht kennen, benutzen Sie bitte ein Abkürzungsverzeichnis (kleine Auswahl im systematischen Ressourcenverzeichnis am Ende des Buches).

Sodann wollen Sie natürlich wissen, ob die gesuchte Zeitschrift mit dem entsprechenden Jahrgang in Ihrer Bibliothek oder einer Datenbank vorhanden ist. Zunächst sollten Sie den elektronischen Katalog Ihrer Bibliothek nutzen. In vielen Onlinekatalogen ist eine Sucheinschränkung oder eine Filterung nach *Zeitschriftentitel* oder der Medienform *Zeitschrift* (*gedruckt / elektronisch*) möglich und es kann nach der Abkürzung oder dem Langtitel gesucht werden. Sollten Sie fündig geworden sein, können Sie den entsprechenden Band bzw. das Heft bestellen, direkt auf die Onlineausgabe der Zeitschrift zugreifen oder in reinen Präsenzbibliotheken die Zeitschrift direkt aus dem Regal ziehen. Bitte beachten Sie, dass die Bibliotheken teilweise mehrere Bände bzw. Hefte zusammenbinden, so dass es manchmal nicht eindeutig zu ermitteln ist, welches Konvolut Sie (bei Magazinbibliotheken) bestellen müssen. Fragen Sie dann in Ihrer Bibliothek nach. Im Katalog werden Sie auch darauf hingewiesen, ob nur die Druckausgabe bezogen wird und/oder ob eine elektronische Version der Zeitschrift lizenziert ist. Sollten Sie im „heimischen" Katalog nicht fündig werden, so benötigen Sie ein Suchinstrument, welches Ihnen anzeigen kann, ob es die von Ihnen gesuchte Zeitschrift eventuell in einer anderen Bibliothek gibt. Die hierfür beste Nachweisdatenbank ist die **Zeitschriftendatenbank** (ZDB).

Link: https://zdb-katalog.de/

Nachdem die ZDB im 1. Kapitel nur kurz beschrieben wurde, soll nunmehr etwas näher auf dieses Rechercheinstrument eingegangen werden. An der Erstellung und Pflege der ZDB sind über 3700 Bibliotheken aus Deutschland und Österreich beteiligt. Insgesamt sind über 2 Millionen Zeitschriftentitel darin nachgewiesen. Davon zählen über 100000 Titel zu den Rechtswissenschaften. Damit ist die Zeitschriftendatenbank eine der weltweit größten Datenbanken für den Nachweis von Zeitschriften, Zeitungen, Schriftenreihen und anderen periodisch erscheinenden Veröffentlichungen aus allen Ländern, in allen Sprachen, ohne zeitliche Einschränkung, in gedruckter, elektronischer oder anderer Form.

Die *Suche* in der ZDB ähnelt der Suche in anderen modernen Katalogen. Im Eingabefeld können Suchworte ohne Beachtung der Groß- und Kleinschreibung eingegeben werden. Sie können Begriffe mit den Booleschen Operatoren **UND/AND**, **ODER/OR**, **NICHT/NOT** kombinieren, wobei die Großschreibung zu beachten ist. Werden mehrere Suchbegriffe in Anführungszeichen gesetzt, wird genau nach dieser Wortfolge gesucht (Phrasensuche). Als Platzhalter (Trunkierung) können „?" oder „*" genutzt werden. Über das Klapp-Menü rechts vom Suchfeld kann die Suche auf einen bestimmten Suchschlüssel (z. B. Titelstichworte, Körperschaft, Verlag, Verlagsort oder die **ISSN** etc.) beschränkt werden.

Hinweis: Die International Standard Serial Number (ISSN) ist ein Identifikationssystem für Periodika und sie ist weltweit gültig. Jede Publikation erhält eine individuelle achtstellige Zahl, die aus den arabischen Ziffern 0 bis 9 gebildet wird. Sie wird durch die vorangestellten Buchstaben ISSN gekennzeichnet. Die ISSN ist nicht mit der **ISBN** (International Standard Book Number) zu verwechseln, die ein eindeutiger Identifikator für Bücher und andere selbständige Werke ist.

Schließlich ist von vornherein eine Eingrenzung nach Erscheinungsjahr oder Erscheinungszeitraum sowie Erscheinungsland (zweistufig: Kontinent → Land/Länder) möglich. Suchen Sie nach einem bestimmten Jahrgang in einer Bibliothek, müssen Sie auf den Treffer in der Trefferliste klicken, um diese Information im Detailnachweis zu finden. Nach dem Absenden der Suche können die Treffer über Filter weiter eingeschränkt und präzisiert werden.

In der **erweiterten Suche** steht einer beliebigen Kombination von Suchbegriffen miteinander nichts im Wege. Um weitere Suchfelder hinzuzufügen, klicken Sie auf das Pluszeichen hinter einem Suchfeld. Für jedes Eingabefeld kann ein eigener Operator gewählt werden. Sie können schließlich die Suche auf Zeitungen (eher selten in der Rechtswissenschaft) eingrenzen. Aktivieren Sie dafür die Checkbox *Zeitungen*.

Bei der **Expertensuche** werden keine voreingestellten Suchfelder verwendet. Stattdessen müssen Suchanfragen in CQL-Syntax formuliert werden (CQL = Contextual Query Language), dabei können ebenfalls Operatoren und Platzhalter verwendet werden. Die zur Verfügung stehenden Suchschlüssel sind in einer Tabelle auf der Seite der Expertensuche gelistet.

Die Ergebnisse werden automatisch nach Titelnamen alphabetisch absteigend sortiert. Über *Sortierung* kann die **Trefferliste** alternativ auch alphabetisch nach Titelnamen aufsteigend oder nach Erscheinungsjahr (auf- oder absteigend) sortiert werden. Mit Erscheinungsjahr ist stets das Jahr gemeint, in dem die Zeitschrift erstmals erschienen ist. Auf der linken Seite sind u. a. die Filter *Erscheinungsjahr, Sprache, Erscheinungsland, Medientyp* (gedruckt, online, CD/DVD, Mikroform, Tonträger), *Frequenz* (Periodizität), *Erscheinungsform* (Zeitung, Zeitschrift, Serie), *Digitalisierung* (geplant oder bereits erfolgt) und *Verbreitungsort* (inkl. Kartenansicht) nutzbar. Sollten Sie ausschließlich an kostenfreien Online-Zeitschriften interessiert sein, so können Sie sich über die im linken Menübalken befindliche Funktion *online kostenfrei verfügbar* die entsprechenden Titel anzeigen lassen. In einer Trefferliste sehen Sie zunächst nur die wichtigsten Informationen. Für vollständige Titelangaben klicken Sie bitte auf *Mehr Titelinformationen*. Durch Klicken auf einen Titel in der Liste erhalten Sie Informationen zur Verfügbarkeit in den Bibliotheken mit Bestand. Ferner können sie über die Tabs *Titelhistorie* und *Titelrelationen* Titel einsehen, die inhaltlich in Verbindung stehen (Vorgänger, Nachfolger, Beilagen und parallele Ausgaben).

In der Detailanzeige (Kurz- oder Vollansicht) eines Titels können Sie über *Optionen* die Titeldaten direkt aus der ZDB in verschiedenen Formaten **exportieren** (per *E-Mail* oder *Download*). Zu den für Sie wichtigsten Funktionen gehört schließlich noch die **Verfügbarkeitsanzeige** (*Bestands*nachweis). Hierüber wird Ihnen angezeigt, an welcher Bibliothek die von Ihnen benötigten Jahrgänge einer Zeitschrift vorhanden sind. Öffnen Sie dazu Detailansicht der betreffenden Zeitschrift. Unter dem Reiter *Bestand* werden alle Bibliotheken aufgeführt, die die entsprechende Zeitschrift im Besitz haben. Voreingestellt ist die Sortierung nach Institutionsort (alphabetisch). Über *Alle Bestände anzeigen* können Sie die gesamten Bestände aufblättern und ermitteln, welche Jahrgänge eine einzelne Bibliothek besitzt. Mit Hilfe der Filter auf der linken Seite können Sie die Besitznachweise nach einem bestimmten Jahrgang eingrenzen. Außerdem ist es möglich, die Anzeige auf einen bestimmten Ort einzuschränken oder die Fernleihregion auszuwählen, der Sie angehören. Über den Reiter *Bestandsvergleich* können Sie prüfen, an welchen Standorten ein bestimmter Erscheinungszeitraum vorhanden ist. Als erstes werden die vier Bibliotheken angezeigt, die über den umfassendsten Bestand verfügen. Über die Funktion *Jahrgänge in den ausgewählten Bibliotheken* können Sie Auswahl der Bibliotheken anpassen. Die *Bestandskarte* gibt Auskunft über die geografische

Verteilung der Bibliotheksbestände und der Reiter *Titelhistorie* führt zur Titel- und Beilagenhistorie, da es öfter vorkommen kann, dass eine Zeitschrift ihren Titel geändert hat. Schließlich veranschaulicht die Funktion *Titelrelationen* grafisch, in welchen Beziehungen eine Veröffentlichung zu anderen Veröffentlichungen steht.

Damit Sie sich nicht alle für Sie interessanten Titel merken oder notieren müssen, können Sie diese in einer *Merkliste* speichern. Bezüglich der **Bestellmöglichkeiten** von Zeitschriftenheften, die Sie in der ZDB gefunden haben, wenden Sie sich am besten an die Fernleihstelle Ihrer Bibliothek und lassen sich über die preisgünstigste und schnellste Variante informieren. Dort können Sie ebenfalls klären, ob Fernleihbeziehungen zu der besitzenden Bibliothek bestehen. Einen Überblick erhalten Sie jedoch auch über die Funktion *Bestellen* der Detailanzeige von Zeitschriftentiteln. Außerdem können Sie über diese Funktion auch den kostenpflichtigen Dokumentenlieferdienst **subito** ansteuern.

Obwohl die ZDB über 300000 Titelnachweise für E-Journals enthält, gibt es für elektronische oder Online-Zeitschriften noch ein weiteres Nachweisinstrument, die **Elektronische Zeitschriftenbibliothek (EZB).**

Link: https://ezb.uni-regensburg.de/

An der EZB sind über 660 Bibliotheken und Forschungseinrichtungen beteiligt, so dass leicht zu ermitteln ist, ob Ihre Universitätsbibliothek eine Lizenz für die eine oder andere Zeitschrift besitzt. Praktisch ist, dass Ihnen beim Aufruf der EZB von der Bibliothek Ihrer Einrichtung aus gleich der entsprechende Bestand an elektronischen Zeitschriften angezeigt wird, so Ihre Einrichtung an der EZB teilnimmt. Ansonsten können Sie über *Bibliothek auswählen* (linke Spalte) genau die Bestände einer bestimmten Einrichtung einsehen. Insgesamt verzeichnet die EZB derzeit über 115000 Titel, wovon ca. 28000 reine Online-Zeitschriften sind. Außerdem werden ca. 138000 Zeitschriften von Aggregatoren verzeichnet, wobei über 78000 Fachzeitschriften frei im Volltext zugänglich sind. Ohne Bibliotheksauswahl werden Ihnen über 6500 E-Journale für das Fachgebiet Rechtswissenschaft angeboten. Für einzelne Bibliotheken kann die Zahl natürlich niedriger sein, jedoch ist auch eine höhere Zahl möglich, da die Einrichtungen unterschiedliche Einstellungen für ihre EZB-Anzeige wählen. Sie können sich die Nachweise fächerspezifisch, alphabetisch oder nach Kategorie sortiert anzeigen lassen oder in einer einfachen bzw. erweiterten Suche danach recherchieren. Darüber hinaus wird eine *Liste neuer EZB-Titel* angeboten.

Die Suche in der EZB erfolgt über den Menüpunkt *Zeitschriftensuche*. Dort finden Sie eine Suchmaske, die keine wesentlichen Unterschiede zu Suchmasken von anderen Katalogen oder Nachweissystemen aufweist. Die üblichen logischen Operatoren können auch in der EZB verwendet werden. Wie Sie auf die entspre-

chenden Zeitschriften zugreifen können, wird über ein klar verständliches Ampelsystem angezeigt. Es gibt vier Kategorien an Zugriffsmöglichkeiten:
- Grün: Der Volltext der Zeitschrift ist frei zugänglich.
- Gelb: Die Zeitschrift ist an der Teilnehmerbibliothek lizenziert und für die Benutzer*innen dieser Bibliothek im Volltext zugänglich.
- Gelb/Rot: Für die Zeitschrift ist an der Teilnehmerbibliothek ein Teil der erschienenen Jahrgänge im Volltext lizenziert.
- Rot: Die Zeitschrift ist nicht abonniert und daher nicht im Volltext nutzbar.
   In der Regel sind aber Inhaltsverzeichnisse und oftmals auch Abstracts kostenlos verfügbar.

Bei Zeitschriften, die zusätzlich zur Ampel auch ein Eurosymbol (€) tragen, können Einzelartikel über Pay-per-View kostenpflichtig abgerufen werden. Außerdem werden einige Zeitschriften in der EZB als hybride Zeitschrift gekennzeichnet. Das bedeutet, dass diese Zeitschrift einige frei zugängliche Artikel enthalten kann.

Nachdem Sie nun wissen, wie Sie die entsprechenden Zeitschriften zu den Aufsätzen finden, sollten Sie auch noch die Nachweisinstrumente kennenlernen, in denen Sie nach Aufsatztiteln suchen können.

Die Datenbank **Online Contents Recht (OLC Recht)** ist ein Angebot des Gemeinsamen Bibliotheksverbundes (GBV) und des Fachinformationsdienstes für internationale und interdisziplinäre Rechtsforschung der Staatsbibliothek zu Berlin. Mit derzeit über 1,58 Millionen Nachweisen für Aufsätze und Rezensionen zur Rechtswissenschaft und angrenzenden Disziplinen und über 760 ausgewerteten juristischen Fachzeitschriften gehört OLC Recht zu den größten Nachweisinstrumenten unselbständiger Literatur im Recht. Online Contents Recht ist nicht nur eine Datenbank für die bibliographische Recherche, vielmehr ist sie grundsätzlich auch eine Bestelldatenbank für die Online-Fernleihe und die kostenpflichtigen Dokumentlieferdienste. Da das Geschäftsmodell für die Datenbank überarbeitet und auf neue Füße gestellt wurde, gibt es leider zeitliche Lücken für die Auswertung bestimmter Zeitschriften.

Hinweis: Der Zugriff auf OLC Recht ist für alle Einrichtungen aus dem Wissenschafts- und Hochschulbereich der Bundesrepublik Deutschland frei (aber registrierungspflicht). Für die registrierten IP-Adressen ist der volle Zugang frei geschaltet. Nutzerinnen und Nutzer, die sich im IP-Bereich einer frei geschalteten Institution befinden, können direkt darauf zugreifen. Es gibt zwar auch einen Gastzugang, jedoch ermöglicht dieser nicht alle Funktionalitäten für eine Bearbeitung der ermittelten Daten.
Link: https://kxp.k10plus.de/DB=2.34/

Die OLC Recht können Sie wie einen „normalen" Katalog durchsuchen, indem Sie Boolesche Operatoren und bestimmte Suchschlüssel einsetzen. Nach Eingabe eines

Suchbegriffes werden die Treffer in einer Kurzliste mit jeweils 10 Titeln angezeigt. Links von der Kurzliste werden unter der Funktion *Siehe auch* verwandte Begriffe oder die Filter für die Material-, Sprach- und Ländercodes zur Auswahl eingeblendet. Aus der Kurzliste heraus können Sie sich die vollständigen Titeldaten anzeigen lassen. Die Einzeltitel selbst sind ggfs. mit Symbolen für vorhandene Abstracts und/oder Volltexte gekennzeichnet. Eine Besonderheit der OLC Recht ist, dass die Anzeigen von Titel- und Nachweisinformationen zu einer Anzeige zusammengefasst sind. Sie können also erkennen, in welcher Bibliothek bzw. Einrichtung (*Besitzende Bibliothek(en)*), die am so genannten K10plus (gemeinsame Datenbank von BSZ und VZG) teilnimmt, die Zeitschrift bzw. das Sammelwerk vorhanden ist, in der sich der entsprechende Artikel befindet. Damit wird ein Blick in die ZDB oder EZB entbehrlich. Durch die Verwendung von sog. **Linkresolvern** (in vielen Bibliotheken genutztes System zur Verfügbarkeitsanzeige wissenschaftlicher Publikationen) besteht sogar die Möglichkeit, bei E-Journals teilweise direkt bis zum Volltext des Artikels zu gelangen.

Hinweis: Erkundigen Sie sich in Ihrer Bibliothek, ob Linkresolversysteme eingesetzt werden und lassen Sie sich deren genaue Funktionsweise erklären.

Über die Funktionen im hellblauen Menübalken können Sie Kopien- bzw. Fernleihbestellungen (*Kopiebestellung | subito-Bestellung*) veranlassen oder Ihre Treffer exportieren bzw. zwischenspeichern. Schließlich besteht die Möglichkeit, Suchanfragen via *RSS* zu abonnieren.

In den **Online-Katalog des Südwestdeutschen Bibliotheksverbundes** katalogisieren u. a. die Bibliotheken des Bundesverfassungsgerichts, des Bundesgerichtshofs, die Bibliothek des Juristischen Seminars der Universität Tübingen und die Bibliotheken der juristischen Max-Planck-Institute Aufsätze aus juristischen Fachzeitschriften, Festschriften und anderen Sammelwerken. Eine direkte Eingrenzung auf rein juristische Titel ist in der *Erweiterten Suche* nur sehr begrenzt möglich (z. B. mit dem Suchschlüssel *Sonstige Notationen* mit *34?*, der trunkierten Notation für Recht in der **Dewey Decimal Classification**). Auf Aufsätze können Sie Ihre Suche gut eingrenzen, indem Sie in der *Erweiterten Suche* die Materialart *Aufsätze (auch online verfügbare)* anhaken. Als besitzende Bibliotheken der entsprechenden Zeitschriften, in der sich die Aufsätze befinden, sind nur diejenigen angegeben, die Teil dieses Verbundes sind.

Link: https://swb.bsz-bw.de/

Selbiges gilt übrigens auch für den **Gemeinsamen Verbundkatalog (GVK)** des Gemeinsamen Bibliotheksverbundes (GBV).

Link: https://kxp.k10plus.de/

Im Grunde ist eine solche Suche heute nahezu in jeden Onlinekatalog oder in einem Discoverysystem (über Eingrenzung durch Filter oder Facetten) möglich. Als gutes Beispiel sei hier nochmals die **Discovery Suche** des **Fachinformationsdiensts für internationale und interdisziplinäre Rechtsforschung** genannt. Eine Eingrenzung erfolgt hier über die Facette bzw. den Filter *Medientyp (Aufsatz gedruckt | Aufsatz online)*.

Link: https://search.vifa-recht.de/Search/Home

Auf die lizenzpflichtige Datenbank **Kuselit Online** wurde bereits im ersten Kapitel zu den Rechtsbibliographien hingewiesen, welche mit ihren 705 ausgewerteten juristische Zeitschriften, Festschriften (von 1949 bis heute) und Sammelwerken über 5,5 Millionen Fundstellen nachweist. Für die Suche nach Aufsätzen muss in der Suchmaske nur entsprechend eingegrenzt werden.

Link: https://www.kuselit.de/kuselit-online

Die Suchstrategien nach unselbständiger Literatur in juris und beck-online erfolgt analog zur Norm- bzw. Rechtsprechungssuche in beiden Datenbanken. So ist es Ihnen möglich, bei **juris** im linken Auswahlbereich nach *Zeitschriften* oder nach *Literaturnachweisen* zu suchen oder Ergebnislisten nach diesen Dokumentarten über die Filter einzugrenzen. In einer gemischten Ergebnisliste erkennen Sie einen Aufsatz bereits am eigens dafür vorangestellten Icon. Bei **beck-online** finden Sie diese Eingrenzungsmöglichkeit im Rahmen der *Detailsuche* (Publikationstyp *Aufsätze*) oder Sie filtern eine Ergebnisliste unter *Treffer nach Publikationstyp* nach *Aufsätze*. Der Vorteil von beck-online ist, dass Sie erheblich mehr Volltexte finden werden, da der Beck-Verlag hier sehr stark seine eigenen Zeitschrifteninhalte ins Spiel bringen kann.

Auch in **Wolters Kluwer Online** können rechtswissenschaftliche *Zeitschriften* nach Aufsätzen durchsucht werden. Es handelt sich dabei teilweise um eine sinnvolle Ergänzung der von juris und beck-online ausgewerteten Zeitschriften.

Wer allerdings eher gedrucktes Material bevorzugt, der sei nochmals auf die **Karlsruher Juristische Bibliographie (KJB)** hingewiesen. Die Karlsruher Juristische Bibliographie wird durch die Bibliotheken des Bundesverfassungsgerichts und des Bundesgerichtshofes erstellt und schließt auch Zeitschriftenaufsatzliteratur sowie Beiträge in Sammelwerken und in Festschriften ein. Ausgewertet werden allerdings nur Bestände, die sich in diesen beiden Bibliotheken befinden. Da jedoch beide Einrichtungen Literatur aus allen Rechtsgebieten erwerben, ist die Abdeckung sehr gut. Sollte Ihnen der Begriff der Bibliographie nicht mehr geläufig sein:

Merke: In Bibliographien finden Sie Fundstellen und Nachweise zu einem bestimmten Thema, ohne dass Ihnen angezeigt wird, wo es diese Zeitschrift, den Sammelband oder die Festschrift gibt (Unterschied zum Katalog).

Tipp: Trotz der vielen Möglichkeiten, nach Zeitschriftenaufsätzen zu suchen, sollten Sie regelmäßig in den Ihnen wichtigen Fachzeitschriften blättern und lesen, um stets aktuelle Informationen zu erhalten. Außerdem verleitet das Blättern in Fachzeitschriften auch dazu, sich mit Randthemen oder Querverweisungen zu beschäftigen, auf die Sie bei der reinen Aufsatzsuche nie gestoßen wären.

2.1.5.2 Festschriften

Eine weitere wichtige Form des übergeordneten Werkes für Aufsatzliteratur bzw. unselbständige Werke ist die **Festschrift**. Diese – insbesondere bei Juristinnen und Juristen – außerordentlich geschätzte Form der Würdigung zu einem runden Geburtstag bzw. des Gründungsjubiläums einer bedeutenden Institution (eine juristische Fakultät oder ein bedeutendes Gericht) enthält zumeist aktuelle Beiträge zum Schwerpunktbereich der geehrten Wissenschaftlerin bzw. des Wissenschaftlers oder zum Fokus der gefeierten Institution. Die Autorinnen und Autoren für diese Beiträge werden in der Regel gezielt ausgewählt, da sie oftmals in engem wissenschaftlichem Kontakt zur gefeierten Person oder zur Institution stehen. Thematisch sind diese Werke teilweise gut für Seminar- bzw. Hausarbeiten verwendbar.

Da Aufsätze in Festschriften zwar auch als unselbständige Literatur gelten, jedoch nicht periodisch erscheinen (wie Zeitschriften), werden diese nicht in allen Datenbanken ausgewertet. Einen sehr guten Nachweis von Festschriftenbeiträgen finden Sie in Ihrem **Bibliothekskatalog** bzw. im **Discovery-System.** Die diesbezügliche Suche ist einfach, da in der Regel das Stichwort Festschrift im Titel enthalten oder das Schlagwort Festschrift vergeben ist. Dazu muss jedoch die entsprechende Festschrift zum Bestand Ihrer Bibliothek gehören, um sie dort zu finden. Einen umfassenderen Eindruck gewinnen Sie mittels einer Suche in den **Verbundkatalogen** (z. B. GVK oder SWB) oder im **Katalog der Deutschen Nationalbibliothek (DNB)**, die alle in Deutschland erscheinenden Festschriften als Pflichtexemplar enthält. Eine Übersicht der in einer bestimmten Festschrift enthaltenen Beiträge bekommen Sie dadurch geboten, dass mitunter durch Bibliotheken das Inhaltsverzeichnis der Festschrift gescannt und durchsuchbar gemacht wird (meistens für neuere Titel). Oder jeder Beitrag erhält einen eigenen (selbständigen) Nachweis im Katalog (eher seltener der Fall). In der Datenbank **Kuselit Online** können Sie Ihre Suche auf Festschriften eingrenzen.

Sollte Sie eine interdisziplinäre Suche für die Geistes- und Sozialwissenschaften mehr interessieren, so haben Sie die Möglichkeit, in der **Internationalen Jahresbibliographie der Festschriften (IJBF)** zu suchen. In der Datenbank sind ca. 920000 Beiträge aus über 41000 Festschriften (Stand 2022) nachgewiesen. Die IJBF gibt es in gedruckter und elektronischer Form. Schließlich können Sie Festschriftenbeiträge in der **Karlsruher Juristischen Bibliographie (KJB)** finden.

2.1.5.3 Kongressschriften

Die sogenannten Kongressschriften enthalten die Arbeitsergebnisse einer Tagung, eines Symposiums, eines Kongresses oder einer anderen wissenschaftlichen Veranstaltung. Dabei handelt es sich zumeist um die verschriftlichten Referate oder Vorträge bzw. die Zusammenfassungen von Podiumsdiskussionen oder die Ergebnisse spezieller Arbeitsgruppen. Zur Erlangung des aktuellen Forschungsstandes (in einem bestimmten Rechtsgebiet) sind diese von unschätzbarem Wert. Nachteilig ist manchmal nur, dass die Kongressschriften unter Umständen erst in starkem zeitlichen Verzug zur Veranstaltung erscheinen. Kongressschriften werden in der Regel durch die Bibliotheken als solche (mit dem Schlagwort *Kongress* sowie dem Kongressressort und Jahr) in deren Kataloge aufgenommen. Insoweit kann auf die Ausführungen zu den Festschriften verwiesen werden. Immer öfter werden aber auch einzelne Beiträge neben der verlagsseitigen Publikation auf den Veranstaltungswebseiten veröffentlicht.

Tipp: Um den aktuellen Forschungsstand zu einem Thema zu erlangen oder sich in der Wissenschaftsgemeinschaft zu vernetzen, sollten Sie frühzeitig beginnen, Symposien, Kongresse oder Tagungen direkt zu besuchen. Einen stets aktuellen Überblick zu den verschiedenen Veranstaltungsformaten wird Ihnen im Veranstaltungskalender in der Virtuellen Fachbibliothek des Fachinformationsdienstes für internationale und interdisziplinäre Rechtsforschung angeboten.

2.1.5.4 Hochschulschriften

Eine Dokumentart, die nicht im besonderen Fokus der Auswertung durch die großen Datenbanken steht, sind die **Hochschulschriften**, mit denen überwiegend Dissertationen und Habilitationen gemeint sind. Teilweise werden jedoch auch Bachelor- und Masterarbeiten mit einbezogen. Diese gehören zu den **Monographien**, die eine umfassende und in sich abgeschlossene Abhandlung zu einem einzelnen Thema zum Gegenstand hat. Mittels Hochschulschriften können Sie sich z. B. einen Überblick über aktuelle Forschungsthemen verschaffen, sie geben Ihnen Vorbilder und Orientierungshilfen für die eigene Dissertation oder Habilitation bzw. schließen aus, ob zu Ihrem Thema bereits promoviert oder habilitiert worden ist.

Für den deutschsprachigen Raum empfiehlt sich eine Suche über den **Katalog der Deutschen Nationalbibliothek (DNB).** Die Deutsche Nationalbibliothek sammelt seit 1945 alle deutschen Dissertationen (überwiegend auch Habilitationen) und verzeichnet sie in der Deutschen Nationalbibliographie sowie in ihrem Online-Katalog. Geben Sie in die Suchkategorie *Hochschulschriftenvermerk* der *Erweiterten Suche* den Suchbegriff *diss** oder *habil** ein und grenzen Sie die Suche mit möglichen Titelwörtern oder der *DDC-Notation* mit *34** weiter ein. Dissertationen liegen bei der DNB auch in elektronischer Form bzw. Open Access-Version vor. Da Hochschulschriften immer noch überwiegend in Verlagen veröffentlicht werden, die diese neben der Druckausgabe mittlerweile über ihre E-Libraries digital bereitstellen, gelangen Sie bei einer Suche nach Hochschulschriften im Katalog oder Discovery-System der Heimatbibliothek oftmals vom Nachweis bis zum Volltext, wenn die Bibliothek die entsprechende **E-Library** lizenziert hat. Besonders zu erwähnen wären für die kommerzielle Veröffentlichung von Hochschulschriften in Deutschland für die Rechtswissenschaft die **Nomos eLibrary**, die **Duncker & Humblot eLibrary**, die **Mohr Siebeck eLibrary**, die E-Book-Plattform von **Peter Lang** und die **De Gruyter eBook Collection**. Alle Verlage beteiligen sich aber auch an Projekten zur Förderung des Open Access, so dass in diesen E-Libraries immer mehr Hochschulschriften im freien Zugriff enthalten sind.

Tipp: Erkundigen Sie sich in Ihrer Bibliothek, ob die E-Libraries der einschlägigen Rechtsverlage lizenziert wurden.

2.1.5.5 Freie Angebote im Internet (Repositorien)

Auch für Aufsätze, Thesenpapiere, Konferenzbeiträge und Hochschulschriften ist das Internet – jenseits von Google Scholar und Google Books – eine nahezu unerschöpfliche Quelle. Viele Materialien werden mittlerweile von Studierenden, dem wissenschaftlichen Mittelbau oder von Hochschullehrerinnen und Hochschullehrern auf den Hochschulservern (institutionelle Repositorien) publiziert. Nahezu jede Hochschule oder Universität hat einen solchen Dienst eingerichtet. Oftmals kommen jedoch alle diese Dokumente in einen Topf, so dass eine strukturierte Suche nach rechtswissenschaftlichen Dokumenten nicht immer leichtfällt. Außerdem wird die Recherche durch die Vielzahl von institutionellen Repositorien erschwert.

Das Projekt **BASE (Bielefeld Academic Search Engine)** erleichtert Ihnen die strukturierte Suche nach rechtswissenschaftlich relevanten Dokumenten. Bei BASE handelt es sich um eine der weltweit größten Suchmaschinen für frei im Internet zugängliche wissenschaftliche Dokumente. Von den über 350 Millionen Dokumenten in BASE sind ca. 60% frei im Volltext verfügbar. Allerdings können Sie in BASE nur nach Dokumenten suchen, diese aber dort nicht ablegen oder archivieren.

Link: https://www.base-search.net/

Neben einer *Standardsuche* und *erweiterten Suche* steht Ihnen ein fachliches *Browsing* zur Verfügung. Auch BASE verwendet die so genannte Dewey-Dezimalklassifikation (*DDC*). Die DDC-Nummern (Notationen) für das Recht sind die *340 – 349* (Pfad in BASE: *DDC → 3 Sozialwissenschaften → 34 Recht*). Derzeit werden über 455000 Dokumente zum Recht nachgewiesen. Lässt man sich die Titel zum Recht anzeigen, kann man diese nach den Werken eingrenzen, die komplett im Volltext zur Verfügung stehen (*Zugang → Open Access*). Das sind derzeit ca. 240000 Dokumente. Die Treffer können Sie zusätzlich über *Schlagwörter*, *Sprache* oder *Dokumentenart* etc. eingrenzen. Über die Facette Datenlieferant wird Ihnen übrigens auch noch das Repositorium (mit der entsprechenden Trefferzahl) bekannt gemacht. Hierzu gehört beispielsweise auch **DOAJ** (siehe Kapitel 1) als einer der größten Datenlieferanten für frei zugängliche rechtswissenschaftliche Dokumente in BASE. BASE enthält übrigens ebenfalls die Daten des einzigen rein rechtswissenschaftlichen (fachlichen) Repositoriums **<intR>²Dok** des Fachinformationsdienstes für internationale und interdisziplinäre Rechtsforschung.

Link: https://intr2dok.vifa-recht.de/

Ansonsten sind mittlerweile die Ergebnislisten von Katalog-, Discovery- oder Datenbanksuchen nach frei zugänglichen Dokumenten filterbar (z. B. in der Discoverysuche des Fachinformationsdienstes für internationale und interdisziplinäre Rechtsforschung oder dem WorldCat).

Link: https://search.vifa-recht.de/Search/Home | https://search.worldcat.org/de/search

2.2 Rechtswissenschaftliche Spezialdatenbanken für das deutsche Recht

Neben den „allgemeinen" Angeboten von juris, beck-online und Wolters Kluwer Online gibt es noch andere kommerzielle oder frei verfügbare Datenbanken, die sich bestimmten Rechtsgebieten widmen. Die Ermittlung dieser Fach- und Spezialdatenbanken kann über die jeweiligen Webseiten Ihrer juristischen Fakultät, die Universitäts- oder Fachbereichsbibliothek, den jeweiligen Onlinekatalog bzw.

über das **Datenbank-Infosystem (DBIS)** erfolgen. Es ist von großem Vorteil, wenn die eigene Bibliothek an DBIS teilnimmt, da Sie so auf einen Blick, wenn Sie im IP-Bereich der Bibliothek oder der Universität suchen, alle von der Bibliothek lizenzierten oder freigeschalteten Datenbanken sehen können. Um sich alle in DBIS nachgewiesenen Datenbanken (unabhängig von den Lizenznehmern) anzeigen zu lassen, müssen Sie über *Bibliotheksauswahl/Einstellungen* (linker Menübereich) *Gesamtbestand in DBIS* einstellen (unbedingt auf *Go!* drücken, da die Einstellung sonst nicht übernommen wird).

Tipp: Kostenfreie Datenbanken können Sie übrigens über DBIS ermitteln, indem Sie im Bereich für die gewünschten Zugangsarten (unter der Institutenliste) nur *frei im Web* anhaken.
Link: https://dbis.ur.de/dbinfo/index.php

In der erweiterten Suche des **Online Katalogs (OPAC)** oder der Discoverysuche einer jeden Bibliothek ist die Suche auf die Materialart *Online Ressource, Datenträger* (z. B. Datenbanken auf CDROM) oder *Datenbanken* eingrenzbar. Außerdem ist diesen Ressourcen in der Trefferanzeige in der Regel ein besonderes Icon vorangestellt, dass diese Materialart kennzeichnet.

Um den Rahmen dieses Abschnitts nicht zu sprengen, sollen nachfolgend lediglich die Verlags-, Partner- und Fachmodule der einschlägigen kommerziellen Anbieter in Deutschland bzw. davon losgelöste Angebote und eine freie Ressource zur Kriminologie vorgestellt werden.

2.2.1 Verlags-, Partner- und Fachmodule

Es gibt kaum noch einen rechtswissenschaftlichen Fachverlag in Deutschland, der seine Druckwerke nicht auch irgendwie in elektronischer Form anbietet. Auf die E-Libraries verschiedener Verlage wurde ja bereits hingewiesen. Die Kunden werden damit in die Lage versetzt, Zeitschriften, Kommentare oder andere Druckwerke der Fachverlage in gedruckter und/oder elektronischer Form zu erwerben und zu nutzen. Als Einzelerwerbungen machen diese Publikationen allerdings nicht immer unbedingt Sinn, da nur die Zusammenstellung mehrerer Werke zu einem bestimmten Thema einen möglichst umfassenden Überblick liefert. Anders als juris, beck-online und Wolters Kluwer Online haben gerade die teilweise sehr kleinen rechtswissenschaftlichen Fachverlage keine eigenen Datenbanken oder Recherchplattformen aufgebaut bzw. deren Vermarktung abgegeben. Es gibt aber auch rechtswissenschaftliche Verlage, die sich neben einer Allianz mit juris, beck-online oder Wolters Kluwer Online noch ein eigenes Datenbankangebot aufgebaut haben, das über eine E-Library hinausgeht. Ein gutes Beispiel hierfür ist der Verlag Dr. Otto

Schmidt. Ehemals Betreiber der steuer- und wirtschaftsrechtlichen Datenbank „LEGIOS", die im Rahmen der Partnerschaft des Verlages in der juris Allianz aufgegangen ist, vermarktet der Verlag (inkl. des Verlages C.F. Müller) ein eigenes Online-Datenbank-Angebot. Die Vielfalt rechtswissenschaftlicher Spezialdatenbanken spiegelt sich ansonsten derzeit noch immer in den Verlags-, Partner- und Fachmodulen der drei großen Datenbankanbieter wider. Dadurch, dass einige Verlage jedoch mit allen drei großen Datenbankanbietern kooperieren, ist die Lage etwas unübersichtlich geworden. Deshalb soll hier ein kurzer Überblick gegeben werden, wer mit wem kooperiert und welche Angebote selbständig sind:

– Über **juris** können Sie – bei Lizenzierung der entsprechenden Module – die führenden Werke der Verlage *Dr. Otto Schmidt* (Steuerrecht, Zivil- und Zivilprozessrecht, Arbeitsrecht, Miet- und Wohnungseigentumsrecht), *De Gruyter Recht* (Bürgerliches Recht: Staudinger Online, Handels- und Gesellschaftsrecht, Aktienrecht, Insolvenzrecht, Strafrecht), *Erich Schmidt* (Sozialrecht, Steuerrecht, Zivil- und Zivilprozessrecht, Verwaltungsrecht, Miet- und Wohnungseigentumsrecht), *Hüthig Jehle Rehm* (Umwelt- und Planungsrecht, Personalwesen und Arbeitsrecht des öffentlichen Dienstes, Verwaltungsrecht, Strafrecht), *C.F. Müller* (Strafrecht, Steuerrecht, Verwaltungsrecht, Staats- und Verfassungsrecht), *Stollfuß Medien* (Steuerrecht), *dfv Mediengruppe* (Arbeitsrecht, Gewerblicher Rechtsschutz und Urheberrecht, IT-Recht, Datenschutz, Compliance, Bank- und Kapitalmarktrecht), *Reguvis* (Familienrecht, Betreuungsrecht, Compliance, Vergaberecht), *RWS Verlag* (Insolvenz-, Restrukturierungs- und Gesellschaftsrecht sowie dem Bank- und Kapitalmarktrecht), *Fachmedien Otto Schmidt* (Arbeitsrecht, Handels- und Gesellschaftsrecht, Steuerrecht, Bank- und Kapitalmarktrecht), *Boorberg* (Baurecht, Verwaltungsrecht, Steuerrecht, Arbeitsrecht des öffentlichen Dienstes), *IWW Institut* (Arbeitsrecht, Familienrecht, Steuer- und Steuerstrafrecht), *Deutscher Anwaltsverlag* (Zivil- und Zivilprozessrecht, Familienrecht, Arbeitsrecht, Versicherungsrecht, Anwaltspraxis) und der *Deutsche Notarverlag* (Erbrecht, Familienrecht, Miet- und Wohnungseigentumsrecht, Notariat und notarielle Praxis) nutzen. Die Inhalte werden auf verschiedene Art und Weise über die Verlags-, Partner- und Fachmodule angeboten und miteinander kombiniert.

– Einerseits bietet **beck-online** eigene „reine" Fachmodule an (z.B. beck-online Großkommentar zum Zivilrecht oder beck-online Urheber- und Medienrecht PLUS bzw. alle weiteren beck-online PLUS/PREMIUM Angebote) und integriert in die Basislizenz Teile aus dem Verlagsportfolio von *Nomos*. Andererseits sind die Module in Kooperation mit mittlerweile rund 60 Fachverlagen erstellt worden, zu denen u.a. *Boorberg, C.F. Müller, De Gruyter, dfv Mediengruppe, Franz Vahlen, Haufe, Heise, Herder, Kohlhammer,* Mohr Siebeck, *Rehm, Springer,* VVW, *Walhalla, zerb* und ZAP (nicht abschließend) mit deren jeweiligen

Schwerpunktthemen gehören oder einzelne Verlagsprodukte werden über den beck-shop bzw. die beck-eLibrary vermarktet. Insgesamt zählen zum Datenbankangebot von beck-online derzeit weit über 1200 Produkte (Einzelwerke oder Produktkombinationen).

- Getrennt von beck-online muss man jedoch die **Nomos eLibrary** betrachten, die insbesondere Monographien, Sammelbände, Zeitschriften und Hand- sowie Lehrbücher aus dem eigenen Portfolio anbieten.

- **Wolters Kluwer Online** bietet verschiedene Fachmodule mit Inhalten u. a. der Verlage *Carl Heymanns* (Gewerblicher Rechtsschutz), *Luchterhand* (Öffentliches Dienstrecht und Straßenverkehrsrecht) und *Werner* (Baurecht) an, kooperiert aber auch als Partner mit juris und beck-online. Das Angebot richtet sich teilweise eher an die juristische Praxis.

- Auch hinter **Owlit** verbirgt sich ein Bündnis der Verlage Bund-Verlag, Campus, C.F. Müller, Deubner, Erich Fleischer, Fachmedien Otto Schmidt, IDW, MWV, Dr. Otto Schmidt, VVW, WM-Gruppe und Wolters Kluwer Deutschland. Owlit versteht sich selber als Online-Bibliothek und hat verschiedene Module für die verschiedenen Abteilungen in Unternehmen einzelner Branchen (Banken, Versicherungen, Krankenhäuser) im Angebot.

Link: https://owlit.de/

- **Otto Schmidt online** enthält Fachmodule zum Steuerrecht, Gesellschaftsrecht, Wirtschaftsrecht, Zivilrecht, Arbeitsrecht, Familienrecht und IT-Recht mit über 700 Buchtiteln (Handbücher, Kommentare, Formularsammlungen), rund 30 Zeitschriften und ca. 40 Loseblattwerke. Über diese Plattform sind auch die Datenbankmodule von **C.F. Müller** lizenzierbar. Das Angebot richtet sich eher an die juristische Praxis.

Link: https://www.otto-schmidt.de/online/otto-schmidt-online

- **ESV-Digital** des Erich Schmidt Verlages beinhaltet verschiedene Fachmodule zum Abfall- und Kreislaufwirtschaftsrecht, Arbeitsrecht, Sozialversicherungsrecht, Steuerrecht, Stiftungsrecht, Umweltrecht und Wirtschaftsrecht, die teilweise verlagseigene Publikationen mit Rechtsprechung und Gesetzgebung verbinden.

Link: https://www.esv-digital.de/

Es ist in der Tat etwas schwierig, hier den Überblick zu behalten, um zu erkennen, was in den „allgemeinen" Zugängen zu den Datenbanken bereits an Inhalten vorhanden ist und für welches Fach- oder Partnermodul eine zusätzliche Lizenzierung sinnvoll wäre.

Hinweis: In der Regel umfasst die Lizenz einer Universitäts- oder Fachbereichsbibliothek nicht die Nutzung von speziellen Fach- oder Partnermodulen. Erkundigen Sie sich nach den lizenzierten Inhalten in Ihrer Bibliothek.

2.2.2 KrimDok

Doch nicht alle Spezialdatenbanken in der Rechtswissenschaft oder angrenzenden Gebieten werden kommerziell betrieben. Exemplarisch sei an dieser Stelle eine bibliographische Datenbank zur Kriminologie erwähnt. **KrimDok** ist ein bibliographisches Nachweissystem kriminologischer Literatur und ein elektronisches Dokumentationssystem des Instituts für Kriminologie der Universität Tübingen in ständiger Kooperation mit dem Institut für Kriminologie der Universität Heidelberg (Erschließung von Fachzeitschriften) sowie des Fachinformationsdienstes Kriminologie der Universitätsbibliothek Tübingen. Neben der Kriminologie werden die sogenannten Grund- und Bezugswissenschaften bestmöglich einbezogen, vor allem die im weitesten Sinne kriminologisch relevanten oder aufgrund von Parallelproblemen für die Kriminologie generell interessanten Veröffentlichungen aus der Rechtswissenschaft (Strafrecht, Strafprozessrecht, Strafvollstreckung, Strafvollzug), der Rechtstatsachenforschung, der Kriminalistik (auch Polizeiforschung), der Psychologie (besonders Forensische Psychologie und Rechtspsychologie sowie der Sozialpsychologie), der Psychiatrie (besonders Forensische Psychiatrie, Maßregelpraxis), der Soziologie (besonders Rechtssoziologie, Kriminalsoziologie) und der Pädagogik (auch Sozialpädagogik). Seit 2014 werden – im Rahmen des von der Deutschen Forschungsgemeinschaft geförderten Fachinformationsdienstes Kriminologie – alle kriminologisch relevanten Monographien möglichst umfassend in KrimDok nachgewiesen (unabhängig von ihrer Verfügbarkeit in Tübingen). Die inhaltliche Ausrichtung hat sich insoweit von einem Bestandsnachweis zu einer bestandsübergreifenden bibliographischen Datenbank weiterentwickelt. Außerdem finden Sie in KrimDok Nachweise für das Volltextangebot des Digitalisierungsprojekts **DigiKrimDok**.

Mittlerweile umfasst die Datenbank über 300000 Nachweise kriminologischer Literatur aus dem In- und Ausland, wobei für die in Deutschland erschienene Literatur eine weitgehende Vollständigkeit angestrebt wird. Neben Monographien werden vor allem Aufsätze aus rund 240 Zeitschriften und auch aus Sammelwerken ausgewertet. Aber auch im Bereich der fremdsprachigen Literatur kann KrimDok auf einen umfangreichen Datenfundus verweisen.

Für die Recherche steht eine moderne indexbasierte Suchmaschine mit einer facettierten Oberfläche zur Verfügung. Einzelnachweise sind mit Schlagwörtern versehen und werden teilweise um weitere inhaltliche Informationen ergänzt, die eine wissenschaftliche Literaturrecherche erleichtern (Abstracts, Inhaltsverzeichnisse, Klappentexte etc.). Für die Treffer werden Zitierungen in unterschiedlichen Stilen und ein Datenexport in die gängigen Literaturverwaltungssysteme angeboten. Verweisungen auf mögliche Onlineversionen bzw. auf die Zugänglichkeit der Druckversion (Signaturen) werden gegeben.

Für einen Schnelleinstieg können Sie den einfachen Suchschlitz nutzen. Nach Eingabe weniger Buchstaben werden in einer Liste Suchwortvorschläge unterbreitet. Die *Erweiterte Suche* bietet die Ihnen bereits bekannten Kombinationsmöglichkeiten verschiedener Bergriffe und anderer bibliographischer Daten. Erwähnenswert ist noch die Funktionalität *Browsen* (über den Katalog oder alphabetisch nach Thema, Verfasser oder Titel). Erweitert wird das Angebot mit einer Anzeige der *Neuzugänge* der letzten 30 oder 60 Tage.

Link: https://krimdok.uni-tuebingen.de/

2.3 Weblogs, Podcasts, Microblogging, Soziale Netzwerke.

Auch in der Rechtswissenschaft haben die sozialen Netzwerke längst ihren festen Platz eingenommen und ermöglichen es, sich auf bestimmten Teilgebieten des Rechts stets aktuell zu halten, Informationen auszutauschen oder selbst Informationen zu streuen und sich auf verschiedenste Art und Weise selber zu vernetzen. Hinzu kommen die Legal Tech Entwicklungen und der Einsatz von KI, die in Form von Software oder Online-Diensten ganze juristische Arbeitsprozesse unterstützen oder nahezu vollständig umsetzen. Hier eröffnet sich ein sehr weites Feld, dass nur in gebotener Kürze angerissen werden kann.

2.3.1 Weblogs und Podcasts

Der zunächst sehr verhaltene Umgang von Jurist*innen mit der Blogosphäre hat sich in den letzten Jahren erheblich geändert. Rechtswissenschaftliche Forschungsergebnisse werden mittlerweile nicht mehr nur über Produkte kommerzieller Anbieter – wie Datenbanken oder Zeitschriften – verbreitet, sondern über

Wissenschaftsblogs kommuniziert. Aktiv ist hier nicht mehr nur eine heranwachsende junge Generation an Jurist*innen , die mit den sozialen Netzwerken ohnehin sehr vertraut ist, sondern auch bereits etablierte Hochschullehrerinnen und Hochschullehrer haben den immensen Bedeutungszuwachs an Blogbeiträgen und deren Rezeption in der Community erkannt. Aber auch die Blogs selbst haben sich zu brennpunktartigen Quellen rechtswissenschaftlicher Forschung und Diskursort mit institutionellem Charakter entwickelt, die nunmehr mit einem Stab an Redakteur*innen ausgerüstet und mit einem beträchtlichen Zuwachs an Beiträgen jeglicher akademischer Couleur und eigenen Tagungen aus der juristischen Informationslandschaft nicht mehr wegzudenken sind. Und es werden immer mehr Blogs ins Leben gerufen. Über juristische Blogs erhält man einen schnellen Überblick zu aktuellen juristischen Themen. Auch wenn der wissenschaftliche Wert von Blogbeiträgen und deren Zitierbarkeit immer noch unterschiedlich bewertet wird (aber immer weniger negativ), kann der zusätzliche Erkenntnisgewinn aus den Artikeln zu neuen Ideen inspirieren und die weitere Recherche befeuern. Neben den wissenschaftlichen Blogs, die sich teilweise mit sehr speziellen Einzelfragen beschäftigen, gibt es eine starke Blogszene aus dem rechtspraktischen Bereich, deren Blogs überwiegend durch die Rechtsanwaltschaft betrieben werden.

Aber auch Bibliotheken haben sich diesem Publikationsformat bisher kaum angenommen, so dass Blogbeiträge (anders als Zeitschriftenartikel) nicht in den Katalogen nachgewiesen worden sind, sondern allenfalls nur über eine Recherche im Internet auffindbar waren. Das ist natürlich nicht im Interesse einer inkludierten Recherche. Der **Fachinformationsdienst für internationale und interdisziplinäre Rechtsforschung** hat sich dieser Problematik schon vor einigen Jahren angenommen und am Anfang mit drei führenden Wissenschaftsblogs, die nachfolgend kurz beschrieben werden sollen, Kooperationsvereinbarungen geschlossen, so dass die Beiträge dieser Blogs nunmehr z. B. in **BASE**, dem Katalog der **Deutschen Nationalbibliothek (DNB)** oder dem **WorldCat** sowie der eigenen Discovery-Suche nachgewiesen sind und aufgrund der Archivierung im Repositorium <intR>²**Dok** eine persistente Internetadresse haben, die zitierbar ist. Mittlerweile arbeitet der Fachinformationsdienst im Rahmen dieses Services mit weiteren Wissenschaftsblogs zusammen. Zusätzlich hält er in der Virtuellen Fachbibliothek einen **Blog-Aggregator** bereit, der Ihnen das Neueste aus Jura-Blogs thematisch zugänglich und abonnierbar (via **RSS-Feed**) macht. Dort finden Sie auch eine Liste der ausgewerteten Blogs.

Link: https://vifa-recht.de/informieren/blog-aggregator/

Viele Blogs haben aber auch bereits einen eigenen Facebook- oder X-Auftritt, über die Sie sich die neuesten Beiträge abrufen können. Beispielhaft seien hier kurz drei führende Wissenschaftsblogs zum Verfassungs-, Völker- und öffentlichen Recht beschrieben:

– **Verfassungsblog:** Der 2009 gegründete Verfassungsblog gehört zu den etablierten wissenschaftlichen Diskussionsplattformen über aktuelle Ereignisse und Entwicklungen des Verfassungsrechts in Deutschland, der thematisch bis weit über den europäischen Verfassungsraum wirkt. Zu seiner wissenschaftlichen Expertise gelangt der Verfassungsblog durch starke institutionelle Partner wie dem *Center for Global Constitutionalism* am WZB, dem Berlin Social Science Center, dem Max-Planck-Institut für ausländisches öffentliches Recht und Völkerrecht (MPIL) in Heidelberg und dem Law in Context Research Network an der Humboldt-Universität zu Berlin und weitere. Die Plattform bietet Raum für juristische Expert*innen, Wissenschaftler*innen und Praktiker*innen, um ihre Ansichten und Analysen zu aktuellen rechtlichen Fragen zu teilen. Der Blog veröffentlicht nahezu täglich Beiträge zu einer Vielzahl von Themen, darunter Verfassungsrechtsprechung, politische Entwicklungen, Menschenrechte, Rechtsstaatlichkeit u.v.m.

– **Völkerrechtsblog:** Der Völkerrechtsblog wurde ursprünglich 2014 vom Arbeitskreis junger Völkerrechtswissenschaftler*innen (AjV) gegründet und setzt sich mit allen Fragen und Themen des Völkerrechts und des Völkerrechtsdenkens auseinander. Die mit der Gründung verfolgte Idee, die Möglichkeiten und Räume des Internets zu nutzen, um die wissenschaftliche Diskussion und den Austausch über das Völkerrecht zu fördern, wird weit über Deutschland hinaus umgesetzt. Unterstützt wird der Völkerrechtsblog durch die Deutsche Forschungsgemeinschaft und das Max-Planck-Institut für ausländisches öffentliches Recht und Völkerrecht (MPIL) in Heidelberg, kooperiert u. a. mit der Deutschen Gesellschaft für Internationales Recht e.V. sowie dem Institut für Friedenssicherungsrecht und Humanitärem Völkerrecht der Universität Bochum und kann schließlich verschiedene Lehrstuhlinhaber*innen zu seinen Partner*innen zählen.

– **JuWissBlog (Junge Wissenschaft im Öffentlichen Recht):** Der JuWissBlog wird vom 2011 gegründeten Verein Junge Wissenschaft im Öffentlichen Recht betrieben, in dem sich junge Wissenschaftler*innen zusammengeschlossen haben. Er bietet der jungen Wissenschaft im öffentlichen Recht und allen anderen Interessierten kontinuierlich ein Forum für den fachlichen Austausch, sei es in Form der Präsentation wissenschaftlicher Gedanken, der Kommentierung tagespolitischer Geschehnisse oder der Besprechung aktueller Gerichtsentscheidungen und Rechtsentwicklungen. Dabei werden Entwicklungen und Ereignisse im Öffentlichen Recht aus vielfältigen sowie interdisziplinären Perspektiven betrachtet und diskutiert. Er unterstützt aber auch den wissenschaftlichen Nachwuchs im öffentlichen Recht auf ihrem Weg zur akademischen Reife.

Eine andere Möglichkeit, aktuelle wissenschaftliche Themen zu präsentieren oder zu diskutieren, bieten wissenschaftliche **Podcasts**. Gerade in den letzten Jahren hat auch dieses Format in der Rechtswissenschaft eine größere Verbreitung gefunden. Podcasts gibt es ebenso für die Vermittlung von rechtswissenschaftlicher Studieninhalten. Im bereits weiter oben genannten Blog-Aggregator der Virtuellen Fachbibliothek sind auch die aktuellen rechtswissenschaftlichen Podcasts abrufbar und eine Liste der aggegierten Wissenschaftspodcasts wird bereitgestellt.

Link: https://vifa-recht.de/informieren/blog-aggregator/inhalte-podcasts/

2.3.2 Microblogging

Im Vergleich zu den Wissenschaftsblogs ist das Microblogging immer noch ein sehr flüchtiges Medium, um es gewinnbringend für die rechtswissenschaftliche Recherche einzusetzen. Allein der limitierte Informationsumfang der Nachrichten setzt diesen Diensten erhebliche Grenzen. Zwar wird prozentual auch sehr viel Rechtliches mitgeteilt, doch ebenso persönliche und belanglose Dinge werden von Jurist*innen mitgeteilt. Trotzdem ist das Microblogging aus der rechtswissenschaftlichen Kommunikation nicht mehr wegzudenken, eignet sich aber nur dann, wenn ein Blogeintrag aus verschiedenen Gründen nicht angebracht erscheint oder zu zeitaufwändig wäre. Einen wissenschaftlichen Wert haben einzelne Nachrichten zwar nicht, jedoch wird zunehmend auf rechtswissenschaftlich relevante Inhalte verwiesen. Gut gepflegte, valide und öffentlich zugängliche Listen von Forschungseinrichtungen oder rechtwissenschaftlichen Professor*innen, die einen Microbloggingkanal haben, gibt es für Deutschland nicht. Die Strategie wäre, sich anzusehen, wer interessanten Jurist*innen jeweils folgt.

Obwohl **X** (ehemals Twitter) zwischenzeitlich sehr in die Kritik geraden ist (Lesebeschränkungen, Hass und Hetze, Fake News, Kostenpflicht etc.), ist der Dienst immer noch relativ weit in der rechtswissenschaftlichen Community verbreitet. Doch der Markt bewegt sich und aussichtreiche Konkurrenz zu X tritt auf den Plan. **Bluesky** ist eine gute Alternative, da dieser Dienst dem ehemaligen Twitter sehr ähnlich ist, was nicht verwundert, da es vom Twitter-Gründer betrieben wird. Insbesondere Wissenschaftler*innen wechseln immer häufiger zu Bluesky (max. 256 Zeichen). Die Umgewöhnung ist hier auf ein Minimum reduziert. Vielleicht sogar noch etwas bekannter ist **Mastodon** als Alternative (max. 500 Zeichen). Wie auch Bluesky setzt Mastodon auf einen dezentralen Ansatz und basiert auf einer Open-Source-Software, die es ermöglicht, eine eigene Instanz zu hosten und mit Nutzer*innen anderer Instanzen zu interagieren. Und wer ohnehin schon mit Instagram unterwegs ist, kann sich zusätzlich ein Konto bei **Threads** anlegen. Das setzt allerdings ein Konto bei Instagram voraus (max. 500 Zeichen), was ein Nachteil ist, da Sie das Konto bei Threads nur löschen können, wenn Sie Ihr Instagram-Konto löschen. Außerdem gibt es bei Threads keine Followerliste (Wer folgt mir?). Erwähnenswert ist noch **Spoutible**.

Tipp: Sehen Sie sich genau an, wo sich Ihre Fachcommunity besonders gut versammelt hat und wählen Sie diese dann für Ihre Versorgung mit fachwissenschaftlichen Kurznachrichten aus.

2.3.3 Soziale Netzwerke und Bookmarking Dienste

Obwohl die Nachteile von **Facebook** hinlänglich bekannt sind, darf es in der Aufzählung nicht fehlen, da sich immer noch sehr viele Jurist*innen aus der Wissenschaft und der Praxis sowie Interessenverbände oder Institutionen über Facebook präsentieren und miteinander über Rechtsthemen kommunizieren.

Aber auch zu Facebook gibt es mittlerweile genügend Alternativen. Mit **Xing** und **LinkedIn** stehen zwei Dienste zur Verfügung, die sich auf das berufliche Netzwerken spezialisiert haben. Sie können sich und ihren beruflichen Werdegang präsentieren, sich mit beruflichen Kontakten verknüpfen und in Fachgruppen zu bestimmten Themen diskutieren. Ihre Fachkompetenzen können Sie sich z. B. durch andere Mitglieder bestätigen lassen. Für beide Dienste gibt es eine kostenlose Basisversion und die kostenpflichtige Premiumvariante. Als eine der wichtigsten Plattformen und soziales Netzwerk für Forschende und Akademiker, um die eigene wissenschaftliche Arbeit zu präsentieren oder Ideen auszutauschen, gilt **ResearchGate**. Forscher*innen können auf der Plattform ihre Forschungsergebnisse direkt publizieren, die von der Online-Community eingesehen, kommentiert, geteilt und bewertet werden können. ResearchGate hat mittlerweile über 20 Millionen Mitglieder weltweit. Damit können Sie direkte Reaktionen auf ihre Publikationen von Fachkolleg*innen weltweit bekommen. Allerdings wird dieser Dienst sehr stark von den Naturwissenschaften dominiert. Als Alternative zu ResearchGate kann auf **Mendeley** hingewiesen werden. Diese Plattform bietet nicht nur ein Referenzverwaltungsprogramm an, sondern auch soziale Funktionen. Forscher*innen können ihre Bibliotheken verwalten, Forschungspapiere entdecken und sich mit anderen Wissenschaftler*innen austauschen. Und schließlich sei noch **Academia.edu** genannt.

Darüber hinaus sind die Bookmarking Dienste zu erwähnen. Angebote wie **BibSonomy**, **Pinboard** oder **Diigo** erlauben es, u. a. wissenschaftliche Publikationen gemeinsam im Internet zu lesen, zu speichern und zu verwalten, wobei die bibliographischen Angaben in das System eingelesen werden. Wer seine Präsentationen oder Folien teilen will oder sich für entsprechende Inhalte aus Vorträgen interessiert, wird über **SlideShare**, **SlideServe** oder **Speaker Deck** fündig.

Link: Die Links zu den einzelnen Plattformen und Diensten finden Sie im systematischen Ressourcenverzeichnis.

2.3.4 Jura-Apps

Smartphones und andere mobile Endgeräte gehören mittlerweile – sowohl im Privat- als auch im Berufsleben – zum Alltag. Mit unzähligen Apps werden diese Geräte heute scheinbar zu einem unverzichtbaren Kommunikationsmittel. Das Angebot neuer Applikationen wächst täglich und bietet zahlreiche nützliche Werkzeuge für Jurist*innen in Ausbildung oder im Berufsleben an. Unkompliziert lassen sich beispielsweise Gesetze nachschlagen, Gebühren berechnen oder es werden Lernprogramme zur Examensvorbereitung angeboten. Zahlreiche rechtswissenschaftliche Fachverlage, Softwareanbieter oder andere kommerzielle und nicht kommerzielle Anbieter sind bereits auf diesem Markt vertreten. Sogar die beiden größten Anbieter von Repetitorien haben ein Angebot.

Tipp: Eine praktische Übersicht zu Jura-Apps (allerdings schon etwas veraltet) bietet Ihnen: https://www.jurawiki.de/AppsFürJuristen.

Ein besonderes Angebot gibt es vom Amt für Veröffentlichungen der Europäischen Union. In dessen App-Shop warten derzeit 35 Apps auf ihre Verwendung.

Link: https://op.europa.eu/de/web/general-publications/eu-apps

---

2.3.5 Newsletter

Last but not least bleibt der gute alte Newsletter zu erwähnen, der über E-Mail versendet, immer noch sehr gute Dienste hinsichtlich der Versorgung mit juristischen Informationen leistet. Dieser kann in der Regel direkt über das entsprechende Internet- oder Datenbankangebot abonniert werden. Ein Abonnement setzt jedoch immer eine Anmeldung voraus, die mindestens zur Speicherung Ihrer E-Mail-Adresse führt. Achten Sie stets auf die Vertrauenswürdigkeit der Angebote. Eine Auswahl behördlicher und gerichtlicher Newsletter finden Sie im systematischen Ressourcenverzeichnis (Anhang).

Tipp: Abonnieren Sie nicht zu viele Newsletter, da Sie ansonsten zu schnell mit der Flut an Informationen überfordert sein könnten.

2.4 Ausländisches und internationales Recht

Nachdem Sie nunmehr vertiefte Kenntnisse bezüglich der Recherche nach insbesondere deutschen Rechtsquellen haben, gehen wir noch den Schritt zur erfolgreichen Recherche nach ausländischem und internationalem Recht. Gerade in der juristischen Ausbildung gewinnen das Völkerrecht und das Europarecht zunehmend an Bedeutung und die Zahl der rechtsvergleichenden Arbeiten ist in den letzten Jahrzehnten enorm gestiegen. Einen großen Einfluss haben dabei die Europäisierung und Internationalisierung des Rechts. Um erfolgreich auf den Gebieten des Völker- und Europarechts sowie rechtsvergleichend arbeiten zu können, benötigen Sie sehr gute Recherchekenntnisse. Obwohl die gängigen kommerziellen Datenbankanbieter hierfür bereits eigene Module (insbesondere zum Völker- und Europarecht) anbieten, ist die Kompetenz der Recherche in den Originalquellen von großem Vorteil, zumal in diesen die Vollständigkeit garantiert ist. Beginnen wollen wir mit nationalen ausländischen Rechtsordnungen und widmen uns danach dem Recht der Europäischen Union und der Vereinten Nationen sowie dem internationalen Recht allgemein.

2.4.1 Ausländisches Recht

Die Rechtsvergleichung gewinnt im Hinblick auf die Rechtsetzung, die Rechtsfortbildung und den rechtswissenschaftlichen Diskurs immer mehr an Bedeutung. Oftmals geht der Blick aus deutscher Perspektive verständlicherweise zuerst in Richtung Österreich oder die Schweiz. In der juristischen Ausbildung hingegen nimmt das Angebot an Studiengängen zum französischen oder anglo-amerikanischen Recht stetig zu. Hierzu kooperieren Universitäten aus dem In- und Ausland oftmals sehr eng miteinander. Insofern ist es vorteilhaft, sich mit der Jurisdiktion dieser Staaten bzw. Rechtskreise und den zur Verfügung stehenden Informationsressourcen vertraut zu machen. Gemäß der gängigen Rechtskreislehre kann grob zwischen sechs Rechtskreisen unterscheiden werden, von denen drei für die Rechtswissenschaft in Deutschland besonders von Interesse sind, der deutsche Rechtskreis (mit Österreich und der Schweiz), der romanische Rechtskreis (insbesondere mit der „Mutterrechtsordnung" aus Frankreich) und der anglo-amerikanische Rechtskreis bzw. der Common Law-Rechtskreis (mit dem Schwerpunkt USA und UK). Nachfolgend sollen die Recherchemöglichkeiten für Vertreterländer aus den zuvor genannten Rechtskreisen besprochen werden, wobei nicht so sehr in die Tiefe wie zum Recht Deutschlands gegangen werden kann. Darüber hinaus wird nahezu ausschließlich Bezug auf Onlineangebote genommen, da die allgemeinen Ausführungen aus dem ersten Kapitel (z.B. zu Bibliotheksstrukturen, Metakatalogen oder Discoverysystemen etc.) auch für diese Staaten überwiegend anwendbar sind. Allerdings wird im Literaturverzeichnis am Ende dieses Buches auf Einführungsliteratur in bestimmte Rechtskreise oder in einzelstaatliches Recht hingewiesen.

2.4.1.1 Das Recht Österreichs und der Schweiz

Bevor wir uns den wichtigsten Onlineressourcen zum Recht Österreichs und der Schweiz widmen, sei kurz darauf hingewiesen, dass Ihnen bei der Suche nach gedruckten Materialien in Bibliotheken der **Karlsruher Virtuelle Katalog (KVK)**, der bereits im ersten Kapitel beschrieben worden ist, behilflich sein kann, ermöglicht er doch eine Eingrenzung der Suche auf Bibliotheken bzw. Bibliotheksverbünde beider Länder. An der **Zeitschriftendatenbank (ZDB)** sind auch Bibliotheken aus Österreich mit ihren Beständen beteiligt. Welche der nachfolgend beschriebenen kostenpflichtigen Datenbanken für Bibliotheken in Deutschland lizenziert sind, entnehmen Sie bitte dem **Datenbank-Infosystem (DBIS)**.

Ein herausragendes kostenfreies Angebot für **Österreich** ist das **Rechtsinformationssystem des Bundes (RIS)**. RIS dient der verbindlichen Bekanntmachung der Gesetzblätter des Bundes und der Länder in Österreich und informiert über *Bundes-, Landes- und Gemeinderecht*, die *Judikatur* nahezu aller Instanzen sowie weitere *Kundmachungen und Erlässe* in der Republik Österreich. Die einzelnen Datenbankteile (Anwendungen) und Suchmöglichkeiten sind einfach und übersichtlich gestaltet und der Recherchekomfort wird im Hinblick auf die Suchfelder, Autovervollständigung und Dokumentenanzeige fortlaufend erhöht. Wer lieber einen umfassenden Überblick zu einem Thema erhalten möchte, benutze anstatt der einzelnen Anwendungen die *Gesamtabfrage*.

RIS wird aber auch inhaltlich beständig weiterentwickelt. So erfolgt die Bekanntgabe des Landesgesetzblattes der **Bundesländer** Kärnten, Steiermark, Tirol und Wien (ab 2014) sowie der Bundesländer Burgenland, Niederösterreich, Oberösterreich, Salzburg und Vorarlberg (ab 2015) nunmehr rechtlich verbindlich (authentisch) im Rechtsinformationssystem RIS. Damit wurden die Druckausgaben der Gesetzblätter abgelöst. Es kann sogar in der konsolidierten Fassung (Zusammenfassung eines Rechtsaktes und der zugehörigen Änderungen und Berichtigungen zu einem einzigen Dokument) des Landesrechts aller neun Bundesländer über eine Abfragemaske gesucht werden. Hierfür steht die Funktionalität *Landesrecht konsolidiert – gesamt* zur Verfügung. In einer Übersicht wird Ihnen dargestellt, ab welchem Jahr die Abfrage möglich ist. Aber nicht nur im Bereich Landesrecht entwickelt sich RIS weiter. Gerade werden verstärkt die Bereiche *Gemeinden* und *Bezirke* verbessert und ausgebaut. Im Bereich Judikatur/Justiz besteht z.B. nunmehr die Möglichkeit, nach der Entscheidungsart (z.B. Zurückweisung mangels erheblicher Rechtsfrage), nach dem Rechtsgebiet Zivil- oder Strafrecht (hier auch bei älteren Entscheidungen) und nach dem Fachgebiet (z.B. Amtshaftung inkl. StEG) zu suchen. Insgesamt ist RIS ein mustergültiges Beispiel für eine kostenfreie staatliche Rechtsinformation.

Link: https://www.ris.bka.gv.at/

Freunde der guten alten Linkliste kommen bei RIS auch auf ihre Kosten. Unter *Linksammlung* (in der rechten Spalte ganz unten auf der Hauptseite von RIS) ist eine stets aktuelle Liste von Links zu *Bundesdienststellen, Landesdienststellen, Bezirksverwaltungsbehörden, Sonstigen Dienststellen* und *Rechtlichen Links, Europa, EU-Mitgliedsstaaten* und *Internationalen Organisationen* zusammengestellt.

Link: https://www.ris.bka.gv.at/UI/LinkListe.aspx

Unter *Rechtliche Links* finden Sie auch den Link zur **Elektronischen Verlautbarungs- und Informationsplattform des Bundes (EVI),** wo beispielsweise Einladungen zu Hauptversammlungen von Aktiengesellschaften, Firmenbuchänderungen, Warnungen der Finanzmarktaufsicht oder Stellenausschreibungen des Bundes kostenfrei angezeigt werden.

Link: https://www.evi.gv.at

Schließlich kommen Rechtshistoriker*innen bei RIS voll auf ihre Kosten. Beispielsweise werden das Reichs-, Staats- und Bundesgesetzblatt Österreichs von 1848–1940 sowie das Staats- und Bundesgesetzblatt 1945–2003 durch RIS durchsuchbar gemacht. Für die Darstellung der Dokumente und die Gesetzes- und Verordnungssammlungen 1740–1848 wird auf das Internetangebot der Österreichischen Nationalbibliothek **ALEX (Historische Rechts- und Gesetzestexte Online)** verwiesen.

ALEX umfasst historische Rechts- und Gesetzestexte Österreichs. Neben den gesamtstaatlichen Gesetz-, Verordnungs- und Amtsblättern sowie Normsammlungen und Parlamentaria stehen die historischen Verkündungsblätter der Länder und der öffentlichen Verwaltung, historische Sammlungen zur Rechtsprechung und zum Kirchenrecht sowie historische Rechtszeitschriften zur Verfügung. Wertvoll ist auch der Verweis auf *andere Digitalisierungsinitiativen zu historischen Gesetzestexten/ Parlamentaria.*

Link: https://alex.onb.ac.at

Mit RIS und ALEX hat sich das rechtsinformatorische Angebot allerdings noch nicht erschöpft. Daneben gibt es kommerzielle Angebote an Rechtsdatenbanken in Österreich, die sich teilweise auf das elektronische Sortiment bestimmter Fachverlage konzentrieren.

RidaOnline (RIDA = Rechts-Index-Datenbank) ist eine verlagsunabhängige Rechtsdatenbank, die sich dem Ziel verschrieben hat, die gesamte Fachliteratur zum österreichischen Recht zugänglich zu machen. Hierzu wird eigens ein Generalindex (*RIDA-INDEX*) zur österreichischen Rechtsliteratur und Judikatur erstellt und angeboten. Über den *Literaturindex* können u. a. ca. 5000 Beiträge aus 120 Festschriften und ca. 15000 Aufsätze aus ca. 1000 Sammelbänden gefunden werden. Kombiniert mit einem Judikaturindex der Entscheidungen von OGH, VfGH, VwGH, BVwG, LVwG, DSB, UVS, BVA sowie EuGH und EuG in Form von Originaltexten und Rechtssätzen sowie verschiedener Entscheidungssammlungen von rechtswissenschaftlichen Fachverlagen wird eine schnelle und einheitliche Suche nach Judikatur gewährleistet. Ergänzt wird das Angebot schließlich durch einige Kommentare (insbesondere öffentliches Recht) und Handbücher, zahlreiche Zeitschriften und Jahrbücher sowie Festschriften und Sammelbände.

Link: https://www.ridaonline.at

Medieninhaber und Herausgeber der **RDB** (Rechtsdatenbank) ist die MANZ'sche Verlags- und Universitätsbuchhandlung GmbH. **MANZ** gehört zu den führenden Rechtsverlagen in Österreich. Somit wird über RDB zunächst das umfangreiche Portfolio des Verlags an Kommentaren, Handbüchern, Zeitschriften, Sammelbänden (Entscheidungen und Normen), Jahrbüchern, Festschriften sowie Schriftenreihen und Monographien online präsentiert. Darüber hinaus gehören verschiedene Indizes, eine Entscheidungs- und Normsuche zum Angebot. Über RDB werden aber auch die Publikationen anderer Verlage vermarktet. So stellen mittlerweile über 40 Verlage aus Österreich und Deutschland Inhalte in RDB zur Verfügung (unter anderem die Verlage *C.F. Müller, Facultas, Grenz, Jan Sramek, Linde, Medien &*

Recht, Nomos, nwv, Österreich und *Verlag Dr. Otto* Schmidt). Das Modell ist ähnlich wie bei beck-online, juris oder Wolters Kluwer Online. RDB ist ebenfalls modular lizenzierbar (*Normen & Entscheidungen, Zeitschriften, Kommentare & Handbücher, Muster & Formulare*), wobei die Ergebnisse zu Normen und Entscheidungen bei der Suche in RDB kostenlos sind, da sie aus RIS stammen.

Link: https://rdb.manz.at

Der **Linde Verlag** unterteilt sein Onlineangebot mittlerweile in **Linde Digital**, **Linde Media**, **Digitale Services** und **Apps**. Zum Portfolio des Verlages gehören insbesondere die steuer- und wirtschaftsrechtlichen Verlagsprodukte und Produkte zum Rechnungswesen. Aber auch in den Bereichen Zivilrecht und Zivilverfahrensrecht, Arbeits- und Sozialrecht, Öffentliches Recht, Strafrecht und Bau- und Immobilienrecht gibt es Angebote. Linde Digital ist das digitale Rechercheportal des Linde Verlags. Dort können Sie aus einem Angebot an digitalen Bibliotheken, Kommentare, Handbücher und Zeitschriften für Ihren Rechtsbereich wählen. Zusätzlich stehen Ihnen kostenfrei Gesetze, Judikatur, Richtlinien und wissenschaftliche Werke zur Verfügung.

Link: https://www.lindedigital.at

Über **Linde Media** stellt der Verlag Nachrichten, Kommentare, Videos und Podcasts u. a. aus den Bereichen Steuer-, Arbeits-, Zivil-, Straf- und Wirtschaftsrecht sowie der anwaltlichen Praxis bereit. Dort finden Sie auch die Zeitschriften des Linde Verlags als PDF.

Link: https://lindemedia.at

Eine besondere Erwähnung soll noch die *KODEX-App* finden. Hinter KODEX verbergen sich themengebundene Normensammlungen zum Recht Österreichs. Leser*innen von KODEX können sich über eine App kostenlos die Buchinhalte downloaden, Lesezeichen setzen und Notizen erstellen.

Link: https://www.kodex.at

Die **eLibrary** des **Verlags Österreich** (BiblioScout) enthält das gesamte Portfolio der juristischen Fachliteratur des Verlages aus den Gebieten Öffentliches Recht, Zivil- und Unternehmensrecht sowie Strafrecht. Derzeit werden jährlich rund 150 neue Buchtitel (insgesamt mehr als 750 Werke verfügbar) und über 20 Fachzeitschriften über die Verlag Österreich eLibrary publiziert.

Link: https://biblioscout.net/publisher/publisher?publisher=Verlag+%C3%96sterreich

---

Lexis 360 (vormals LexisNexis Online Österreich) ist eine umfassende Fachdatenbank von LexisNexis Österreich für Steuer-, Wirtschafts- und Arbeitsrecht, die Rechtspraxis sowie für Ausbildung und Lehre auf diesen Gebieten. Sie vereint Fachzeitschriften, Kommentare, Handbücher, Lehrbücher, Skripte, Kodizes und einen Newsdienst aus eigener Produktion sowie die Inhalte von Partnern wie z. B. dem Verlag Österreich. Die Suche in Lexis 360 ermöglicht eine Rechtsrecherche über unzählige Fachzeitschriften, Kommentare, Judikatur und Gesetzgebung (RIS-Inhalte) im Originaltext. Mittels Einsatz von KI wird eine Suchtechnologie angeboten, die eine gruppierte Literaturzusammenstellung erstellt und Sie durch eine intelligente Texterkennung zum Zieldokument leitet. Bei *SmartSearch Alerts* enthalten die Rechtsnormen Warnungsicons, wenn eine parlamentarische Änderung bevorsteht, eine Novellierung kürzlich erfolgt ist oder eine künftige Fassung bekannt ist. In den sogenannten *Lexis Briefings* werden Fachthemen (bisher über 3500) kompakt aufgearbeitet und um Arbeitshilfen ergänzt, um sich schnell in einen Rechtsbereich oder eine juristische Fragestellung einarbeiten zu können.

Link: https://www.lexisnexis.at/produkte/lexis-360/

Beginnen wir für die **Schweiz** mit dem **Bundesrecht.** Über **Fedlex - Die Publikationsplattform des Bundesrechts** bietet die Eidgenossenschaft unter *Bundesrecht* die *Vernehmlassungen* (*alle, geplante, laufende* und *abgeschlossene Vernehmlassungen*), das Bundesblatt, eine Amtliche Sammlung (*chronologische Sammlung* der Erlasse, *Ausgaben der AS, Systematische Jahresregister AS/SR*), eine *Systematische Rechtssammlung* (*Stichwortverzeichnis, Landesrecht, Internationales Recht, Inkrafttreten, Aufgehobene Erlasse nach Aufhebungsdatum, Aufgehobene Erlasse nach Beschlussdatum*), *Staatsverträge*, eine *Rechtssammlung zu den sektoriellen Abkommen EU* (*Sektionelle Abkommen, Beschlüsse der gemischten Ausschüsse*) und eine Liste mit *Links* (*Kantone, Bundesgerichte, Verwaltungspraxis der Bundesbehörden - VPB, Kantonale Einsichtnahmestellen*) inklusive einer entsprechenden Suche mit integriertem Neuigkeitendienst (als RSS-Feed abonnierbar) in den drei Amtssprachen der Schweiz, Rätoromanisch und Englisch an.

Link: https://www.fedlex.admin.ch/de

Auf die *Systematische Sammlung* soll etwas näher eingegangen werden. Diese ist eine nach Sachgebieten geordnete Sammlung der in der *Amtlichen Sammlung* (chronologische Sortierung) veröffentlichten und noch geltenden Erlasse, völkerrechtlichen Verträge, internationalen Beschlüsse, Verträge zwischen Bund und Kantonen sowie der Kantonsverfassungen. Sie weist einen systematischen Aufbau mit einer Nummerierung der Kapitel, Verweise und Erlasse auf. Die Staatsverträge werden in gleicher Weise dargestellt. Jede formelle Änderung eines Erlasses wird unmittelbar angegeben. Formell aufgehobene Bestimmungen werden weggelassen und Änderungserlasse, die ausschließlich eine Änderung beinhalten, werden nicht in die *Systematische Sammlung* aufgenommen. Über das *Stichwortverzeichnis* werden alle noch gültigen Erlasse (keine Referenzen zu aufgehobenen Erlassen) alphabetisch und über das Modul *Landesrecht* sachlich geordnet angeboten. Darüber hinaus gibt es eine sachliche Ordnung für *Internationales Recht*, eine Übersicht über das *Inkrafttreten* von Erlassen und über *aufgehobene Erlasse* (*nach Aufhebungsdatum* oder *nach Beschlussdatum*). Die Einzelausgaben der Amtlichen Sammlung sind übrigens ab 1998, Heft Nr. 34 (1. September 1998) verfügbar. Zusätzlich gibt es eine systematische Aufstellung der Jahresregister (ebenfalls ab 1998). Bezüglich früherer Texte des *Bundesblatts* und der *Amtlichen Sammlung* (ab 1849 bzw. 1948) wird auf das **Schweizerische Bundesarchiv** verwiesen. Dort finden Sie unter anderem auch die historischen *Protokolle der Bundesversammlung* (1921 – 1970) und die *Protokolle des Bundesrates* (1848 – 1972).

Link: https://www.amtsdruckschriften.bar.admin.ch/start.do

Bezüglich der **Gesetzgebung** der einzelnen **Kantone** nutzen Sie bitte deren **Gesetzgebungsportale**, die in der Linkliste des Portals der Schweizer Regierung (Reiter Bundesrecht) aufgeführt sind.

Link: https://www.fedlex.admin.ch/de/links

Für Sie etwas komfortabler ist möglicherweise die Suche nach der gesamten schweizerischen Gesetzgebung des Bundes und der Kantone über **LexFind**. Die Volltextsuche durchsucht das gesamte Recht von Bund und den Kantonen. Diese kann auf systematische Nummern, Abkürzungen, Erlasstitel oder Erlasstexte beschränkt werden. Zudem kann festgelegt werden, ob nur in Kraft stehende Erlasse durchsucht werden sollen oder auch Erlasse, welche aufgehoben / gegenstandslos sind. Weitere Einschränkungen der Suche sind möglich: ... *nach Rechtsgebiet* (schweizweite Systematik), ... *nach Bund und Kanton*, ... *nach Kategorie* (nach der formellen Bezeichnung im Erlasstitel). Im Gegensatz dazu können über den Index Erlasse zu verschiedenen Stichworten aufgerufen werden. Dies ist insbesondere für sprachunabhängige Suchen hilfreich. Der Index umfasst derzeit ca. 350 Stichworte zu den wichtigsten Themen des Rechts.

Link: https://www.lexfind.ch/fe/de/search

Die **Rechtsprechung** des **Bundesgerichts, Bundesverwaltungsgerichts, Bundes-strafgerichts** und **Bundespatentgerichts** ist über deren Webseiten mit den entsprechenden Entscheidungsdatenbanken abrufbar, die ebenfalls in der vorgenannten Linkliste stehen. Genauso verhält es sich mit der Rechtsprechung der Kantone, die über die bereits erwähnten Kantonsportale abgerufen werden kann.

Mit **entscheidsuche.ch** steht eine unentgeltliche Suche nach publizierten Gerichtsurteilen von Schweizer Gerichten aller Instanzen zur Verfügung. Derzeit macht das Portal über 450000 Gerichtsentscheide der Eidgenossenschaft und der Kantone durchsuchbar. Die Datenbank wird täglich aktualisiert. In das Suchfeld können verschiedene Suchbegriffe eingegeben und mit den Ihnen bekannten Operatoren (AND, OR) kombiniert werden. Auch eine Phrasensuche ist möglich. Eine Filterung ist für das Datum, die Gerichte (Bund / Kantone) oder die Sprache möglich.

Link: https://entscheidsuche.ch

LawInside.ch ist eine Website, die kostenlos Zusammenfassungen und Analysen der neuesten Rechtsprechung im Schweizer Recht anbietet. Das Ziel dieser Plattform ist es, Personen, die im Rechtsbereich tätig sind, einen schnellen Zugriff auf neue Entwicklungen in der Rechtsprechung zu ermöglichen. LawInside.ch behandelt alle Bereiche des Rechts. Es werden hauptsächlich die zur Veröffentlichung bestimmten Urteile des Bundesgerichts zusammengefasst, mit Ausnahme der Urteile, die die Sozialversicherungen betreffen. Teilweise folgen auf die Zusammenfassung des Urteils Kommentare der Autor*innen. Die Zusammenfassungen und Analysen sind in französischer Sprache verfasst. Schließlich bietet LawInside.ch einen kostenlosen Newsletter an, der die Leser*innen wöchentlich über neue Urteile informiert, die während der Woche auf LawInside zusammengefasst wurden.

Link: https://www.lawinside.ch

Nicht unerwähnt soll ein für das Recht der Schweiz sehr nützliches Hilfsmittel bleiben, das auf den Seiten des Bundesgerichts unter *Rechtsprechung* zu finden ist. **Jurivoc** ist der dreisprachige Thesaurus des Schweizerischen Bundesgerichts und des ehemaligen Eidgenössischen Versicherungsgerichts. Dieser ist für die intellektuelle Indexierung der Gesetze, der Rechtsprechung und der Doktrin konzipiert und wurde in Zusammenarbeit mit den schweizerischen juristischen Bibliotheken erstellt. Ein Download des Thesaurus und eine Onlineabfrage sind möglich.

Link: https://www.bger.ch/index/juridiction/jurisdiction-inherit-template/jurisdiction-jurivoc-home.htm

Abschließend sei auch für die Schweiz noch auf kommerzielle Angebote hingewiesen:

Swisslex (Schweizerische Juristische Datenbank AG) bietet eine verlagsüber-
greifende Rechtsinformationsplattform für den Schweizer Markt an. Nach der 2020
gelaunchten Version 5.0 mit optimierten Funktionen und einer vollkommen neuen
inhaltlichen und visuellen Webpräsens ist Swisslex seit 2021 mit der Version 5.1 und
weiteren neuen Funktionen am Start, für die auch KI eingesetzt wird. 2024 möchte
Swisslex übrigens die Version 6.0 auf den Markt und noch mehr KI-basierte Funktionalitäten zum Einsatz bringen. Das umfangreiche Angebot beinhaltet eine
Sammlung von über 650000 Gerichtsurteilen der eidgenössischen Gerichte und der
meisten letztinstanzlichen kantonalen Gerichte ab 1954. Das Swisslex-Archiv umfasst Daten von derzeit 85 Fachzeitschriften inkl. ihrer einzelnen Jahrgänge, rund
530 Kommentarwerke und zurzeit über 4800 Werke an Fachliteratur, wobei Produkte aus dem eigenen Sortiment und insbesondere aus dem Portfolio der Part-
nerverlage *Dike, Helbing Lichtenhahn, Stämpfli, Schulthess, Orell Füssli* u.v.m. zum
Angebot gehören. Neben dem Standardzugang bietet Swisslex zusätzlich eine Pre-
miumversion (inkl. News-Service, tagesaktuelle Gerichtsentscheide, neueste Fach-
zeitschriftenausgaben etc.) sowie ein Modul EU-Recht (*EU-Rechtsdatenbank*) mit
Primär- und Sekundärrecht und den Entscheiden des Europäischen Gerichtshofes
sowie des Gerichtes erster Instanz. Schließlich kann ein Abonnement für steuer-
rechtlich relevante Rechtsinformationen aus Gesetzgebung, Rechtsprechung der
eidgenössischen und der kantonalen Gerichte sowie spezialisierte Literatur in
diesem Gebiet (*Swisslex Standard Tax*) abgeschlossen werden.

Insgesamt sind mehr als 920000 Dokumente im Volltext zugänglich. Für die
Version 5.1 sind einige Funktionen besonders hervorzuheben. *Insights* zeigt Ihnen,
basierend auf der Trefferliste, Stichwörter und Normen in Form einer *Worldcloud*
an, die nach Relevanz gewichtet sind und direkt in die Suchmaske übernommen
werden können. *Ähnliche Dokumente* bietet Ihnen eine Zitatübersicht mit Bezug
zum aktuell geöffneten Dokument. Die Recherche in Swisslex ähnelt der Recherche
in anderen modernen Rechtsdatenbanken. Die *Bibliothek* bietet Ihnen eine Art
virtuelles Bücherregal an und unterscheidet in die verschiedenen Medienarten.
Hier können Sie einfach nur stöbern oder beispielsweise eine bestimmte Ausgabe
einer Zeitschrift aufrufen. Nachschlagen bedeutet im Kontext von Swisslex die
vorab eingeschränkte Suche in einer bestimmten Medienart (z. B. Kommentar) und
der gezielten Suche nach einer bestimmten Stelle in einem Werk. Ansonsten nutzen
Sie die allgemeine Suche (*Allgemein*). Die dahinterstehende Suchmaschine bietet
mittels SmartSearch-Technologie eine komfortable Suche, die Dokumente nicht

mehr nur nach Begriffen und deren Vorkommen im Volltext oder den Metadaten durchsucht, sondern Inhalte mittels künstlicher Intelligenz (KI) versteht. Dabei werden alle Daten in einen Zusammenhang miteinander gesetzt. Besonders wichtig für eine Suche in Swisslex ist, dass Sie die gewünschte Suchsprache auswählen.

Link: https://www.swisslex.ch/
Tutorials: https://www.swisslex.ch/de/service/video-tutorials

---

Obwohl die oben genannten Verlage Partner von Swisslex sind und unterschiedliche Anteile ihrer Produkte über Swisslex vermarkten, haben diese eigene Onlineangebote aufgebaut bzw. befinden sich diese noch in der Entwicklung.

Mit **legalis** hat der Verlag **Helbing Lichtenhahn** ein modular aufgebautes und umfangreiches Onlineangebot auf dem Markt, das nicht nur eigene Produkte (teilweise exklusiv) sondern auch die von Partnerverlagen (Dike Verlag, C.H.BECK und Nomos) vereint. Außerdem arbeitet legalis mit LawInside zusammen. Den Inhaltlichen Schwerpunkt der Datenbank bilden die renommierten **Basler Kommentare** und **Commentaires romands**, die exklusiv nur über legalis zugänglich sind. Darüber hinaus enthalten die Module Gesetze, Rechtsprechung und Arbeitshilfen sowie die Inhalte ausgewählter Handbücher und sind ergänzt um Publikationen aus den Partnerverlagen. Die Module (*Privatrecht, Zivilprozessrecht, Wirtschaftsrecht, Strafrecht, Steuerrecht, Versicherungsrecht, Verfassungsrecht, Sozialversicherungsrecht, Droit privé, Procédure civile, Droit pénal, Legalis science*) bündeln jeweils die Inhalte passend zu einzelnen Rechtsgebieten. Als Erweiterung zu einem Basis-Modul sind Plus-Module mit Updates zu Basler Kommentaren, weiteren Werken sowie *legalis briefs* zu ausgewählten Rechtsgebieten erhältlich.

Link: https://www.legalis.ch/de/

Besonders hervorzuheben sei noch das Modul **legalis science**. Dabei handelt es sich um das kostenfrei zugängliche akademische Modul von legalis mit vor allem Qualifikationsschriften, aber auch Sammelbänden, Monographien und anderen Forschungsergebnissen, die mit der Gesetzgebung des Bundes (Systematische Rechtssammlung) und der Rechtsprechung des Bundesgerichts (BGE und weitere Urteile) verknüpft sind. Die Funktionalitäten von legalis wie die Suche, die Druck- oder Downloadmöglichkeiten sowie die Zitierfähigkeit durch die Angabe der originalen Seitenzählung sind gegeben. Darüber hinaus ist *legalis science* für die Nutzer*innen der kostenpflichtigen Module von legalis vollständig in das Angebot integriert.

Link: https://www.legalis-science.ch/de/ (zumindest registrierungspflichtig)

Das eigene juristische Online-Angebot des **Stämpfli Verlages** nennt sich **LEXIA** und vereint den **Berner Kommentar**, die Berner Kommentar Updates, weitere Kommentare, Fachzeitschriften und Fachnews sowie relevante Monografien und Jahrbücher zu bestimmten Fachgebieten. Das Angebot befindet sich noch im Auf- bzw. Ausbau. Derzeit sind die Module für Arbeitsrecht und Familienrecht verfügbar. Weitere Module werden folgen (Strafrecht, Sozialversicherungsrecht).

Link: https://lexia.ch/

Die zahlreichen Kommentare aus dem **Orell Füssli Verlag** werden lizenzpflichtig online über das Portal **justement** angeboten und kombiniert mit Rechtsprechung der Schweiz durchsuchbar gemacht. Die in der jeweiligen Ergebnisliste gefundene Rechtsprechung ist kostenfrei einsehbar.

Link: https://justement.ch

Schließlich gehört **Schulthess** zu den traditionsreichen Rechtsverlagen in der Schweiz mit über 3000 lieferbaren Verlagswerken (darunter 42 Schriftenreihen), rund 20 Fachzeitschriften und einer jährlichen Produktion von mehr als 200 Neuerscheinungen. Für eine Recherche kann auf den (Verkaufs-)Fachkatalog zugriffen werden, der über 9000 Titel an juristischen Medien in der Schweiz enthält.

Link: https://www.schulthess.com/buchshop/fachkatalog

Für die juristische Fachinformation von größerem Wert ist das Schulthess-Angebot **iusNet**. Dabei handelt es sich um ein kostenpflichtiges Newsletter-Abonnement, in dem die wichtigsten Entwicklungen in Rechtsprechung und Gesetzgebung zusammengefasst und mit Kommentaren sowie Arbeitshilfen angereichert werden. In den Beiträgen wird direkt auf die iusNet-Plattform mit weiteren Entscheidungen, Informationen zu Gesetzgebung, Arbeitshilfen und Kommentierungen verlinkt. Es kann zwischen den Themengebieten Steuerrecht, Erbrecht, Droit Bancaire (französisch), Strafrecht und Strafprozessrecht, Immaterialgüterrecht, Arbeitsrecht und Sozialversicherungsrecht sowie Droit Civil (französisch) u. v. m. (insgesamt 20 Themenbereiche) gewählt werden.

Link: https://www.iusnet.ch/

2.4.1.2 Französisches Recht

In Wirtschaft, Politik und Kultur gehört Frankreich zu den wichtigsten europäischen Partnern Deutschlands. Um diese enge Partnerschaft qualifiziert leben zu können, werden unter anderem auch Jurist*innen gebraucht, die beide Sprachen beherrschen und Kenntnisse beider Rechtssysteme haben. Diesem Ziel widmen sich Studienprogramme für Deutsch-Französisches Recht, die beispielsweise an den Universitäten in Bayreuth, München, Köln, Erlangen-Nürnberg, Mainz, Freiburg, Potsdam, Düsseldorf, der Universität des Saarlandes oder der Humboldt-Universität zu Berlin, zumeist in Kooperation mit einer französischen Universität, angeboten werden. Darüber hinaus hat das französische Recht gerade das kontinentaleuropäische Recht stark geprägt und findet in Teilen immer noch Anwendung außerhalb Frankreichs. Schließlich ist Französisch u. a. die Arbeitssprache des EuGHs.

Bei einer Suche nach einem kostenfreien Zugang zu Primärquellen des französischen Rechts sollte die erste Station unbedingt **Legifrance** sein, dem offiziellen Portal der französischen Regierung. Seit September 2020 ist eine Version von Legifrance online, die den Umfang der frei zugänglichen Rechtsinformationen erheblich erweitert bzw. vervollständigt. Die Datenbank stellt einen zentralen und modernen Zugang zu französischer Gesetzgebung und anderen Rechtsakten sowie auf die wichtigste Rechtsprechung (insbesondere zum Verfassungsrecht) dar.

Bezüglich der Rechtsetzung bietet Legifrance Zugriff auf die französische Verfassung, verschiedene Gesetzbücher, im Amtsblatt der französischen Republik (Journal officiell de la République française) veröffentlichte Gesetze und Verordnungen (ab 1869), Tarifvereinbarungen und die Amtsblätter der Ministerien. Die Gesetzgebung in Legifrance ist immer auf dem neuesten Stand, da Änderungen sofort aktualisiert werden, was kommerzielle Datenbanken in Frankreich nicht immer leisten können. Bezüglich der Rechtsprechung bietet Legifrance eine Auswahl an. Je höher die Instanz ist, umso wahrscheinlicher ist es, dass Rechtsprechung im Volltext zu finden sein wird. So ist es viel schwieriger, Rechtsprechungsvolltexte der *Cours d'appel* (Berufungsgerichte) oder eines *Tribunal de grande instance* (Zivilgericht erster Instanz) zu erhalten, während die Volltexte relevanter Rechtsprechung der Obersten Gerichte (*Conseil d'Etat* oder *Cour de cassation*) viel leichter zu finden sind.

Legifrance kann in ihrer Gesamtheit bzw. eingegrenzt auf Teilbereiche (je nach Art des Inhaltes) durchsucht werden. Inhaltlich wird nach *Codes, Textes Consolidés, Journal officiell, Circulaires et instructions, Jurisprudence constitutionelle, Jurisprudence administrative, Jurisprudence judiciaire, Jurisprudence financière, Accords de branche et conventions collectives, Accords d'enterprises* und *CNIL* (Commission Nationale de l'Informatique et des Libertés) unterschieden. Die Suche kann als einfache und erweiterte Suche erfolgen.

Thematisch werden die Module *Droit national en vigueur* (nationales Recht in Kraft), *Publications officielles* (amtliche Veröffentlichungen), *Autour de la loi, Droit et jurisprudence de l'Union européenne* (Recht und Rechtsprechung der EU) und *Droit international* (internationales Recht) bereitgestellt.

Link: https://www.legifrance.gouv.fr/

Dalloz.fr ist eine fortlaufend aktualisierte kommerzielle Datenbank des **Verlages Dalloz** und bietet Zugriff auf mehr als 70 Dalloz-Gesetzessammlungen, die wöchentlich angereichert, annotiert und kommentiert werden, womit eine umfangreiche Dokumentation der Gesetzgebung in Frankreich vorliegt. Hinzu kommen 16 Verzeichnisse bzw. Enzyklopädien, die quartalsweise aktualisiert werden und 33 juristische Fachzeitschriften aus dem Hause Dalloz sowie deren Archiv. Unzählige Handbücher, mehr als drei Millionen Gerichtsentscheidungen, eine Formularsammlung mit über 1200 Dokumenten sowie das Dalloz-Nachrichtenarchiv zu aktuellen Rechtsentwicklungen in Frankreich runden das Angebot ab. In der *Bibliothèque Lefebvre Dalloz* (Extramodul) finden sich über 3300 Referenzwerke, insbesondere zum Zivilrecht, Arbeitsrecht, Gesellschaftsrecht, öffentlichen Recht (inkl. Verwaltungsgerichtsbarkeit) sowie Sozialrecht und zum internationalen Privatrecht Frankreichs u. v. m. Dabei handelt es sich jedoch ausschließlich um Werke, die aus dem Hause Dalloz kommen. Die Gesetzestexte und die Rechtsprechung können lizenzfrei in Dalloz.fr recherchiert werden.

Link: https://www.dalloz.fr

LexisNexis Frankreich enthält juristische Informationen in französischer Sprache, einschließlich Rechtsprechung, Gesetze und Zeitschriften (insgesamt über 16 Millionen Dokumente. Für die Suche (lexis 360 INtelligence) steht ein Thesaurus mit fast 160000 Begriffen zur Verfügung und die Suchmaschine greift auf zahlreiche Wörterbücher, Gesetzbücher und andere Werke sowie auf mehr als 450 Bände der Enzyklopädie *JurisClasseur* zu. Mit *JurisData Analytics* wird ein Dienst für die quantitative und prospektive Analyse der französischen Rechtsprechung bereitgestellt, die den klassischen Ansatz der Eingabe von Stichwörtern durch interaktive Datenvisualisierung und Korrelationsanalysen ergänzt. Mit seinen 33 Zeitschriften bietet LexisNexis eine große Auswahl an Titeln, die alle Rechtsgebiete abdecken.

Link: https://www.lexisnexis.fr

Lamyline ist eine Online-Plattform, die von der Lamy-Verlagsgruppe betrieben wird und umfassende juristische Informationen bietet. Sie beinhaltet Gesetzestexte,

Kommentare, Gerichtsentscheidungen, Zeitschriften und andere Fachpublikationen. Enthalten sind weiterhin über 5 Millionen Dokumente aus 16 Rechtsgebieten, die mittels einer intuitiven Suche recherchiert werden können.

Link: https://www.lamyline.fr

Schließlich sei noch auf eine Ressource hingewiesen, die sich dem französischen Recht über Frankreich hinaus widmet. **Juricaf** ist eine umfangreiche Online-Datenbank, die sich auf Rechtsprechung aus französischsprachigen Ländern spezialisiert hat. Sie enthält eine große Sammlung von Gerichtsentscheidungen, insbesondere aus Ländern mit französischem Rechtssystem, darunter Frankreich, Belgien, Schweiz, Kanada und zahlreiche afrikanische Länder. Die Datenbank umfasst Entscheidungen verschiedener Gerichtsinstanzen, einschließlich Verfassungsgerichten, obersten Gerichten, Berufungsgerichten und niedrigeren Gerichten. Die Entscheidungen werden in der Regel in der Landessprache veröffentlicht, können jedoch auch in anderen Sprachen verfügbar sein. Juricaf bietet Nutzer*innen die Möglichkeit, nach Entscheidungen anhand verschiedener Kriterien wie Rechtsgebiet, Gericht, Datum und Schlagworten zu suchen.

Link: https://juricaf.org

Im systematischen Ressourcenverzeichnis (am Ende dieses Buches) finden Sie auch vier wichtige Quellen bzw. Datenbanken zum Recht in **Luxemburg**.

2.4.1.3 Common Law

Bisher haben wir ausschließlich Jurisdiktionen des Statutory Law betrachtet. Wenden wir uns nunmehr dem Common Law zu. Das ist der in vielen englischsprachigen Staaten dominierende Rechtskreis. Im Gegensatz zum Statutory Law stützt es sich vornehmlich auf das Fallrecht (Präzedenzfälle) und wird durch richterliche Auslegung fortgebildet (Richterrecht). Das bedeutet jedoch nicht, dass es in Common Law Systemen keine Gesetze gibt. Vielmehr wird dieses durch das Statutory Law (gesetztes oder kodifiziertes Recht) ergänzt. Seine besondere Bedeutung hat das Common Law im internationalen Waren- und Dienstleistungsverkehr, da dies überwiegend Grundlage für die Vertragsschließung oder Schiedsgerichtsverfahren ist. Oftmals ist es für Jurastudierende besonders attraktiv, einen Zusatzabschluss im Common Law zu haben, da dadurch beispielsweise die Chancen auf einen Job in einer großen Anwaltskanzlei im Ausland erheblich steigen. Dazu muss Sie allerdings nicht mehr zwangsläufig in den USA oder UK studieren, werden doch mittlerweile an sehr vielen Universitäten in Deutschland auch Common Law-Studiengänge angeboten. Darüber hinaus erfordern die nationalen und internationalen Moot Court-Wettbewerbe Kenntnisse im Common Law, da zumeist das UN-Kaufrecht oder Aspekte der internationalen Schiedsgerichtsbarkeit Gegenstand sind, die erheblich durch das Common Law geprägt werden. Schließlich ist Englisch in der internationalen rechtswissenschaftlichen Forschung die dominierende Sprache. Der Markt an Quellen und Ressourcen zum Common Law ist riesig. Deshalb werden anschließend nur die Datenbanken und Quellen beschrieben, die an deutschen Universitäten oder Hochschulen weitestgehend gut verbreitet sind bzw. zur Verfügung stehen. Aufgrund Ihrer Bedeutung sollen diese jedoch etwas ausführlicher beschrieben werden.

Thomson Reuters Westlaw

Die Datenbank **Thomson Reuters Westlaw** (anfangs Westlaw International und zwischenzeitlich WestlawNext), die zur Vereinfachung nachfolgend nur Westlaw genannt werden soll, ist eines der führenden Online-Rechtsinformationssysteme für den anglo-amerikanischen Raum. Im Angebot stehen nahezu 2700 Einzelprodukte, so dass Westlaw besser als Datenbankkollektion bezeichnet werden kann. Diese bietet Zugriff auf Volltexte von Gesetzes- und Entscheidungssammlungen, Gesetzgebungsmaterialien und auf andere Rechtsquellen – angereichert um aktuelle und Businessinformationen. Es sind ca. 40000 Einzeldatenbanken in der Kollektion enthalten. Regional wird insbesondere der anglo-amerikanische Rechtskreis abgedeckt (USA → *Westlaw Classic*, Großbritannien, Kanada, Australien), aber auch internationales, europäisches und anderes ausländisches Recht (*Irland, Korea, Hong Kong, Mexiko, Neuseeland, Singapur* oder *Südafrika* etc.) sind enthalten. Es gibt sogar einen kleinen Bereich *Germany*, der sich allerdings auf die Open Access Zeitschrift *German Law Journal* beschränkt. Die Inhalte in Westlaw variieren je nach Lizenz bzw. gibt es ausgegliederte selbständige Westlaw-Datenbanken zu einzelnen Ländern oder Gebieten (z.B. **Westlaw Asia, Westlaw IE** für Irland, **Westlaw NZ** für Neuseeland). Wenn Sie genau wissen wollen, welche Inhalte in Ihrer Lizenz enthalten sind, können Sie über den Reiter *Tools* auf der jeweiligen Startseite auf *My Content* klicken oder sich über die *Profile Settings* darüber informieren. Dort wird Ihnen eine Liste aller in der Lizenz enthaltenen Datenbanken angezeigt, die Sie sich alphabetisch oder nach Inhaltstyp (z.B. *Cases, Dockets, Forms* oder *International* etc.) sortieren können. Der jeweils freigeschaltete Inhalt ist in der Liste verlinkt. Nachfolgend soll die Lizenz beschrieben werden, die gewöhnlich an Universitäten und anderen Forschungseinrichtungen sowie öffentliche Stellen vorhanden ist (Westlaw Classic). Folgende Inhalte sind besonders hervorzuheben:

Rechtsprechung
- USA (Federal & States) seit 1658
- Großbritannien seit (1220) 1865
- Kanada seit 1825
- Australien seit 1903 (High Court)
- Hongkong seit 1905
- Europäische Union seit 1954

Rechtsvorschriften
- USA vollständig inklusive aller Bundesstaaten
- Großbritannien seit 1267 (Statutes)
- Kanada vollständig
- Hongkong vollständig
- Europäischen Union seit 1952

Zeitschriften
- mehr als 1000 Rechtszeitschriften (z.B. Harvard Law Review, European Competition Law Review, Criminal Law Review etc.) und weitere Sekundärliteratur

Aufgrund der Fülle der in Westlaw enthaltenen Inhalte ist die Suche in dieser Datenbankkollektion besonders komplex. Eine Webseite mit Webinaren, Tutorials, Kurzeinführungen und einem User Guide etc. wird für die unterschiedlichen Bedarfe kostenlos im Internet angeboten (*sharpen your research skills*).

Link: https://training.thomsonreuters.com/legal-westlaw-classic

---

Nichtsdestotrotz sollen die Grundlagen der Recherche in Westlaw Classic beschrieben werden, damit Sie ein erstes Gefühl für die Suche in der Datenbank bekommen.

Auf der Startseite (*Home*) finden Sie zunächst ein „Inhaltsverzeichnis" aller Themenbereiche, die über Westlaw Classic abgedeckt sind. Das US-Recht ist in der Regel voreingestellt und über die Karteireiter können Sie sich den gesamten Inhalt (*All Content*), *Federal Materials*, *State Materials*, *Practice Areas* oder *Tools* anzeigen lassen. Über die *Practice Areas* ist beispielsweise ein thematisches Browsing zu Interessensgebieten möglich, bis Sie auf eine Liste mit den zehn aktuellsten Dokumenten des Themengebietes stoßen. Der Suchschlitz im Kopfbereich stellt sich dann automatisch auf eine Suche im gewählten Themenbereich ein und Sie können mittels des einfachen Suchschlitzes oder über die erweiterte Suche (*Advanced*) mit Ihrer Recherche fortfahren.

Beispiel: *Practice Areas → Immigration → Secondary Sources → Immigration Trial Handbook*

Innerhalb eines eingeschlagenen Pfades (unterhalb des Kopfbereiches mit dem Suchschlitz) können Sie übrigens immer wieder auf die höhere Ebene zurückspringen.

Unter dem Karteireiter *Tools* verbergen sich teilweise zusätzlich nützliche Anwendungen, die bestimmte Funktionalitäten bieten. Zunächst sei das *West Key Number System* kurz beschrieben (absolut etwas für Spezialisten). Dabei handelt es sich um ein Klassifizierungssystem des US-Rechts und es ermöglicht, Fälle nach entsprechenden rechtlichen Fragen und Themen strukturiert darzustellen. Über die *Key Number* kann Rechtsprechung schnell und effizient gefunden werden. Zunächst müssen Sie nach einer geeigneten Key Number suchen. Hierzu gehen Sie über den Reiter *Tools* in das *West Key Number System* oder klicken gleich auf der Startseite auf *Key Numbers*. Dort finden Sie eine alphabetisch sortierte Themenliste, innerhalb derer Sie sich bis zur untersten Ebene des Themas voranbrowsen können. Auf einer Endstufe angelangt, erhalten Sie eine Ergebnisliste mit der dazugehörigen Rechtsprechung, die Sie wiederum durchsuchen können. Der eingeschlagene Pfad wird Ihnen oberhalb der Ergebnisliste angezeigt und Sie können zu einer beliebigen übergeordneten Hierarchiestufe zurückspringen.

Beispiel: 150 Equity → 150 V. Evidence → 336 Rules of evidence and mode of proof in General

---

Besonders erwähnenswert ist der *Content Finder.* Wollen Sie sich verschiedenste Ressourcen (nicht Einzeldokumente) zu einem Thema anzeigen lassen, ohne eine detaillierte Suchanfrage absetzen zu müssen, können Sie dieses Tool gut verwenden, das für den Grobeinstieg wunderbar geeignet ist. Geben Sie beispielsweise „environmental law" (als Phrase) in das Titelfeld ein, bekommen Sie eine Liste mit ca. 230 Quellen (Einzeldatenbanken) aus Westlaw angezeigt, die das Umweltrecht thematisieren. Wenn Sie eine der Ressourcen anklicken, erhalten Sie erneut eine Liste der zehn aktuellsten Dokumente aus dieser Quelle und den voreingestellten Suchschlitz bzw. die erweiterte Suche, mit der Sie detailliert weitersuchen können. Es sind möglicherweise nicht alle Tools über die eigene Lizenz freigegeben. Bitte erkundigen Sie sich in Ihrer Bibliothek.

Ansonsten können Sie sich über das Menü, das von *Cases* über *Secondary Sources*, *Forms* und *Arbitration Materials* bis zu *News* und *International Materials* reicht, zu Ihrem Interessensgebiet vorarbeiten. Oder Sie nutzen die Suche über den Gesamtbestand.

Die **Suche** in Westlaw ist den modernen Recherchebedürfnissen für eine Datenbank angepasst. Sie ist allerdings nur in englischer Sprache möglich. Aus diesem

Grunde wird es unbedingt notwendig sein, dass Sie die englischsprachige Rechts-terminologie inklusive der gängigen Abkürzungen beherrschen.

Die einfache Suche erfolgt über den Suchschlitz im Kopf der Datenbank. In welchem Bestand Sie suchen, wird Ihnen links (teilweise ergänzend rechts) vom Eingabefeld angezeigt. Eine Wortergänzungs-/Wortvervollständigungsfunktion unterstützt Sie bei der Begriffssuche. Hier können Sie die folgenden Operatoren und Konnektoren benutzen, soweit Sie mit diesen bereits sicher umgehen können:

&	AND (UND)
or	OR (ODER)
„"	Phrase (genaue Wortfolge)
%	But not (NICHT)
!	Root expander (ersetzt Endungen oder Wortteile am Ende eines Suchbegriffs)
*	Universal character (ersetzt Buchstaben innerhalb eines Suchbegriffs)
/s	In same sentence (Suchbegriffe im selben Satz)
+s	Preceding within sentence (Suchbegriffe im selben Satz – gemäß der Reihenfolge der Suchbegriffe)
/p	In same paragraph (Suchbegriffe im selben Absatz)
+p	Preceding within paragraph (Suchbegriffe im selben Absatz – gemäß der Reihenfolge der Suchbegriffe)
/n	Within n terms (Suchbegriffe nicht mehr als n Wörter voneinander entfernt → n kann eine Zahl zwischen 1 und 255 sein)
+n	Preceding within n terms of (Suchbegriffe nicht mehr als n Wörter voneinander entfernt – gemäß der Reihenfolge der Suchbegriffe → n kann eine Zahl zwischen 1 und 255 sein)
#	Prefix to turn off plurals and equivalents

Hinweis: Bei den Booleschen Operatoren kann übrigens immer das Symbol oder das Wort benutzt werden (z. B. **&** oder **AND**). Bitte beachten Sie, dass das Leerzeichen bei Westlaw weder **AND** noch **OR** bedeutet. Vielmehr bewirkt die Verwendung des Leerzeichens, dass das System die Begriffe selbständig so kombiniert, dass möglichst logische Ergebnisse dabei herauskommen. Die Treffermenge liegt zwischen einer **AND**- und einer **OR**-Verknüpfung.

Für eine ganz komplexe Suchanfrage können zusätzlich auch noch die Feldoptionen der alten Version von Westlaw (*Fields*) für die Recherche verwendet werden.

CI( )	Citation
SO( )	Source
PR( )	Prelim
DT( )	Document
TI( )	Title
CA( )	Caption
TE( )	Text
AU( )	Author

Sind Sie im Umgang damit noch nicht sicher, wechseln Sie in die erweiterte Suche (*Advanced*), die Ihnen die Handhabung mit den Operatoren und Konnektoren sowie Feldoptionen insoweit abnimmt, als dass vorkonfektionierte Suchfelder angeboten werden. So ist beispielsweise im Suchfeld *All of these terms* eine &/AND/UND-Verknüpfung eingestellt. Eine komplexe Abfrage können Sie sich also auch durch die Verwendung der unterschiedlichen Eingabefelder erstellen, ohne die Operatoren oder Konnektoren selber eingeben zu müssen. Das Ergebnis Ihrer Suchanfrage wird Ihnen dann in der Suchzeile der einfachen Suche unter Verwendung der einzelnen Operatoren bzw. Konnektoren (inklusive Klammerung) in einem Suchstring aufgelöst. Schließlich wäre noch die Funktionalität *Term frequency* zu erwähnen, die sich jeweils hinter den Eingabefeldern der AND-, OR- und Phrasensuche befindet und mit der Sie weiter eingrenzen können. Auch die Feldoptionen wurden teilweise in die erweiterte Suche unter *Document Fields* integriert (*Date, Citation, Name/Title*). Welche Feldoption durch eine Eingabe in ein Suchfeld angesprochen wurde, wird im Suchschlitz der einfachen Suche wieder aufgelöst.

Nachdem Sie Ihre Suche ausgeführt haben, wird die Ergebnisliste angezeigt. In der linken Spalte können Sie eine bestimmte Inhaltskategorie (z. B. *Secondary Sources* → die Anzahl der Treffer in einer bestimmten Kategorie wird Ihnen immer in Klammern angezeigt) auswählen, womit Sie ihre Ergebnisliste entsprechend reduzieren. Am Ende der Inhaltskategorienauswahlliste steht immer die Gesamtzahl der gefundenen Dokumente. Standardmäßig werden die Treffer nach der gleichen Reihenfolge der Inhaltskategorien sortiert (beginnend mit *Cases* und am Schluss *Arbitration Materials* → s. g. *Overview*). Um die Standardsortierung zu ändern, wählen Sie unter *Set Default* eine andere Option (z. B. *Regulations*) aus der Dropdown-Liste aus. Wenn Sie diese Einstellung nach einer Suche vornehmen, muss diese nochmals ausgelöst werden. Ansonsten erfolgt die Sortierung innerhalb bestimmter Inhaltskategorien nach Relevanz. Über *Sort by* kann eine andere Sortierung (z. B. *Date* oder *Most Cited*) gewählt werden. Mittels des Funktionsblocks

NARROW (auch links) können Sie Ihr Suchergebnis weiter eingrenzen, indem Sie mit *Search within results* innerhalb Ihrer Ergebnisse suchen oder weitere Filter (z. B. *Jurisdiction, Date, Topic, Judge, Party* etc.) setzen.

Mit einem Klick auf den Kurztitel können Sie sich nun das Dokument im Volltext anzeigen lassen. Die in Ihrer Suche benutzten Begriffe sind in der Textvorschau und im Volltext jeweils gelb markiert (*Original terms*), wobei in der Textvorschau der Teil des Volltextes gezeigt wird, in welchem sich die höchste Konzentration der Suchbegriffe befindet. Mittels der über dem aktuell angezeigten Dokument platzierten *Original terms*-Pfeile ist es möglich, zu den einzelnen Suchbegriffen innerhalb des Dokumentes zu springen. An dieser Stelle können Sie auch *Best Portion* einstellen, womit Sie zu den besonders trefferrelevanten Stellen geführt werden. Sollten Sie die markierten Suchwörter eher stören, ist es möglich, diese Funktion mit *Hide Highlights* auszuschalten. Rechts auf dieser Serviceleiste werden Ihnen eine Suche im Dokument (*Search Text in this document* → Lupensymbol), Einstellmöglichkeiten für die Anzeige (*Display Options*), die Erzeugung eines *Permalinks* (eindeutige Westlaw-URL zum Dokument) mit *Copy link* oder die Kopie der Zitation mit *Copy Citation*, verschiedene Download-/Druckoptionen sowie ein Vollbildmodus angeboten. Schließlich finden Sie im rechten Seitenblock unter *Related documents* zusätzliche Informationen zum Thema oder dem ausgewählten Einzeldokument (entsprechend den Inhaltskategorien der linken Seite).

Es bleibt noch, besonders auf den **KeyCite**-Service hinzuweisen. Dabei handelt es sich um einen Zitierungsservice, der es unkompliziert möglich macht, sofort zu überprüfen, ob ein Fall, ein Gesetz, eine Verordnung oder eine Verwaltungsentscheidung noch geltendes Recht (*good law*) ist (US-Recht!). Der ganze Service rund um KeyCite verbirgt sich hinter den KeyCite-Tabs (*Filings, Negative Treatment, History, Citing References, Table of Authorities*), die sich unterhalb des Kurztitels eines Einzeltreffers (oberhalb der Serviceleiste) befinden. Aber bereits die KeyCite-Flags (oben im Dokument) ermöglichen es Ihnen, den Status eines Falles, eines Gesetzes, einer Verordnung oder einer Verwaltungsentscheidung auf einen Blick zu sehen oder ob es abweichende bzw. anderslautende Entscheidungen sowie Regelungen gibt. Der Tab *History* bietet eine bildliche (und textliche) Darstellung der Historie eines Falles. Gezeigt wird der Weg durch die Gerichtsinstanzen. Für Gesetze wird eine interaktive Zeitleiste angezeigt, die angibt, wann sich ein Gesetz geändert hat und durch welche Dokumente diese Änderung herbeigeführt wurde.

Link: https://lscontent.westlaw.com/images/banner/documentation/2009/KCataGlance.pdf

---

Sollten Sie im Rahmen verschiedener Suchen einmal den Überblick verloren haben, steht Ihnen über die Funktion *History* (oben rechts im Kopf der Datenbank) eine

Suchgeschichte zur Verfügung. Auch diese können Sie sich herunterladen oder ausdrucken.

Hinweis: Bei Bibliotheks- oder Campuslizenzen geht die Suchgeschichte mit der Beendigung einer Session verloren.

Westlaw UK

Obwohl auch zu Thomson Reuters gehörig, stellt **Westlaw Edge UK** (kurz Westlaw UK) ein autonomes Produkt dar. Die Datenbank bietet Volltextzugriff auf britische Gerichtsentscheidungen (teilweise in Auswahl ab 1220). Dazu gehören u. a. die Berichte des Incorporated Council of Law Reporting for England and Wales, des Scottish Council of Law Reporting und die von Sweet & Maxwell veröffentlichten Entscheidungssammlungen. Gerichtsentscheidungen einer Reihe von Gerichten (darunter der Court of Appeal und der High Court) sind am Tag nach der Urteilsverkündung (innerhalb von 24 Stunden) im Volltext online verfügbar. Außerdem enthält Westlaw UK die vollständig konsolidierten britischen Rechtsvorschriften im Volltext, darunter Gesetze seit 1267 und Statutory Instruments (SIs) seit 1948 sowie die Gesetzgebung für Schottland, Wales sowie Nordirland. In ca. 120 Rechtszeitschriften, die von renommierten Verlagen wie Sweet & Maxwell, Oxford University Press, Bloomsbury Publishing und anderen veröffentlicht werden, können tausende von Volltextartikeln und Zusammenfassungen recherchiert werden. Weiterhin haben Sie noch Zugriff auf das Primär- und Sekundärrecht der Europäischen Union und die dazu erlassenen Umsetzungsakte der Mitgliedsstaaten, die Entscheidungen des Europäischen Gerichtshofes und Dokumente zu aktuellen Rechtssetzungsakten der Europäischen Union. Die Inhalte sind je nach Lizenzumfang unterschiedlich. Erkundigen Sie sich diesbezüglich bei Ihrer Bibliothek.

Link: https://uk.westlaw.com/

Es gibt verschiedene Suchmöglichkeiten in Westlaw UK. Auf den Seiten von Thomson Reuters stehen Ihnen umfangreiche Informationen zu Suchstrategien dafür zur Verfügung.

Link: https://legalsolutions.thomsonreuters.co.uk/en/products-services/westlaw-edge-uk/training-support.html

Eine Suche ist nur in englischer Sprache möglich. Aus diesem Grund sollte auch hier die englischsprachige Rechtsterminologie beherrscht werden. Als hilfreiches Instrument bietet Westlaw UK den *Index of Legal Terms* an, über den Ihnen die Suche nach Definitionen und Abkürzungen in Rechtswörterbüchern (*Jowitt's Dictionary of English Law, Stroud's Judicial Dictionary of Words and Phrases, Osborn's Concise Law Dictionary*) sowie der Rechtsprechung, Gesetzgebung und den Zeitschriften in Westlaw UK ermöglicht wird.

Als ersten Schritt wählen Sie einen Inhaltsbereich (*Cases, Legislation, Journals, Current Awareness, Index of Legal Terms* oder *EU*) und ggf. einen Unterbereich aus oder browsen sich durch die Themenliste unterhalb der Suchzeile. Ohne Auswahl eines Inhaltsbereichs suchen Sie über den gesamten Inhalt von Westlaw UK, es sei denn, dass Sie über das Pull-Down-Menü neben dem Suchfeld von vornherein nach Inhaltstyp oder Thema eingrenzen. Der Informations-Button in der zentralen Suchzeile verbirgt die verwendbaren Operatoren und Konnektoren, die identisch zu denen in Thomson Reuters Westlaw sind. Die freie Texteingabe (ohne Operatoren und Konnektoren) entspricht der vormals natürlichsprachigen Suche und kombiniert die Begriffe nach einer bestmöglichen Logik. Die Suchen in den einzelnen Inhaltsbereichen stellen sich als erweiterte Suchen dar, deren Suchkategorien (noch über *More options* erweiterbar) an die Besonderheiten des Bereichs angepasst sind. Mit *Edit search* kann die Suche verändert und mit *Search within results* in der Ergebnisliste gesucht werden. In den Trefferlisten finden Sie alle relevanten Treffer zur Suche.

Weitere Eingrenzung sind über die Facetten *Content Type, Topic* und *Date* und ggf. verschiedene Rechtsprechungsquellen (*Jurisdiction*) möglich. Die Treffer in der Liste werden voreingestellt nach Relevanz sortiert, aber eine chronologische Sortierung ist gleichfalls möglich. Im Hinblick auf die Einzeltreffer stehen folgende Informationen und Funktionen zusätzlich zur Verfügung: z.B. *Case Analysis* (mit *Precedent map*), *Primary References, Commentary References* und *Practical References* für Rechtsprechung. Die Export- und Downloadfunktionen (*Email, Print, Download, Export to EndNote, Permalink*) sind selbstverständlich an jeder Stelle zu Hand.

Im Hinblick auf Einzeltreffer sollen noch die **Analytic** Tools besonders hervorgehoben werden, für die KI zum Einsatz kommt. *Case Analytics* hilft Ihnen bei der Fallrecherche durch eine aussagekräftige Datenvisualisierung, einen vollständigen Fallverlauf zu erstellen. Mit *UK Analytics* können Sie die Beziehungen zwischen beliebigen britischen Rechtsvorschriften untersuchen und erkennen schnell die Auswirkungen neu veröffentlichter Gesetze oder Gesetzesvorlagen, indem Sie sehen, welche britischen Gesetze diese ändern. *UK/EU Analytics* ermöglicht es Ihnen, die Umsetzungsbeziehungen zwischen EU-Richtlinien und dem britischen Recht auf einer interaktiven grafischen Oberfläche nachzuvollziehen. Und mit dem *UK-EU Divergence Tracker* können Sie sich über neue Unterschiede zwischen dem britischen und dem EU-Recht auf dem Laufenden halten.

Bei Nutzung der *Browse by Topic* Funktion werden Ihnen neben einer Suchmöglichkeit im ausgewählten Rechtsgebiet auch die letzten Entwicklungen und Schlüsselmaterialien zu diesem Bereich geboten. Unter *More resources* stehen z. B. Spezialmodule zum *Brexit*, schottischen Recht (*Scots Law*) oder *News* (aktuelle nationale und internationale Nachrichten) zur Verfügung. Und schließlich kann von der Recherchedatenbank noch in die Bereiche *Westlaw Books* (Auswahl an E-Books) und *Practical Law* (Spezialmodul für die anwaltliche Praxis) gewechselt werden.

LexisNexis

Als Alternative bzw. Konkurrenz zu Thomson Reuters ist **LexisNexis** am Markt, ein führender internationaler Anbieter von Informations- und Technologielösungen insbesondere auf den Gebieten Wirtschaft, Medien und Recht, wobei die Bereiche Business Development, Communications, Compliance, Consulting, Finance, Legal, Market Intelligence, Marketing, Mergers & Acquisitions, Patent, Research & Information, Risk Management und Sales als die wichtigsten Themen angesehen werden. Auch LexisNexis setzt zusehends auf den Einsatz von KI und bietet rein KI gestützte Produkte an. Dazu gehört **Lexis+ AI**, das seit Sommer 2023 auf dem US-amerikanischen Mark ist und im Januar 2024 zur Einführung in Kanada und Großbritannien angekündigt wurde. Zwar ist dieses Produkt derzeit noch stark auf die anwaltliche Praxis ausgerichtet, jedoch wird diese Technologie früher oder später auch die rechtswissenschaftliche Forschung prägen. Lexis+ AI verbindet die Suche nach Informationen zu juristischen Themen mit dem Bewertungs- bzw. Analyseprozess (z. B. durch die Zusammenfassung von Informationen und Dokumenten) bis hin zur Erstellung von „eigenen" Texten zu Kommunikationszwecken (E-Mail), der Anfertigung von Schriftstücken oder gutachterlicher Stellungnahmen etc. Damit wird die teilweise sehr komplexe und zeitaufwändige juristische Recherche vereinfacht und extrem verkürzt. Bei der Dokumentenerstellung werden die Nutzenden durch den gesamten Prozess der Abfassung eines juristischen Textes begleitet (von der Erstellung eines ersten Entwurfs bis zur Anpassung der Sprachform und des Tonfalls).

Einige Mitglieder der LexisNexis-Familie haben Sie ja bereits kennengelernt. Insgesamt kann dieser Anbieter auf mehrere Milliarden Dokumente aus etwa 40000 Informationsquellen zurückgreifen. So werden die Artikel wichtiger deutscher und englischsprachiger Rechtszeitschriften erfasst. LexisNexis stellt den Inhalt von tausenden Tageszeitungen, Wochenzeitungen und Zeitschriften im Volltext zur Verfügung. Aufgrund seiner Gründung in den USA liegt der inhaltliche Fokus von LexisNexis noch stark auf den Common Law-Ländern mit juristischen Volltexten aller Art (Entscheidungen, Aufsätze, aktuelle Rechtsnormen, andere amtliche Veröffentlichungen, Kommentierungen) zum anglo-amerikanischen Recht. Die territoriale Abdeckung der LexisNexis Produkte weitet sich jedoch immer mehr aus.

Die akademische Rechercheplattform für Studierende, Hochschulen und Bibliotheken ist **NexisUni**, hauptsächlich mit Angeboten zu nationalstaatlichen und internationalen Rechts-, Wirtschafts- und Firmeninformationen. Bei einer Suche wird aus über 15000 internationalen Nachrichten, Firmen und Rechtsquellen ausgewählt, wobei bezüglich der Rechtsrecherche der Schwerpunkt auf den Primär- und Sekundärquellen des anglo-amerikanischen Rechts liegt. So enthält die Datenbank eine umfassende Rechtsprechungssammlung einschließlich der Entscheidungen des U.S. Supreme Courts ab 1790. Territorial deckt sie die USA, das Vereinigte Königreich, Frankreich und die Vereinigten Arabischen Emirate ab. Bei den verfügbaren Materialien handelt es sich um Primärquellen wie Entscheidungen, Gesetze und Verordnungen, Sekundärquellen wie juristische Fachzeitschriften für Hintergrundinformationen und Analysen, internationale Verzeichnisse von Rechtsanwälten sowie internationale Konventionen und Abkommen. LexisNexis bietet außerdem Zugriff auf den hoch angesehenen Shepard's Citations Service (zurück bis 1789) für alle US-Bundes- und Bundesstaatsfälle sowie auf Gesetze, Entscheidungen und Konventionen aus den EUR Lex-Datenbanken an. Ausgewählte Rechtsmaterialien aus Kanada, Malaysia, Brunei, Hongkong und anderen Ländern sind ebenfalls verfügbar.

Extraservices machen dieses Angebot für Hochschulen besonders attraktiv. So besteht die Option, neben dem IP-authentifizierten Zugang ein *individuelles Nutzerprofil* anzulegen, um über die persönlichen Zugangsdaten *Alerts* aufzusetzen, *Suchen* zu speichern und *Lesezeichen* zu wichtigen Dokumenten zu setzen, so dass Ihnen die mühselig eingeholten Rechercheergebnisse auch über die Session hinaus erhalten bleiben. Sogar *kollaboratives Arbeiten* ist mit NexisUni möglich. Eine weitere Besonderheit liegt in der *Mehrsprachigkeit* der Datenbank, ist doch die Rechercheoberfläche in Englisch, Deutsch, Französisch und Niederländisch verfügbar. Darüber hinaus macht es die *Übersetzungsfunktion* (mit Google Translate) möglich, Ergebnisse in 57 Sprachen zu übersetzen. Die Quellen sind in einer Reihe von Originalsprachen verfügbar, darunter Englisch, Französisch, Spanisch, Niederländisch, Arabisch, Russisch und Chinesisch. Beachten Sie allerdings bitte, dass das keine autorisierten Übersetzungen sind, was bei der Zitierung berücksichtigt werden muss. Die Benutzungsoberfläche des Recherchetools ist in folgenden Sprachen verfügbar: Deutsch, Englisch, Französisch, Niederländisch, Portugiesisch und Russisch.

Die Suche in der Datenbank ist sehr intuitiv und alle Inhalte können in einem Vorgang durchsucht und über vielfältige Filteroptionen eingegrenzt werden. Zu diesen gehören beispielsweise eine *Zeitachse*, der *Publikationsort*, die *Publikationsart, Themen, Schlagwörter/Branchen, Regionen, Quellen, Sprache* und *Personen*. Druck und Downloadfunktionen sind bis zur Einzeltitelebene unkompliziert dargestellt, der Zitationsexport in verschiedenen Formaten erleichtert das Erstellen wissenschaftlicher Arbeiten.

Die einfache Suche in NexisUni ermöglicht sowohl die Suche in natürlicher Sprache als auch mit den bekannten Operatoren (UND, ODER, UND NICHT). Das Suchfeld erkennt zunächst, welche Art von Suche Sie durchführen möchten und führt die Suche entsprechend aus, ohne dass Sie angeben müssen, ob es sich um eine natürlich sprachliche Suche handelt oder eine mit Operatoren bzw. Konnektoren. Eine Liste der verwendbaren Operatoren und Konnektoren finden Sie in der Hilfe der erweiterten Suche. Auch in NexisUni kann die Ergebnisliste über verschiedenste Filtermöglichkeiten eingegrenzt werden. Bezüglich der detaillierten Recherchemöglichkeiten soll lediglich auf die Seiten *Support & Training* verwiesen werden.

Link: https://www.lexisnexis.com/en-us/support/nexis-uni/default.page

---

HeinOnline – Modern Link to Legal History

HeinOnline ist ein Produkt der William S. Hein & Co., Inc. und eine gute Ergänzung zu Thomson Reuters Westlaw oder NexisUni. William S. Hein & Co., Inc. ist ein rechtswissenschaftlich orientierter Fachverlag mit einer über 80-jährigen Verlagsgeschichte. **HeinOnline** ist seit dem Jahre 2000 auf dem Markt und hat sich nunmehr auch in Deutschland durchgesetzt. Ähnlich wie Thomson Reuters Westlaw ist HeinOnline im engeren Sinne keine Datenbank, sondern ein Portal bzw. ebenfalls eine Datenbankkollektion. Die einzelnen Bereiche werden hier allerdings *Library* genannt.

Link: https://home.heinonline.org/

HeinOnline enthält mehr als 210 Millionen Seiten an Rechtsmaterialien, die auf über 100 Datenbanken aufgeteilt sind. Der Fokus liegt eindeutig auf Quellen zu den Vereinigten Staaten von Amerika, Großbritannien und dem Commonwealth. Aber auch internationalrechtliche Ressourcen finden immer mehr Einzug in HeinOnline. Beachtlich sind die über 3300 anglo-amerikanischen und internationalen Rechtszeitschriften, die teilweise ab Erscheinungsbeginn enthalten sind.

Hinweis: Beachten Sie, dass jedoch einige Zeitschriften nicht vollständig enthalten sind. Bei diesen fehlen mindestens der aktuelle Jahrgang oder zwei bzw. drei weitere Jahrgänge (so genannte moving wall). Dieser Anteil wird jedoch immer kleiner.

Zusätzlich zu seiner umfangreichen Sammlung wissenschaftlicher Zeitschriften enthält HeinOnline die gesamten **Congressional Records**, das **Federal Register** und den **Code of Federal Regulations**, die vollständige Sammlung der **U.S. Reports** seit 1754 sowie ganze Datenbanken, die sich mit internationalen Verträgen, Verfassungen, Rechtsprechung, internationalem Handel, Außenbeziehungen, US-Präsidenten und vielem mehr befassen. Es gibt verschiedene Lizenzierungsmodelle für HeinOnline. Zur Grundausstattung (Core Subscription Package) gehören:

– Law Journal Library
– American Association of Law Libraries (AALL)
– Association of American Law Schools (AALS)
– Canada Supreme Court Reports
– Civil Rights and Social Justice
– Code of Federal Regulations
– Covid-19: Pandemics Past and Present
– Criminal Justice & Criminology
– Early American Case Law
– English Reports
– European Center for Minority Issues
– Federal Register Library
– Gun Regulation and Legislation in America
– Law Academy Project
– Legal Classics
– LGBTQ+ Rights
– Manual of Patent Examining Procedure
– Open Society Justice Initiative
– Pentagon Papers
– Revised Statutes of Canada
– Slavery in America and the World: History, Culture & Law
– Trends in Law Library Management and Technology
– U.S. Code
– U.S. Federal Legislative History Library
– U.S. Presidential Impeachment Library
– U.S. Presidential Library
– U.S. Statutes at Large
– U.S. Supreme Court Library
– U.S. Treaties and Agreements Library

Hinweis: Zusätzlich können (A-La-Carte) weitere Kollektionen hinzulizenziert werden: https://home.hein-online.org/content/

Nach dem Login wird Ihnen eine Liste mit den lizenzierten Datenbanken angezeigt. Durch einen Klick gelangen Sie in das jeweilige Angebot. Eine Suche über alle Inhalte ist mit *All Databases* möglich. Hierfür stehen ein einfacher Suchschlitz und eine erweiterte Suche (*Advanced Search*) zur Verfügung. Über den Link *Search Help* können Sie sich informieren, welche Operatoren Sie in HeinOnline für die Kombination von Suchbegriffen benutzen können und müssen. Als Ergebnis erhalten Sie eine Liste mit allen Treffern, die zunächst nach Relevanz geordnet sind. Verschiedene andere Sortiermöglichkeiten sind über den Pull Down Pfeil möglich. Im linken Bereich werden Ihnen Filter zur Eingrenzung der Ergebnisliste angeboten, die von Library zu Library variieren können.

Für jede Datenbank werden jedoch auch noch eigene einfache und erweiterte Suchen angeboten. Außerdem können Sie hervorragend durch alle Einzelangebote browsen. Für die *Law Journal Library* ist beispielsweise ein alphabetisches Browsing nach Zeitschriftentitel, Thema (*PathFinder Subjects*), US-Bundesstaat, Land, Editionstyp und Zitierhäufigkeit sowie Autorenprofil möglich.

Im Rahmen der *Advanced Search* können Sie verschiedene Arten von Suchbegriffen verwenden und diese mit den entsprechenden Operatoren verbinden sowie Ihre Suche gleich nach Themen, bestimmten Publikationen (z. B. Zeitschriften), Veröffentlichungsdaten sowie Dokumententypen einschränken. Mit dem *Keyword Search Builder* ist eine Gewichtung von Suchbegriffen, die für Ihre Suche von größerer Bedeutung sind, möglich. Über den *Citation Navigator* ist eine Zitationssuche absetzbar, jedoch müssen Sie die richtige Syntax für die Zitierung kennen. Sollten Sie die erforderliche Abkürzung (Abbreviation) für eine Zeitschrift einmal nicht genau kennen, wird Ihnen unter *Type Citation Here* (nach Eingabe von ein bis zwei Buchstaben) eine Vorschlagsliste angeboten.

Nach erfolgreicher Suche erhalten Sie eine Ergebnisliste, in der die Einzeltreffer zunächst nach Relevanz geordnet sind. Sie können sich aber eine andere Sortierung (*Sort By*) wählen (z. B. für Zeitschrifteninhalte: Veröffentlichungsdatum aufsteigend, Veröffentlichungsdatum absteigend, alphabetisch nach Dokumententitel, Zitierhäufigkeit, Zugriffshäufigkeit innerhalb der letzten 12 Monate, meist zitierte*r Autor*in).

Eine Eingrenzung Ihrer Trefferliste erreichen Sie über die Verwendung der Facetten (*Refine Your Search*) auf der linken Seite (z. B. für die Law Journal Library mit: *Date, PathFinder Subjects, Section Type, Location, Title, Country Published, Organization, Language, Person, Edit Type*, Availability, *State Published*), wobei durch das bloße Anklicken der entsprechenden Stelle und einer Unterfacette sowie der Betätigung der *Apply* Taste die Reduktion der Liste erfolgt. Dies kann beliebig fortgesetzt oder auch wieder aufgehoben werden. Eine Anzeige der gewählten Facetten erfolgt über der Ergebnisliste. Weiterhin besteht die Möglichkeit der Eingrenzung über die Ergänzung weiterer Suchbegriffe durch *Modify Search* oder die

Suche innerhalb der Ergebnisse mittels *Search Within Results* (siehe Icons neben der Sortierungswahl). Schließlich können Sie Ihre Suchanfrage auf alle Kollektionen in HeinOnline übertragen (*Search all Databases).*

Die *Einzeltreffer* in der Ergebnisliste bestehen aus einer Kurztitelaufnahme und geben eine Vorschau auf den Textteil, der Ihre Suchanfrage bestmöglich trifft. Unter *PathFinder Subjects* wird Ihnen die thematische Einordnung des jeweiligen Dokuments angezeigt und mit einem Klick auf einen entsprechenden Begriff werden Ihnen die relevanten Inhalte zu gerade diesem Thema vorgestellt, die in der gewählten *Library* zu finden sind. Mit *Turn to page* können Sie direkt zu der angezeigten Textstelle springen. *All Matching Text Pages* zeigt Ihnen alle Textpassagen im jeweiligen Treffer, die Ihre Suchbegriffe enthalten. Aus der Ergebnisliste heraus besteht die Möglichkeit des Downloads/Drucks als PDF oder als *Text* bzw. des Versands als *E-Mail* sowie der Speicherung im eigenen HeinOnline Account (MyHein). Zusätzlich erhalten Sie beispielsweise eine Information über die Zitierhäufigkeit eines Artikels (*Cited by ...*) oder die Anzahl der Zugriffe (*Accessed ... Times).*

Die Navigation durch das *Einzeldokument* ist sehr übersichtlich. Zunächst bekommen Sie immer nur ein *Image* (Bild) geliefert, bei dem Sie den Text nicht aus der Anzeige herauskopieren und danach bearbeiten können. Die Möglichkeit erhalten Sie jedoch, wenn Sie in der oberen Menüleiste auf das Icon *Text of This Page* klicken. Zusätzlich können Sie sich die genaue Zitierweise (*Cite*) in verschiedenen Zitierformaten für die aufgerufene Seite und die Artikel anzeigen lassen, die diesen Artikel zitieren (*Display ScholarCheck statistics for this page*), das gefundene Dokument in Ihr eigenes HeinOnline-Profil speichern (*Save to My Hein Bookmark*), downloaden oder ausdrucken sowie darin suchen (Lupensymbol) etc.

Hinweis: HeinOnline ist ein Datenbankangebot, das rasant wächst und immer wieder neue Funktionalitäten und Inhalte generiert. Um den Entwicklungen bestmöglich folgen zu können, lohnt es sich, gelegentlich den Bereich *What's New* zu besuchen.

Fazit: Für den anglo-amerikanischen Bereich haben Sie mit der Kombination aus **Westlaw** oder **LexisNexis** und **HeinOnline** einen hervorragenden Abdeckungsgrad.

Weitere umfangreiche Materialien und Inhalte zum Common Law werden durch die großen Rechtsverlage, die in diesem Rechtskreis tätig sind, angeboten. Dabei handelt es sich insbesondere um E-Book- und E-Journal-Kollektionen oder auch Datenbanken. Bezüglich der E-Book Kollektionen seien hier insbesondere **Oxford University Press / OUP**, **Cambridge University Press / CUP** und **Taylor & Francis** genannt. Die Links zu den entsprechenden Kollektionen finden Sie im Ressourcenverzeichnis im Anhang.

2.4.1.4 Und der Rest der Welt?

Die komplexe Vielfalt der Recherche in fremden Jurisdiktionen darzustellen, würde ein mehrbändiges Werk erfordern. Wie Sie bereits im ersten Teil (Basics) erfahren haben, ist das World Wide Web gefüllt mit Informationen, sehr guten Rechtsdatenbanken und anderen juristischen Inhalten. Da jedoch noch viele Inhalte im deep web verborgen sind, weil **Suchmaschinen** und auch **ChatGPT** (eine Anfrage nach Rechtsdatenbanken zu einem bestimmten Land ist teilweise erfolgreich) nicht direkt in Datenbanken hineinfragen können, ist es gerade für das ausländische Recht wichtig, sich einen guten Überblick zu verschaffen. Besonders hilfreich können hierfür Datenbanknachweissysteme oder Fachinformationsführer (subject gateways) sein. Natürlich gibt es auch in Bibliothekskatalogen die Möglichkeit, nach Datenbanken oder Internetquellen zu suchen, jedoch wird in Katalogen immer nur der „eigene" Bestand angezeigt. Außerdem nehmen nicht alle Bibliotheken oder Informationseinrichtungen auch freie Internetangebote in ihren Katalog auf. Darüber hinaus können Sie noch auf den Internetseiten Ihrer Fakultät oder Fakultätsbibliothek suchen, auf denen oftmals gute Linklisten angeboten werden. Schließlich sind auch an anderen Stellen bzw. bei anderen Einrichtungen Linksammlungen zu finden, die jedoch im Hinblick auf den Umfang, die Recherchemöglichkeiten und die Pflege sehr unterschiedlich sind. Zu den am besten gepflegten Portalen, die Beiträge oder Nachweise zum ausländischen Recht vorhalten, gehören **GlobaLex** und das **World Legal Information Institute** (WorldLII) mit teilweise sehr guten Unterportalen für einzelne Länder, Regionen bzw. Rechtskreise (z. B. ASianLII oder CommonLII). Dort finden Sie beispielsweise jeweils (soweit verfügbar) Informationen zur Gesetzgebung, Rechtsprechung etc. einzelner Länder.

Link: https://www.nyulawglobal.org/globalex/
Link: http://www.worldlii.org/

Für das Recht der EU-Mitgliedsstaaten steht übrigens **N-Lex** zur Verfügung. Mittels eines einzigen Suchformulars kann in den nationalen Rechtsdatenbanken gleichzeitig gesucht werden. Die konkreten Suchmöglichkeiten und Ergebnisanzeigen werden durch die nationalen Stellen festgelegt.

Link: https://n-lex.europa.eu/n-lex/

Schließlich soll noch auf die sehr breit aufgestellte kommerzielle Datenbank **vLex** verwiesen werden. Mit dieser Datenbank können Sie ca. 1 Milliarde Dokumente aus 100 Ländern durchsuchen, sofern Sie alle Ländermodule oder Regionen lizenziert haben. Folgende Hauptregionen werden über vLex abgedeckt: Nordamerika (Kanada, Mexiko, USA), Karibik (18 Karibikstaaten), Afrika (Südafrika, Nigeria), Europa

(EU, Frankreich, Großbritannien, Irland, Italien, Spanien, Portugal), Südamerika (Argentinien, Brasilien, Chile, Kolumbien, Ecuador, Paraguay, Peru, Venezuela), Mittelamerika (Costa Rica, El Salvador, Guatemala, Panama), Asien/Pazifik (Australien, Indien, Fiji, Hong Kong Malaysia, Sri Lanka, Papua-Neuguinea, Neuseeland, Singapur) etc. Dabei kann die inhaltliche Abdeckung von vLex je nach Region oder Land unterschiedlich sein. Besonders attraktiv ist die inhaltliche Abdeckung vieler Länder Mittel- und Südamerikas. Die Datenbank umfasst Gesetze, Rechtsprechung, Verordnungen und mehr aus verschiedenen Rechtsordnungen weltweit. Die Funktionsweise von vlex basiert auf einer benutzerfreundlichen und KI-unterstützten Plattform. In der Regel ist die Datenbank nach verschiedenen Kategorien und Rechtsgebieten strukturiert, was es den Nutzer*innen erleichtert, gezielt nach spezifischen Informationen zu suchen. Darüber hinaus bietet vlex oft Funktionen wie Notizen, Lesezeichen und die Möglichkeit, Dokumente zu markieren oder zu kommentieren. Zu den besonderen KI-gestützten Funktionen gehört z. B. eine Karte zu Präzedenzfällen mit einer visuellen Darstellung der Verbindung bzw. Verknüpfung zu anderen Fällen. Die Datenbank wird regelmäßig aktualisiert, um sicherzustellen, dass die Nutzer*innen Zugang zu aktuellen und relevanten Rechtsinformationen haben. Darüber hinaus bietet vlex zusätzliche Dienstleistungen wie News Feeds, juristische Schulungen, Webinare oder rechtliche Analysen an, um einen umfassenden Überblick über aktuelle Entwicklungen in verschiedenen Rechtsgebieten zu geben.

Link: https://vlex.com/

Ansonsten sei an dieser Stelle nochmals auf das **Datenbank-Infosystem (DBIS)** verwiesen, das auch Datenbanken oder E-Book-Pakete zum ausländischen Recht nachweist.

2.4.2 Recht der Europäischen Union

In vielen der bereits beschriebenen Datenbanken sind mittlerweile auch Inhalte zum Recht der Europäischen Union zu finden. Über die Vollständigkeit und Genauigkeit der aufgenommenen Daten kann oftmals keine konkrete Auskunft gegeben werden. Aus diesem Grunde empfiehlt es sich, auf die offiziellen Online-Angebote der **Europäischen Union** zurückzugreifen. Der große Vorteil ist, dass das gesamte europäische Primär- und Sekundärrecht nahezu vollständig frei online zur Verfügung steht.

Rechtsquellen des EU-Rechts
Bevor die Suche in den wichtigsten Zieldatenbanken des Rechts der Europäischen Union dargestellt wird, soll kurz die Rechtsquellenlage Gegenstand sein:

– Die als **Primärrecht** bezeichneten Gründungsverträge (z. B. der Vertrag über die Europäische Union (EUV), der Vertrag über die Arbeitsweise der Europäischen Union (AEUV) und die dazugehörigen Protokolle), Änderungs- und Zusatzverträge der Gründungsverträge und die Beitrittsverträge stehen auf der obersten Stufe der Normenhierarchie des Rechts der Europäischen Union. Mit dem Inkrafttreten des Vertrags von Lissabon 2009 zählt auch die Charta der Grundrechte zum Primärrecht. Die von der Europäischen Union mit Nicht-EU-Ländern abgeschlossenen völkerrechtlichen Verträge sind vom Primär- und Sekundärrecht getrennt und gehören zur Kategorie sui generis, kann jedoch dem Sekundärrecht übergeordnet sein, wenn diese Übereinkünfte eine unmittelbare Wirkung besitzen.

– Unter dem Primärrecht steht das **Sekundärrecht** (Verordnungen, Richtlinien, Beschlüsse, Empfehlungen und Stellungnahmen), das unterschiedliche Auswirkungen auf die nationalen Rechtsordnungen hat. So gelten **Verordnungen** unmittelbar in allen ihren Teilen verbindlich in allen Mitgliedsstaaten. **Richtlinien** bedürfen eines Umsetzungsaktes in das jeweils nationale Recht, gelten jedoch für die Mitgliedsstaaten verbindlich hinsichtlich ihrer Ziele. **Beschlüsse** gelten unmittelbar und verbindlich für die Adressaten (z. B. Einzelpersonen oder Unternehmen), während **Empfehlungen** und **Stellungnahmen** für die Mitgliedsstaaten nicht verbindlich sind, müssen jedoch von den nationalen Gerichten bei der Auslegung des Europarechts herangezogen und berücksichtigt werden.

– Als **subsidiäres Recht** werden die ungeschriebenen Quellen des EU-Rechts in Abgrenzung zu den Quellen des Primär- und Sekundärrechts bezeichnet. Diese Rechtsquellen (Rechtsprechung des EuGH, Völkerrecht, allgemeine Rechtsgrundsätze) werden im Wesentlichen als Rechtsnormen zugrunde gelegt, falls das Primär- und das Sekundärrecht keine entsprechende Grundlage bieten.

2.4.2.1 EUR-Lex

Als zentralen Einstiegspunkt zum Recht der Europäischen Union sollten Sie **EUR-Lex** benutzen. Dieses Angebot steht in allen Sprachen der Mitgliedsstaaten der Europäischen Union zur Verfügung.

Link: https://eur-lex.europa.eu

Insgesamt werden in EUR-Lex mehrere Millionen Dokumente vorgehalten, wobei die ältesten aus dem Jahre 1951 stammen. Suchen können Sie nach den Verträgen, internationalen Abkommen, Rechtsakten, dem Komplementärrecht, Vorarbeiten, der EU-Rechtsprechung und nach nationalen Umsetzungsmaßnahmen sowie nationaler Rechtsprechung, parlamentarischen Anfragen, konsolidierten Texten, sonstigen unveröffentlichten Texten und EFTA-Dokumenten. Eine zentrale Rolle spielt natürlich das Amtsblatt der Europäischen Union, welches Sie tagesaktuell abrufen können.

EUR-Lex kann kostenlos benutzt werden und Sie werden zunächst als Gastbesucher identifiziert. Es gibt jedoch auch einen Bereich für registrierte Benutzer*innen (Registrierung rechts oben neben der Sprachauswahl). Über das **Nutzer*innenkonto** können Sie die Expertensuche in Anspruch nehmen, personalisierte RSS-Feeds erstellen, Dokumente und Suchergebnisse speichern (die durch die Registrierung nicht verlorengehen), eigene Festlegungen für die Anzeige der Suchtrefferliste sowie Sucheinstellungen vornehmen, eine größere Anzahl von Dokumenten (Dokumente bis zu einer Größe von 5 MB mit Metadaten im CSV-, TSV-, Excel-, XML- oder PDF-Format) – ansonsten nur zehn Treffer – exportieren.

Das **Amtsblatt der Europäischen Union (ABl.)** ist das amtliche Veröffentlichungsorgan der Europäischen Union. Darin werden Rechtsvorschriften (*Reihe L*) sowie Mitteilungen und Bekanntmachungen (*Reihe C* mit der *Unterreihe CA*) veröffentlicht. In der Reihe L finden Sie die für die Mitgliedsstaaten verbindlichen Rechtsinstrumente (Verordnungen, Richtlinien und Beschlüsse/Entscheidungen), nicht verbindliche Instrumente (Stellungnahmen und Empfehlungen) sowie andere Instrumente (interne Vorschriften der EU-Institutionen, EU-Aktionsprogramme usw.). In der Reihe C (Mitteilungen und Bekanntmachungen) sind sonstige amtliche Dokumente der Organe, Einrichtungen und Agenturen der EU veröffentlicht (u. a. vorbereitende Rechtsakte, Ankündigungen, Zusammenfassungen von Urteilen des Gerichtshofs der Europäischen Union, Jahresberichten des Europäischen Rechnungshofs, Erklärungen des Europäischen Wirtschafts- und Sozialausschusses und des Europäischen Ausschusses der Regionen sowie Aufforderungen zur Interessenbekundung für Programme und Projekte der EU). Seit dem 1. Oktober 2023 besteht das Amtsblatt nicht mehr aus einer Sammlung von Rechtsakten mit einem Inhaltsverzeichnis. Vielmehr wird nun jeder Rechtsakt als einzelnes, verbindliches Amtsblatt im PDF-Format veröffentlicht.

Link: https://eur-lex.europa.eu/oj/direct-access.html
Hinweis: Beachten Sie, dass seit dem 1. Januar 2015 die EU-Rechtsakte anders nummeriert werden.
Link: https://eur-lex.europa.eu/content/tools/elaw/OA0614022END.pdf

Die seit dem 1. Juli 2013 veröffentlichte **elektronische Ausgabe des Amtsblatts (e-ABl.)** ist verbindlich und rechtsgültig. Hingegen hat die Papierfassung keine Rechtsgültigkeit mehr. Das e-ABl. ist mit einer elektronischen Signatur versehen, die seine Echtheit, Unverfälschtheit und Unveränderlichkeit garantiert. Diese kann mit **CheckLex** auf ihre Authentizität hin überprüft werden.

Link: https://checklex.publications.europa.eu/faces/VerifySignature.xhtml?lang=de

Auf der Einstiegseite von EUR-Lex wird Ihnen im Bereich rechts oben angezeigt, welche Rechtsakte der Reihe L und C für den jeweiligen Tag verfügbar sind. Mit einem Klick auf eine Amtsblattreihe gelangen Sie direkt zur Tagesansicht der Reihe und die Veröffentlichungen werden Ihnen (nach Art der Rechtsakte sortiert) angezeigt. Um direkt in die Tagesansicht eines anderen Tages der ausgewählten Reihe zu gelangen, können Sie die Kalenderfunktion neben dem aktuellen Datum verwenden. Über die Menüauswahl links können Sie zur Tagesansicht der anderen Reihe und zu den Services *Zugang zum Amtsblatt, Amtsblatt durchsuchen, Rechtsverbindliche Druckausgaben* und *Sonderausgaben* wechseln.

Unter dem Menüpunkt *Zugang zum Amtsblatt* finden Sie eine Auswahl der neuesten Ausgaben des Amtsblattes. Des Weiteren gibt es auf dieser Seite verschiedene Optionen, nach Ausgaben des Amtsblattes zu suchen. Einerseits kann *Nach Zeitraum* gesucht werden und andererseits gibt es eine Suche *Nach Fundstelle im Amtsblatt* mittels der Angabe nach *Jahr, ABl.-Reihe* und *Amtsblattnummer*. Die Option *Amtsblatt durchsuchen* ermöglicht eine erweiterte Suche nach Amtsblattinhalten mit verschiedenen Filtermöglichkeiten.

Ansonsten bietet EUR-Lex verschiedene Suchmöglichkeiten an, die von jeder Seite des Portals aus eingeleitet werden können. Die *Schnellsuche* ermöglicht die Suche nach Dokumenten und Verfahren durch eine Freitextsuche in einem einfachen Suchschlitz. Über die *Erweiterte Suche* können Sie Ihre Suche mittels verschiedenster Optionen vorab eingrenzen. Mit der *Expertensuche* sind komplexe Suchanfragen unter Verwendung aller verfügbaren Metadaten möglich. Bei einer *Schnellsuche* können Sie einzelne Wörter, einen Satz oder Zahlen in das Suchfeld eingeben, wobei in verschiedenen Feldern eine Volltextsuche durchgeführt wird: Titel, Dokumententext, Kennung, zugehörige Informationen etc. Dabei ersetzt der * mehrere Zeichen und ? lediglich ein Zeichen als Platzhalter. Mit „ " können Sie auch hier eine Phrasensuche absetzen. Die verwendeten Begriffe bleiben im Suchfeld der

Schnellsuche erhalten, so dass Sie Ihrer Suche Begriffe hinzufügen oder sie entfernen können.

Hinweis: Die Suche wird immer in der Dialogsprache durchgeführt. Ist Ihre Suchsprache Deutsch, erhalten Sie auch nur deutsche Suchtreffer.

Obwohl es eine automatische Suchwortergänzungsfunktionalität gibt, bietet sich bereits bei der Schnellsuche die Verwendung von Deskriptoren (Schlag- oder Schlüsselwörtern) an, die normiert sein sollten. **Normiertes Vokabular** der Europäischen Union steht Ihnen über **EuroVoc** zur Verfügung. Der EuroVoc ist ein multidisziplinäres Vokabular, das die Begrifflichkeiten der Tätigkeitsbereiche der Europäischen Union abdeckt und durchsucht sowie thematisch durchbrowst werden kann. Er steht in den 24 Amtssprachen der Europäischen Union zur Verfügung und enthält 21 Bereiche mit 127 Unterbereichen. Das Akronym *NT* vor einem Stichwort steht für *narrower term* (untergeordneter Begriff) und die darauffolgende Ziffer dient der Hierarchisierung von EuroVoc-Teilbereichen. Zum Auffinden der zu einem Themenbereich/Unterbereich vorhandenen Dokumente klicken Sie neben der Bereichsbezeichnung auf *Suche*.

Link: https://eur-lex.europa.eu/browse/eurovoc.html

Sollten Sie bestimmte Rechtsbegriffe aus einer der Amtssprachen der Europäischen Union in eine andere übersetzen müssen, ist die Terminologie-Datenbank **Inter-Active Terminology for Europe (IATE)** sehr hilfreich.

Link: https://iate.europa.eu

Für eine Suche in EUR-Lex ist es von großem Vorteil, den Aufbau der **CELEX-Nummern** zu kennen. Dabei handelt es sich um eine eindeutige Dokumentenkennung, die aus verschiedenen Teilen besteht:

a) Bereich: Dokumente in EUR-Lex fallen in einen von zwölf Bereichen, denen eine Ziffer oder ein Buchstabe zugewiesen ist (1 Verträge, 2 Internationale Abkommen, 3 Rechtsakte, 4 Ergänzende Rechtsvorschriften, 5 Vorarbeiten, 6 EU-Rechtsprechung, 7 Nationale Umsetzung, 8 Verweise auf die nationale Rechtsprechung mit Bezug zum EU-Recht, 9 Parlamentarische Anfragen, 0 Konsolidierte Fassungen, C Sonstige, im C-Amtsblatt veröffentlichte Dokumente, E EFTA-Dokumente)

b) Jahr: Die Jahresangabe bezieht sich auf das Jahr der Annahme des Dokuments.

c) Art des Dokuments: Jede Dokumentenart hat einen eigenen Deskriptor, der aus einem oder zwei Großbuchstaben besteht.

Link der vollständigen Liste: https://eur-lex.europa.eu/content/tools/TableOfSectors/types_of_docu ments_in_eurlex.html

d) Dokumentennummer: Den Abschluss bildet eine Dokumentennummer, die sich als amtliche Nummer (bei der Veröffentlichung im Amtsblatt vergeben), interne Nummer (vom Autor bzw. der Autorin des Dokuments vergeben) oder dem Datum der Veröffentlichung darstellt.

Beispiel: 32001L0029 ist die Richtlinie 2001/29/EG des Europäischen Parlaments und des Rates vom 22. Mai 2001 zur Harmonisierung bestimmter Aspekte des Urheberrechts und der verwandten Schutzrechte in der Informationsgesellschaft

Wo wir schon bei normierten Kennungen sind, sollen noch einige kurze Bemerkungen zu **ECLI** und **ELI** gemacht werden. Bei ECLI handelt es sich um den **European Case Law Identifier**, eine fünfstellige Kennung (der Abkürzung ECLI, dem Ländercode aus zwei Buchstaben, dem Gerichtscode aus 1–7 Zeichen, dem Jahr der Entscheidung sowie einer eindeutigen Kennnummer aus maximal 25 Zeichen zur Verbesserung des Zugangs zur europäischen Rechtsprechung. ELI ist der **European Legislation Identifier** und adressiert eindeutig Rechtsvorschriften der EU und zum nationalen Recht.

Link: https://eur-lex.europa.eu/content/tools/eli-ecli.pdf

EUR-Lex bietet auch eine *Erweiterte Suche* an. Hier können Sie eine gezielte Suche für einzelne oder mehrere Sammlungen in EUR-Lex formulieren. Dafür steht Ihnen eine Reihe von Suchfeldern zur Verfügung.

Zunächst müssen Sie auswählen, ob Sie über alle Dokumente in EUR-Lex suchen oder auf eine oder mehrere *Sammlungen* eingrenzen wollen. Um weitere Sammlungen zu sehen, klicken Sie auf *Mehrere Sammlungen wählen.* Haken Sie die Kästchen vor den Sammlungen an, die Sie in Ihre Suche aufnehmen möchten. Um Ihre Einschränkung auf bestimmte Sammlungen aufzuheben, klicken Sie auf *Zurücksetzen.* Für die einzelnen Sammlungen gibt es teilweise abweichende Suchfeldstrukturen. Allerdings ist das Feld *Textsuche* für alle Sammlungen gleich. Dort können Sie die Operatoren AND, OR und NOT verwenden und *Im Titel* bzw. oder/und *Im Text* suchen. In manchen Suchbereichen (z. B. *Dokumentennummer, Autor des Dokuments, Themenbereich*) sehen Sie ein [+]-Symbol. Dort erhalten Sie jeweils in einem Fenster eine Liste der verfügbaren Werte, Begriffe oder Namen. Bei einer hierarchisch geordneten Liste müssen Sie zunächst auf die Hauptkategorien klicken, um die Unterkategorien zu sehen. Alternativ können Sie auch einen Begriff in das Textfeld des geöffneten Fensters eingeben und auf *Filter* klicken. Wählen Sie die

Werte, Begriffe oder Namen durch Anklicken der entsprechenden Kästchen und klicken dann auf die Schaltfläche *Auswählen*. Diese erscheinen dann sogleich im entsprechenden Suchfeld. Hilfreich ist es, Ihre Suche mit Datumskriterien einzuschränken. Die einzelnen Datumsarten hängen von der ausgewählten Sammlung ab. Neben der Suche mit einem bestimmten Datum steht aber auch die Suche innerhalb eines bestimmten Zeitraums zur Verfügung. Mit *Alle Daten* suchen Sie nach allen Datumsarten, die im Aufklappmenü angezeigt werden.

Grundsätzlich wird die Anzahl der Treffer über der Ergebnisliste angezeigt. Für nicht registrierte oder nicht angemeldete Nutzer*innen wird die *Trefferliste* in einem Standardformat ausgegeben. Für Dokumente kommen demnach Titel (Hyperlink führt zum Dokument in der verwendeten Dialogsprache), Fundstelle der Veröffentlichung, ggfs. Status des Dokuments (z.B. in Kraft), Kennung (CELEX-Nummer), Sprachen (in denen das Dokument verfügbar ist), Form (z.B. Verordnung), Autor*in, Datum des Dokuments und Seitenzahl. Für Rechtsetzungsverfahren variiert die Anzeige etwas (z.B. Fundstelle des verfahrenseinleitenden Dokuments und das verfahrensleitende Dokument selbst (CELEX-Nummer mit einem Link) sowie ggfs. verabschiedete Rechtsakte (CELEX-Nummer) und der Verfahrensstatus). Über die Funktion *Angezeigte Informationen bedarfsgerecht anpassen* ist es möglich, sich das anzuzeigende Metadatenset individuell einzurichten, wenn Ihnen die Standardeinstellung zu wenig Metadaten liefert (Erweiterte Auswahl). Zur Anzeige aller dieser Daten müssen Sie auf *Mehr Informationen* des Einzeltreffers klicken. In der Standardeinstellung erfolgt die *Sortierung* der Treffer nach absteigender Relevanz. Nachgeordnet (also im Falle gleicher Relevanz) wird aufsteigend nach Dokumentenkennung (CELEX-Nummer) sortiert. Ändern können Sie die Sortierordnung, indem Sie im Aufklappmenü *Sortieren nach* über der Trefferliste ein anderes Sortierungskriterium auswählen. Welche Sortierkriterien zur Verfügung stehen, hängt wiederum von der Art der Suche und dem gewählten Bereich bei der erweiterten Suche ab. Für registrierte und angemeldete Nutzer*innen wird die Trefferliste in dem in ihren Sucheinstellungen festgelegten Format angezeigt.

Ihre Treffermenge können Sie mittels der *Suchfilter* im linken Menü z.B. *Nach Jahr des Dokuments*, *Nach Sammlung*, *Nach Art des Rechtsaktes*, *Nach Verfahrensart* etc. einschränken. Für jeden einzelnen Suchfilter wird in Klammern angezeigt, wie viele Treffer dieser enthält. Weitere Bereiche innerhalb der einzelnen Suchfilter werden dargestellt, wenn Sie das Aufklappmenü *Mehr anzeigen...* anklicken. Welche Suchfilter angeboten werden, hängt vom verwendeten Suchformular und von den dort eingegebenen Informationen ab. Ein Klick auf den entsprechenden Suchfilter aktualisiert die Suchtrefferliste unter Berücksichtigung des neuen Kriteriums. Die Auswahl mehrerer Suchfilter ist möglich. Unter *Ihre Auswahl* sehen Sie direkt über der Suchfilterliste links Ihre ausgewählten Suchfilter und können diese dort auch wieder zurücksetzen. Für registrierte Personen besteht die Möglichkeit, Suchkriterien zu speichern (*In „Meine Suchanfragen" speichern*), Benachrichtigungen zu konfigurieren (*In „Meine Benachrichtigungen" erstellen (RSS-Feeds)*) oder Dokumente zu speichern (*In „Meine Artikel" speichern*).

Treffer können über *Exportieren* in Auswahl (*Auswahl exportieren*) oder insgesamt (*Alle exportieren*) exportiert werden. Sollten Sie registriert und angemeldet sein, können Sie ein oder mehr Exportprofile speichern. Im Standardprofil stehen als Exportformat CSV, TSV, Excel, XML oder PDF zur Verfügung. Zusätzlich können Sie einstellen, welche Metadaten exportiert werden sollen. Hierfür sind die Metadaten in verschiedene Kategorien unterteilt. Über die *einfache Auswahl* werden nur die gebräuchlichsten Metadaten angeboten, bei der *erweiterten Auswahl* können Sie aus allen verfügbaren Metadaten wählen. Der Export ist auf bis zu 100 Dokumente begrenzt. Angemeldete Personen können allerdings bis zu 5 MB an Daten im CSV-Format exportieren.

EUR-Lex bietet auch eine *Expertensuche* an. Voraussetzung ist, dass Sie mit Ihrem *Mein EUR-Lex* angemeldet sind. Insgesamt ist diese sehr komplex und nur zu empfehlen, wenn der Umgang mit Deskriptoren und Operatoren sehr gut beherrscht wird. Denn im Unterschied zu den uns bisher bekannten Suchen muss die Anfrage hier komplett selbst zusammengestellt werden. Selbst die Verknüpfung der Suchbegriffe mit Booleschen Operatoren erfolgt nicht automatisch. EUR-Lex stellt eine ausführliche Hilfe für die Expertensuche zur Verfügung.

Link: https://eur-lex.europa.eu/content/help/search/expert-search.html

Ansonsten bietet Ihnen EUR-Lex einige neue Funktionen an, die sich derzeit noch im experimentellen Stadium befinden (Stand 02/2024). Dabei handelt es sich um ein **Deep Linking** (Verlinkung zu Rechtsakten, die in EUR-Lex Dokumenten erwähnt werden), eine **Visualisierung von Verbindungen** (alle Beziehungen zwischen einem Rechtsakt und den damit verbundenen Dokumenten graphisch auf einen Blick) und die **Ersetzung der CELEX-Kennungen durch Kurztitel** (Kurztitel für das Dokument anstatt der CELEX-Nummer). Um diese Funktionen nutzen zu können, haken Sie bitte auf der Startseite von EUR-Lex oder den Seiten der Einzelbereiche die Checkbox neben **Experimentelle Funktionen** (oben rechts) an.

Wie es bereits dargestellt wurde, gibt es unterschiedliche Formate für Suchmasken und Ergebnislisten der einzelnen Bereiche in EUR-Lex. Insgesamt stehen Ihnen über die Startseite von EUR-Lex fünf Bereiche für die Suche oder das Browsing in Sammlungen zur Verfügung:

Amtsblatt (oben rechts)
- ABl. Reihe L
- ABl. Reihe C
- Amtsblatt durchsuchen
- Rechtsverbindliche Druckausgaben
- Sonderausgabe

EU-Recht
- Verträge
- Rechtsakte
- Konsolidierte Texte
- Internationale Abkommen
- Vorarbeiten
- EFTA-Dokumente
- Rechtsetzungsverfahren
- Zusammenfassung der EU-Gesetzgebung
- EU-Institutionen
- EuroVoc

EU-Rechtsprechung
- Rechtsprechung
- Sammlung der Rechtsprechung
- Fundstellennachweis Rechtsprechung

Recht und Rechtsprechung national
- Nationale Umsetzung
- Nationale Rechtsprechung
- JURE-Rechtsprechung

Weitere Informationen
- Aktuelles
- Jüngste Entwicklungen auf EUR-Lex
- Statistiken
- ELI-Register
- Haushaltsplan online

Nachfolgend werden einzelne Bereiche mit den dazugehörigen Datenbanken bzw. Datenbankteilen beschrieben, die darüber hinaus essenziell für eine Recherche im Europarecht sind. Eine annähernd vollständige Übersicht zu Datenbankangeboten der Europäischen Union finden Sie im systematischen Ressourcenverzeichnis am Ende des Buches.

2.4.2.2 Rechtsetzungsverfahren

Was DIP für die Bundesgesetzgebung in Deutschland ist und Sie vielleicht noch unter dem Namen PreLex kennen, verbirgt sich hinter dem Menübereich *Rechtsetzungsverfahren*. Angeboten wird der Zugriff auf die verschiedenen Etappen des Rechtsetzungsverfahrens (institutionell oder intern) der Organe der Europäischen Union von der Vorlage bis zur Verabschiedung. Visuelle Zeitlinien verdeutlichen das Verfahren. Alle Handlungsschritte der beteiligten Organe und Einrichtungen können dort abgelesen werden. Sämtliche Treffer sind so gut mit anderen Dokumenten verlinkt, dass Sie sich nahezu alle während eines Verfahrens entstandenen Texte und Dokumente direkt abrufen können. Und vergessen Sie nicht, die *Experimentellen Funktionen* für diesen Bereich zu aktivieren. Ob diese Funktionen aktiv sind, erkennen Sie am Symbol des halb gefüllten Erlenmeyerkolbens (z. B. neben dem *Text* einer Verordnung).

Link: https://eur-lex.europa.eu/collection/legislative-procedures.html

Auch für die Rechtsetzungsverfahren stehen eine *Schnellsuche* sowie eine *Erweiterte Suche* zur Verfügung. Die Suchfeldstruktur ist den Rechtsetzungsverfahren angepasst. Sollten Sie mehr Informationen zu den Verfahren selbst und den Akteuren der Verfahren benötigen, finden Sie diese unter *Mehr Informationen zu Rechtsetzungsverfahren* auf der Startseite dieses Bereichs bzw. auf der Startseite von EUR-Lex unter *EU-Recht → EU-Institutionen*. Und genau dort finden Sie auch die Dokumente der einzelnen Einrichtungen und Institutionen (sortiert nach Dokumententyp und Jahrgängen). Ergebnisse werden im bereits bekannten Format der Ergebnisliste von EUR-Lex angezeigt.

Link: https://eur-lex.europa.eu/browse/institutions/institutions-intro.html

2.4.2.3 EU-Rechtsprechung/CURIA

Der Bereich *EU-Rechtsprechung* ist relativ selbsterklärend. Enthalten und durchsuchbar sind die Urteile und Beschlüsse des Europäischen Gerichtshofes zuzüglich der Stellungnahmen und Auffassungen der Generalanwälte sowie Stellungnahmen des Gerichtshofs zu Entwürfen von Vereinbarungen zwischen EU- und Nicht-EU-Ländern oder internationalen Organisationen. Angereichert sind die Dokumente mit rechtlichen Analysen, Links zu zugehörigen Informationen und teilweise mit

Zusammenfassungen von Entscheidungen sowie Verweise auf wissenschaftliche Artikel (*Informationen zum Dokument*). Wissenswert ist diesbezüglich, dass die Originalquelldatenbank insoweit nicht EUR-Lex direkt, sondern **CURIA** ist. CURIA ist die offizielle Webseite des Europäischen Gerichtshofs und präsentiert die Rechtsprechungssammlung des Gerichtshofs. Die Sammlung umfasst Urteile, Gutachten, Schlussanträge und Beschlüsse der Gemeinschaftsgerichte. Auch bestimmte nicht veröffentlichte Entscheidungen sind in CURIA nachgewiesen. Hinzu kommen Leitsätze, Informationen über nicht vollständig veröffentliche Entscheidungen sowie Mitteilungen über Rechtssachen.

Link: https://curia.europa.eu

Schließlich ist im Bereich *EU-Rechtsprechung* in EUR-Lex noch der *Fundstellennachweis Rechtsprechung* interessant. Dort können Sie sich thematisch der EU-Rechtsprechung nähern und es gibt eine systematische Übersicht der Fälle des Gerichtshofes und des Gerichts vor und nach Inkrafttreten des Vertrages von Lissabon (2009).

Link: https://eur-lex.europa.eu/browse/directories/new-case-law.html

---

2.4.2.4 Aktuelles und Presseraum

Für besonders aktuelle Informationen rund um Aktivitäten der Organe und Institutionen der Europäischen Union sollten Sie sich noch **Aktuelles** auf EUR-Lex ansehen.

Link: https://eur-lex.europa.eu/content/news/index.html

Der Presseraum des Sprecherdienstes der Kommission hält täglich aktualisierte Pressemitteilungen der Europäischen Kommission vor. Die Pressenachrichten werden oftmals mit weiteren Dokumenten verlinkt, so dass Sie auf hilfreiche Zusatzinformationen zugreifen können. Die Seite kann nach Stichworten, Datum, Art der Veröffentlichung, Politikbereich und Kommissionsmitglied gefiltert werden.

Link: https://ec.europa.eu/commission/presscorner/home/de

2.4.2.6 Europarechtliche Inhalte in kommerziellen Datenbanken

Auch in anderen (bereits vorgestellten) Datenbanken werden europarechtliche Inhalte vorgehalten.

Deutsche Datenbanken mit Europarecht

In **juris** sind die *Rechtsprechung* und *Vorschriften* aus EUR-Lex eingebunden, wobei Sie beispielsweise nach Auswahl der EUR-Lex-Rechtsprechung vorab einen Such-filter nach Gerichtsbarkeit setzen können. Europarechtliche Normen oder Recht-sprechung sind über die *Einfache* oder *Erweiterte Suche* – durch das Setzen von Filtern – direkt ansteuerbar. Hierfür gibt es unter *Rechtsgebiete* den Filter *Euro-parecht* und unter *Regionen* den Filter *Europa*. Ansonsten können zusätzliche Suchfelder mit europarechtlichem Bezug (z.B. ECLI) verwendet werden. Ein auto-matisches Angebot von Suchbegriffen (Wortvervollständigungsfunktion) funktio-niert auch für die Terminologie des Europarechts.

Beck-online hält schon über die Hochschullizenz ein umfangreiches Angebot zum Recht der Europäischen Union bereit. In den Fachmodulen *Europarecht Plus* und *Europarecht Premium* sind wichtige Kommentare zum Recht der Europäischen Verträge, zum Wirtschafts-, Wettbewerbs-, Arbeits- und Steuerrechtrecht sowie zum Grundrechts- und Menschenrechtsschutz der Europäischen Union und das *Handbuch des Europäischen Rechts* enthalten. Darüber hinaus befinden sich Zeit-schriften wie *EuR* und *EuZW*, die nach Sachgebieten geordnete Sammlung der Normen zum *EU-Recht*, umfangreiche *Rechtsprechung* der europäischen Gerichts-barkeit sowie unselbständige Literatur (Aufsätze) aus den Europarechtszeitschrif-ten des Beck-Verlages im Portfolio.

Wolters Kluwer Online unterteilt im Bereich *Rechtsvorschriften der Euro-päischen Union* in *EU-Primärrecht*, *EU-Richtlinien*, *EU-Verordnungen* und *EU-Sons-tige Rechtsakte*. Weiterhin enthält die Datenbank Entscheidungen des *EGMR*, *EuGH* und *EuG* sowie des *Gerichts für den öffentlichen Dienst*.

Ausländische Datenbanken mit Europarecht

Auch die vorab bereits näher dargestellten Datenbanken **Thomson Reuters Westlaw, HeinOnline** und **NexisUni** warten mit unterschiedlichen Angeboten zum Europarecht auf. Die offiziellen Datenbanken der EU können diese jedoch keines-falls ersetzen.

2.4.2.7 Das Europäische Justizportal (e-Justice)

Das **Europäische Justizportal** ist ein zentraler Einstiegs-, Informations- und Kommunikationspunkt für Bürger*innen, Unternehmen und Angehörige der Jus-tizberufe aller Mitgliedsstaaten der Europäischen Union. In 23 Sprachen und auf über 12500 Internetseiten stehen zahlreiche Informationen, Handlungsanleitungen und Formulare zum Thema Recht, Rechtsprechung, Justiz, Gerichtsverfahren sowie Register aus allen Mitgliedstaaten und die Gesetzgebung, Rechtsprechung sowie Gerichtsorganisation der EU zur Verfügung.

Link: https://e-justice.europa.eu

Folgende Bereiche sind besonders hervorzuheben:

- *Gerichtsverfahren* (Informationen über die Vorschriften zu Zivil- und Strafverfahren)
- *Klage vor Gericht* (Informationen zur Beschreitung des Rechtswegs in der EU - inkl. Mediation, Prozesskostenhilfe, Formulare etc.)
- Wie finde ich Angehörige der Rechtsberufe (Tools für die Suche nach Angehörigen der Rechtsberufe in EU-Ländern - inkl. Rechtsanwält*innen, Notar*innen, Übersetzer*innen, Dolmetscher*innen, Mediator*innen ec.)
- Fortbildungsnetze, justitielle Netze und Agenturen (Justizielle Aus- und Fortbildung und Netze für die Aus- und Fortbildung von Angehörigen der Rechtsberufe)

2.4.2.8 EU-Zentren

Damit auch alle gedruckten Publikationen der Europäischen Union in den Mitgliedsstaaten zur Verfügung stehen, hat die Europäische Kommission ein System von Depotbibliotheken eingerichtet, die **Europäische Dokumentationszentren** (EDZ) genannt werden. Deren Auftrag ist es, sämtliche Dokumente und Publikationen der Europäischen Union für die Forschung und Lehre, aber auch für alle Unionsbürger*innen frei zugänglich zu machen. In Deutschland gibt es derzeit über 20 EDZ, die in der Regel an eine Hochschule oder Universität angebunden sind. Erkundigen Sie sich vor Ort über die umfangreiche Sammlung und die Serviceleistungen. Es gibt aber auch noch andere EU-Zentren und Netzwerke (z. B. Netzwerk der Europäischen Verbraucherzentren - EVZ, das Europäische Migrationsnetzwerk oder EUROPE DIRECT-Zentren etc.), die Sie einfach über eine interaktive Karte des Services *Die Europäische Union in meiner Nähe* ermitteln können.

Link: https://europa.eu/european-union/contact/meet-us_de

2.4.2.9 Exkurs: Auslegung im Europarecht

Zwar folgt die Auslegung des Unions-/Gemeinschaftsrechts grundsätzlich eigenen Prinzipien, diese stimmen jedoch zu großen Teilen mit den nationalen Auslegungsmethoden überein. Hier sollen nur kurz einige Besonderheiten dargestellt werden. Wichtig ist beispielsweise, dass die **Rechtsvergleichung** einen sehr hohen Stellenwert bei der europarechtlichen Auslegung einnimmt.

Die **grammatische Auslegung** (Wortlaut) stößt aufgrund der Vielsprachigkeit des Rechts der Europäischen Union an seine Grenzen, da ein Rechtsbegriff in den verschiedenen Sprachen längst nicht immer den gleichen Wortsinn hat. An dieser Stelle müssen dann vorwiegend die Rechtsvergleichung und die teleologische Auslegung hinzugezogen werden. Der EuGH hat klargestellt, dass er sich an den Wortlaut der EU-Verträge hält.

Der so genannten **wertenden Rechtsvergleichung** bedient sich der EuGH bei der Auslegung des Primärrechts, da dieses aus politischen Gründen oftmals (bewusst) nur allgemeine Regelungen enthält, für die auf dem Wege des Vergleiches mitgliedsstaatlicher Regelungen ein gemeinsamer Nenner gesucht und gefunden werden muss.

Im Rahmen der **systematisch-teleologischen Auslegung** (die ein sehr starkes Gewicht besitzt) hat sich der EuGH dem Grundsatz des *effet utile* verpflichtet. Danach sind die Normen so auszulegen, dass sie ihre volle praktische Wirkung bzw. größtmögliche Effektivität entfalten können. Außerdem sind Grundsatzregeln weit und Ausnahmeregelungen eng auszulegen.

Zentrale Bedeutung bei der Auslegung kommt schließlich auch der **Rechtsprechung des EuGHs** zu. Ein hierarchisches Rangverhältnis besteht zwischen den Auslegungsmethoden nicht. Für deutsche Gerichte und Behörden gelten zusätzlich folgende Auslegungsregeln:

- Die **unionsrechtskonforme Auslegung** verpflichtet die Gerichte der Mitgliedsstaaten, das nationale Recht in Übereinstimmung mit den Anforderungen des Unionsrechts zu interpretieren und anzuwenden.
- Die **richtlinienkonforme Auslegung** verpflichtet dazu, das mitgliedsstaatliche Recht so auszulegen, dass es nach dem Wortlaut und Zweck der einschlägigen und umgesetzten Richtlinie ausgerichtet ist.

2.4.3 Das Recht der internationalen Organisationen und internationale Gerichtsbarkeit

Neben dem Europarecht nimmt auch das internationale Recht immer mehr Raum in der Ausbildung von Juristinnen und Juristen ein. Zumindest die Grundlagen des Völkerrechts und Völkervertragsrechts sollten nach der juristischen Universitätsausbildung bekannt sein. Ein besonderer Fokus wird hier zunächst auf das Recht der internationalen Organisationen gelegt werden. Bestimmte Einzelbereiche und die internationale Gerichtsbarkeit sollen jedoch auch kurz Berücksichtigung finden.

2.4.3.1 Exkurs: Auslegung völkerrechtlicher Verträge
Die Auslegung völkerrechtlicher Verträge erfolgt durch die Vertragsparteien selbst und gemäß der in Art. 31 ff. der Wiener Vertragsrechtskonvention festgesetzten

Regeln, wobei insbesondere die allgemeinen Grundsätze des Völkerrechts und des Völkergewohnheitsrechts zu berücksichtigen sind. Deutsche Gerichte und Behörden haben dem Grundsatz der völkerrechtsfreundlichen Auslegung zu folgen, wonach nationale Rechtsvorschriften im Konfliktfall in Übereinstimmung mit völkerrechtlichen Bestimmungen stehen müssen. Eine Ausnahme gilt nur dann, wenn sich der deutsche Gesetzgeber ausdrücklich zu einer Abweichung von völkerrechtlichen Bestimmungen bekannt hat.

2.4.3.2 Das Recht der Vereinten Nationen

Ähnlich wie zum Recht der Europäischen Union gibt es für die **Vereinten Nationen** sehr gute kostenfreie Angebote.

Der Zugang zu Dokumenten der Vereinten Nationen ist im Wesentlichen über zwei Datenbanken möglich, deren Funktionsweise nachfolgend beschrieben werden soll. Zuvor soll jedoch geklärt werden, welche Dokumente der UN überhaupt online zur Verfügung stehen, wobei immer mehr ältere Dokumente ergänzt werden:

–   Alle UN-Dokumente seit 1993 im Volltext einschließlich der Dokumente des Sicherheitsrats, der Generalversammlung und des Wirtschafts- und Sozialrats und ihrer Nebenorgane sowie Verwaltungserlasse und andere Dokumente
–   Resolutionen der Hauptorgane seit 1946
–   Dokumente des Sicherheitsrates seit 1946
–   Official Records der Generalversammlung (GAOR) seit 1946, inklusive
    –   Sitzungsprotokolle der Plenar- und Hauptausschüsse
    –   Ergänzungen
    –   Anhänge
–   Official Records des Wirtschafts- und Sozialrates (ESCOR) seit 1946, inklusive
    –   Plenarprotokolle
    –   Ergänzungen
    –   Anhänge
–   Official Records des Treuhandrates (TCOR) seit 1947, inklusive
    –   Plenarprotokolle
    –   Ergänzungen
    –   Anhänge
    –   Ausgewählte Reihen, darunter: Mitteilungen, Allgemeines, Informationen, Beobachtungen, Petitionen

Digitalisierte Periodika:
–   Charter of the United Nations (in 39 Sprachen)
–   Report of World Social Situation (1952–1993)

- United Nations Blue Book Series (1994 – 1996)
- United Nations Conference on International Organization documents (San Francisco Conference, 22 Bände)
- UN Statistical Yearbooks (1948 – 2017)
- Yearbook on Human Rights (1946 – 1988)

Zusätzlich sollten Sie wissen, wie die einzelnen UN-Dokumente identifiziert werden können, um gezielt danach zu suchen. Alle Dokumente der Vereinten Nationen werden mit einer eindeutigen **Dokumentennummer** (*symbol number*) versehen, an der – aufgrund ihrer Struktur – bereits die Herkunft des Dokuments und deren Art ablesbar ist. Diese befindet sich immer rechts oben auf jedem Dokument. Bei den Nummern handelt es sich um eine Abfolge alpha-nummerischer Werte, deren einzelne Elemente voneinander durch ein Trennungszeichen (/) separiert sind. Der erste Teil einer *symbol number* steht in der Regel für das verantwortlich zeichnende Organ der Vereinten Nationen (*series symbol*).

A/...	General Assembly (Generalversammlung)
S/...	Security Council (Sicherheitsrat)
E/...	Economic and Social Council (Wirtschafts- und Sozialrat)
ST/...	Secretariat (Sekretariat)
T/...	Trusteeship Council (Treuhandrat) / nur bis 1994

Einige Gremien haben spezielle Serien-Symbole, ohne dass die Zugehörigkeit zu einem Organ der UN sichtbar wird:

CRC/C/...	Committee on the Rights of the Child
DP/...	United Nations Development Programme
TD/...	United Nations Conference on Trade and Development
UNEP/...	United Nations Environment Programme

An zweiter Stelle folgen ggf. untergeordnete Gremien bzw. Strukturen:

.../AC. .../...	Ad hoc committee
.../C. .../...	Standing, permanent, or main committee
.../CN. .../...	Commission
.../CONF. .../...	Conference
.../GC. .../...	Governing council
.../PC/. .../...	Preparatory committee
.../SC. .../...	Subcommittee
.../Sub. .../...	Subcommission
.../WG. .../...	Working group

Zu den speziellen Komponenten gehört noch die Dokumentenart:

.../CRP. ...	Conference room paper
.../INF/...	Information series (e. g., lists of participants)
.../L. ...	Limited distribution (generally draft documents)
.../NGO/...	Statements by non-governmental organizations
.../PET/...	Petitions
.../PRST/...	Statements by the President of the Security Council
.../R. ...	Restricted distribution or access (unless subsequently derestricted)
.../RES/...	Resolutions
.../SR. ...	Summary records of meetings
.../WP. ...	Working papers

Es können aber auch Codes zur *Sitzungsperiode*, dem *Jahr* oder dem *Status* des Dokuments folgen:

.../50/...	Session
.../2003/...	Year; teilweise auch in Klammern hinter der laufenden Nummer
.../Add./...	Addendum (Nachtrag); in der Regel mit der Nummer des Nachtrages versehen
-/Amend...	Amendment (Novellierung)

.../Corr./...	Corrigendum (Korrektur); in der Regel mit der Nummer der Korrektur versehen
.../Rev.	Revision (revidierte Fassung)
.../Summary	Summarized version

Schließlich kommt immer noch eine laufende Nummer hinzu, die die Dokumentennummer vervollständigt. Die Abfolge ist jedoch nicht immer gleich:

Beispiele:
- S/RES/1674 (2006) = Resolution 1674 des Sicherheitsrates vom 28. April 2006
- A/56/347/Add.1 = Nachtrag 1 zum Dokument 347 der Generalversammlung der 56. Sitzungsperiode
- A/HRC/18/25 = Dokument Nummer 25 des Menschenrechtsrates der Generalversammlung aus der 18. Sitzungsperiode
- A/C.3/66/L.60 = Dokument mit der Nummer 60 des dritten Hauptausschusses der Generalversammlung aus der 66. Sitzungsperiode (begrenzte Verteilung)

Eine ausführliche Einführung für den Umgang mit den UN-Dokumentennummern finden Sie auf den Seiten der Dag Hammerskjöld Library.

Link: http://research.un.org/en/docs/find/documents
Tipp: Die einfachste Form der Suche nach einem UN-Dokument ist es, die Dokumentennummer an folgende Basis-URL anzuhängen: https://undocs.org/

2.4.3.2.1 United Nations Digital Library

Die **United Nations Digital Library** Digitale Bibliothek der Vereinten Nationen ist der Online-Katalog für UN-Dokumente und Publikationen. Sie umfasst UN-Dokumente, Abstimmungsdaten, Reden, Karten und Open Access-Publikationen. Außerdem bietet die Plattform Zugang zu den von der UN selbst herausgegebenen Materialien in digitaler Form und zu bibliographischen Datensätzen für gedruckte UN-Dokumente. Zu den Systemmerkmalen gehören verknüpfte Daten zwischen zugehörigen Dokumenten wie Resolutionen, Sitzungsprotokolle und Abstimmungen sowie die Verfeinerung der Suche nach UN-Organen, Agenturen oder Dokumententypen.

Link: https://digitallibrary.un.org

Auf der Startseite der United Nations Digital Library erwartet Sie eine einfache Suche (*Simple Search*), die vorab über den Ressourcentyp (*Documents and Publi-*

cations, Maps, Images and Sounds, Voting Data und *Speeches*) oder das UN-Organ (*Economic and Social Council, General Assembly, International Court of Justice, Secretariat, Security Council, Trusteeship Council, Human Rights Bodies, Economic Commissions, Programmes and Funds, Research and Training Institutions* oder *Other UN Bodies and Entities*) eingegrenzt werden kann. Neben den einzelnen Kollektionen steht die Anzahl der Dokumente, die enthalten sind. Mit einem Klick auf die jeweilige Oberkategorie (*Resource Type* oder *UN Bodies*) wird Ihnen genauer gezeigt, was in den Unterkollektionen enthalten ist. Ein Klick auf eine dieser Unterkollektionen zeigt alle Dokumente dieser Sammlung in einer Ergebnisliste an, wobei weiter nach *Resource type, UN Body* und *Date* gefiltert werden kann. Allein an diesen Filtermöglichkeiten wird die komplexe Struktur der UN klar. Egal, wie weit Sie schon eingegrenzt haben, können Sie von der Sicht der einfachen Suche in die Suchmaske der erweiterten Suche (*Advanced Search*) – mit zusätzlichen Suchfeldern – springen und die ausgewählte Kollektion durchsuchen. Zusätzlich ist noch die Suche in den Volltexten wählbar (muss eingeschaltet werden, da standardmäßig auf *Off*). Am Ende handelt es sich um eine sehr intuitive Varianz aus Browsing und Suche.

Die jeweiligen *Ergebnislisten* sind sehr übersichtlich und können weiter nach Ressourcentyp, UN-Organ oder Datum gefiltert werden. Ihr Suchwort bleibt in der Suchzeile erhalten, so dass Sie Ihre Suche durch das Hinzufügen weiterer Begriffe (unter Einsatz Boolescher Operatoren) verfeinern können. Sollten Sie eine andere Sortierung bevorzugen, ist diese im rechten oberen Bereich der Ergebnisliste über *Options* und unter *Sort by* veränderbar. Standardmäßig ist die Relevanzsortierung eingestellt. Über *Options* können Sie auch wunderbar eine oder mehrere Kollektionen zu Ihrer Suche hinzufügen, so dass diese unmittelbar mit den eingegebenen Begriffen durchsucht wird und die Ergebnisse angezeigt werden. In der Liste werden Ihnen die *Einzeltreffer* mit einem Vorschaubild des Dokuments (soweit verfügbar), dem Titel des Dokuments, einer Kurzzusammenfassung des Inhalts (soweit vorhanden), der Dokumentennummer, dem Veröffentlichungsdatum sowie der engsten Kollektionsbezeichnung angezeigt. Mit einem Klick auf den Einzeltreffer erhalten Sie noch zusätzliche Informationen zum Dokument, die unterschiedlichen Sprachversionen des Dokuments (Deutsch ist übrigens keine UN-Sprache) und den dem Dokument zugewiesenen Schlagworten (*Browse Subjects*), wobei diese verlinkt sind und Sie zu allen Dokumenten geführt werden, die mit diesem Schlagwort versehen sind. Darüber hinaus ist ein moderner *PDF-Reader* eingebaut. Die Dokumente sind in unterschiedlichen Formaten (*BibTeX, MARCXML, TextMARC, MARC, DublinCore, EndNote, NLM, RefWorks, RIS*) downloadbar. Registrierte Personen können Einzeldokumente in einer Liste speichern (*Add to Basket*).

Tipp: Wie auch bei EUR-Lex können Sie sich bei der United Nations Digital Library registrieren (*Login/ Create account*). Damit stehen Ihnen zusätzliche Funktionalitäten zur Verfügung. Z. B. wird Ihre Suchgeschichte aller Suchen der letzten 30 Tage gespeichert, Sie können sich eigene Kollektionen anlegen oder einen automatischen Alert einrichten, der Ihnen neueste Suchtreffer per E-Mail zusendet.

Für eine erfolgreiche Recherche in der United Nations Digital Library ist es von großem Vorteil, die dort verwendete Terminologie zu kennen. Der **Thesaurus** der UN Digital Library liefert Ihnen das standardisierte Vokabular, das für die sachliche Einordnung der Publikationen verwendet wird. Die Ergebnisliste zeigt Ihnen dann genau den gesuchten Begriff oder auch verwandte Begriffe in einer Liste an. Mit einem Klick auf einen Begriff erhalten Sie zusätzlich Informationen zu diesem Term und eine Verlinkung für die erweiterte Suche, so dass Ihnen der Begriff in die Suchmaske eingespielt wird sowie eine Anzeige aller Ressourcen, die mit diesem Begriff/Thema verknüpft sind (*Link to search*).

Link: https://digitallibrary.un.org/collection/Thesaurus

Um mit der Terminologie der UN zurechtzukommen, unterstützt Sie auch **UNTERM**, das offizielle globale Terminologieportal der Vereinten Nationen. Es bietet Terminologie und Nomenklatur zu Themen, die für die Arbeit der Vereinten Nationen relevant sind, (vollständig) in den sechs offiziellen UN-Sprachen - Arabisch, Chinesisch, Englisch, Französisch, Russisch und Spanisch -, um eine einheitliche Verwendung der offiziellen Begriffe der Vereinten Nationen im gesamten System zu gewährleisten. In Auszügen sind auch deutsche Begriffe enthalten (**DETERM**).

Link: https://unterm.un.org

2.4.3.2.2 ODS – Official Document System – Elektronisches Dokumentenarchiv

ODS wurde 1993 ins Leben gerufen und macht seither alle offiziellen Dokumente der Vereinten Nationen online zugänglich. Auch für den Zeitraum vor 1993 werden retrospektiv immer mehr Inhalte eingespielt. Außerdem beinhaltet die Datenbank die Resolutionen der Generalversammlung, des Sicherheitsrates, des Wirtschafts- und Sozialrates sowie des Treuhandrates seit 1946 sowie Sitzungsdokumente und Arbeitspapiere der UN-Haupt-, Hilfs-, und Nebenorgane. Nicht enthalten sind beispielsweise die Verkaufspublikationen, die Sammlung der internationalen Verträge, Pressemitteilungen und das Jahrbuch sowie Dokumente ohne Dokumentennummern. 2016 wurde ODS aktualisiert und steht seither auch in deutscher Sprache zur Verfügung. Die Suchoberfläche stellt sich als *Erweiterte Suche* dar. Insgesamt ist ODS gewissermaßen redundant zur United Nations Digital Library, bietet aber mit dem

Services *Tagesaktuelle Dokumente* und *Meistgeladene Dokumente* zwei interessante Zusatzdienste.

Link: https://documents.un.org

2.4.3.2.3 Depotbibliothekssystem der Vereinten Nationen

Wie bereits erwähnt sind noch nicht alle Dokumente und Publikationen der Vereinten Nationen online verfügbar. An manchen Stellen kann Ihnen die United Nations Digital Library nur einen bibliographischen Nachweis liefern. In diesem Fall sind Sie dann auf die Druckausgabe der Publikation angewiesen. Um die Dokumente und Publikationen der Vereinten Nationen möglichst weit zu verbreiten, betreibt das Sekretariat der UN ein **Depotbibliothekssystem.** Dabei werden sämtliche Druckerzeugnisse an bestimmte Bibliotheken kostenlos abgegeben. Zurzeit nehmen 348 Bibliotheken aus 135 Ländern daran teil, die verpflichtet sind, diese Bestände der Öffentlichkeit kostenlos für die Nutzung zur Verfügung zu stellen. Dort arbeiten auch die absoluten Experten für die Quellen der Vereinten Nationen. In Deutschland gibt es derzeit noch sechs UN-Depotbibliotheken in Berlin, Heidelberg, Jena, Kiel und München.

Link: https://www.un.org/en/library/page/united-nations-depository-library-programme

---

2.4.3.2.4 Deutscher Übersetzungsdienst der Vereinten Nationen

Da Deutsch keine UN-Sprache ist, sind die Dokumente in den einschlägigen Datenbanken nicht auf Deutsch recherchierbar. Um einen Beitrag zur internationalen Verständigung zu leisten, wurde durch eine Resolution der Generalversammlung der Vereinten Nationen aus dem Jahre 1974 der **Deutsche Übersetzungsdienst** eingerichtet (1975), der sich aus einem Treuhandfond der deutschsprachigen Mitgliedsstaaten Deutschland, Schweiz, Österreich und Liechtenstein finanziert. Übersetzt werden hauptsächlich aktuelle Resolutionen und Beschlüsse des Sicherheitsrats und der Generalversammlung, der Jahresbericht des Generalsekretärs sowie Ergebnisdokumente ausgewählter Konferenzen und andere wichtige Dokumente (einschließlich Publikationen), die ein breites Spektrum der Tätigkeiten der Vereinten Nationen abdecken und an denen großes öffentliches Interesse besteht oder deren Übersetzung von staatlichen Stellen angeregt wird. Die übersetzten Dokumente werden über die eigene Webseite und das Official Document System zugänglich gemacht. Der Deutsche Übersetzungsdienst ist auch zuständig für die in UNTERM integrierte Datenbank DETERM.

Link: https://www.un.org/Depts/german/de/

2.4.3.3 Das Recht anderer internationaler Organisationen

Artikel 52 Absatz 1 der Charta der Vereinten Nationen schließt das Bestehen regionaler Abmachungen oder Einrichtungen zur Behandlung derjenigen die Wahrung des Weltfriedens und der internationalen Sicherheit betreffenden Angelegenheiten nicht aus, bei denen Maßnahmen regionaler Art angebracht sind. Voraussetzung hierfür ist, dass diese Abmachungen oder Einrichtungen und ihr Wirken mit den Zielen und Grundsätzen der Vereinten Nationen vereinbar sind. Neben der Europäischen Union sollen auch einige andere internationale Organisationen bzw. Einrichtungen vorgestellt werden, die bestimmte Regionen oder die Staaten ganzer Kontinente verbinden. Diese Aufzählung ist längst nicht abschließend.

Die **Afrikanische Union (AU)** ist eine kontinentale, politische und wirtschaftliche Organisation, die im Jahr 2001 gegründet wurde. Sie entstand in Nachfolge der Organisation für Afrikanische Einheit (OAU) und hat das Ziel, die Integration, Zusammenarbeit und Entwicklung auf dem afrikanischen Kontinent zu fördern. 55 Mitgliedsstaaten sind in der AU vertreten. Die Afrikanische Union verfolgt eine breite Palette von Zielen, darunter die Förderung des Friedens und der Sicherheit auf dem Kontinent, die wirtschaftliche Entwicklung und Integration, die Förderung von Demokratie, Menschenrechten und guter Regierungsführung sowie die Zusammenarbeit in Bereichen wie Handel, Infrastruktur, Bildung, Gesundheit und Umwelt. Um ihre Ziele zu erreichen, verfügt die Afrikanische Union über verschiedene Organe und Institutionen, darunter die Generalversammlung, die Kommission der Afrikanischen Union, der Exekutivrat, das Panafrikanische Parlament und den Gerichtshof der Afrikanischen Union. Ein zentrales Anliegen der Afrikanischen Union ist die Förderung des Friedens und der Sicherheit auf dem Kontinent. Sie ist aktiv in der Konfliktprävention, Konfliktlösung und der Friedenssicherung. Ein weiterer Schwerpunkt der AU liegt auf der Förderung der wirtschaftlichen Integration und des Handels. Durch die Schaffung eines afrikanischen Binnenmarktes, die Förderung des Handels zwischen den afrikanischen Ländern und die Entwicklung von Infrastrukturprojekten wie Straßen, Eisenbahnen und Energie strebt die AU eine nachhaltige wirtschaftliche Entwicklung auf dem Kontinent an.

Das Recht der Afrikanischen Union (AU) umfasst eine Vielzahl von Instrumenten, die darauf abzielen, die Ziele und Grundsätze der Union zu fördern und zu verwirklichen. Ein zentrales Dokument ist die Afrikanische Charta der Menschenrechte und der Rechte der Völker, die die grundlegenden Menschenrechte und Freiheiten aller Personen in Afrika schützt. Ebenfalls von Bedeutung ist die Afrikanische Charta für Demokratie, Wahlen und Governance, die die demokratischen Grundsätze, freie und faire Wahlen sowie die Stärkung demokratischer Institutionen fördert. Des Weiteren spielt das Protokoll zur Einrichtung des Afrikanischen Gerichtshofs für Menschenrechte und Rechte der Völker eine wichtige Rolle. Dieser Gerichtshof ist zuständig für die Prüfung von Beschwerden über Verletzungen der Menschenrechte durch die Mitgliedsstaaten. Schließlich ist der Afrikanische Peer-Review-Mechanismus (APRM) ein Instrument zur Förderung von Demokratie, guter Regierungsführung und wirtschaftlicher Entwicklung. Er ermöglicht den Mitgliedsstaaten, sich freiwillig einer Überprüfung ihrer politischen, wirtschaftlichen und sozialen Systeme zu unterziehen.

Um Informationen über das Recht der Afrikanischen Union zu finden, können Sie die offizielle Website der Afrikanischen Union besuchen. Dort finden Sie Dokumente, Protokolle, Berichte und andere relevante Informationen (z. B. zum Pan-African Parliament, dem African Peer Review Mechanism und der African Commission on Human and People's' Rights).

Link: https://au.int/en/all-african-union-websites (Übersichtsseite)

Die **Association of Southeast Asian Nations / ASEAN** wurde 1967 von fünf Nationen gegründet: Indonesien, Malaysia, Philippinen, Singapur und Thailand. In den 1980er und 1990er Jahren traten fünf weitere Länder der ASEAN bei: Brunei Darussalam, Kambodscha, Laos, Myanmar und Vietnam. Die Ziele der ASEAN sind die Beschleunigung des regionalen Wirtschaftswachstums, die Erleichterung der sozialen und kulturellen Entwicklung und das Streben nach regionalem Frieden, Stabilität und Rechtsstaatlichkeit. ASEAN ist eine auf Verträgen basierende internationale Organisation. In den letzten Jahren spielte ASEAN jedoch eine wichtige Rolle bei der Vertretung der Interessen der am wenigsten entwickelten Länder Südostasiens, insbesondere nach dem Scheitern der Handelsgespräche in der Welthandelsorganisation (WTO) in Seattle. Durch den Aufbau von Außenbeziehungen zu den entwickelten Volkswirtschaften und anderen regionalen Handelsorganisationen hat sich die ASEAN aktiv für die Förderung des interregionalen Dialogs und der Zusammenarbeit eingesetzt.

Link: https://asean.org/

Im Gegensatz dazu ist die 1989 gegründete **Asia-Pacific Economic Cooperation / APEC** eine weitaus größere Vereinigung, die jedoch überwiegend wirtschaftliche Interessen verfolgt. Ziel der APEC ist es, Handels- und Investitionshemmnisse in der asiatisch-pazifischen Region zu beseitigen. Gegenwärtig besteht die APEC aus 21 Mitgliedsländern (Australien, Brunei Darussalam, Kanada, Chile, China, Chinesisch-

Taipeh, Hongkong, Indonesien, Japan, Korea, Malaysia, Mexiko, Neuseeland, Papua-Neuguinea, Peru, Philippinen, Russland, Singapur, Thailand, Vereinigte Staaten sowie Vietnam) und unterhält ein Sekretariat in Singapur, das aus den jährlichen Beiträgen der Mitgliedsländer finanziert wird. Auf die APEC-Mitgliedsländer, in denen ca. 30 % der Weltbevölkerung leben, entfallen rund 60 % des weltweiten Bruttoinlandsprodukts und fast 72 % des weltweiten Wirtschaftswachstums. Die APEC arbeitet auf der Grundlage unverbindlicher Verpflichtungen, eines offenen Dialogs und der gleichen Achtung der Ansichten aller teilnehmenden Volkswirtschaften. Im Gegensatz zu anderen regionalen Wirtschaftsorganisationen verfügt die APEC nicht über einen verbindlichen Vertrag, der einen institutionellen Rahmen für die wirtschaftliche Integration festlegt. Dennoch sollte der Einfluss der APEC auf die asiatisch-pazifische Region und die Weltwirtschaft nicht unterschätzt werden. Die APEC hat wesentlich zur Liberalisierung des Welthandels und der Investitionen beigetragen. Die häufigen Treffen der Staats- und Regierungschefs ihrer Mitglieder und der Austausch von Handelsinformationen innerhalb der APEC haben das gegenseitige Verständnis zwischen den am wenigsten entwickelten Ländern und den Industrienationen erleichtert.

Link: https://www.apec.org/

Die **Organisation Amerikanischer Staaten / OAS** ist eine regionale zwischenstaatliche Organisation, die sich aus 35 unabhängigen Staaten auf dem amerikanischen Kontinent zusammensetzt. Ihre Ziele sind vielfältig und umfassen die Förderung von Frieden, Sicherheit, Demokratie und wirtschaftlicher Entwicklung in der Region. Eines der primären Ziele der OAS ist es, die politische Stabilität und die friedliche Beilegung von Konflikten zwischen den Mitgliedsstaaten zu fördern. Die Organisation setzt sich auch für die Wahrung der Menschenrechte und Grundfreiheiten ein, einschließlich der Rechte von Minderheiten, Frauen und indigenen Völkern. Ein weiteres Ziel der OAS ist die Förderung von wirtschaftlicher Zusammenarbeit und Integration zwischen den Mitgliedsstaaten, um das Wachstum und die Entwicklung der Region zu unterstützen. Sie strebt nach gemeinsamen Maßnahmen zur Bekämpfung von Armut, Ungleichheit und anderen sozialen Herausforderungen. Die Organisation Amerikanischer Staaten besteht aus verschiedenen Organen, die unterschiedliche Funktionen und Aufgaben haben. An erster Stelle steht die Generalversammlung, das höchste Entscheidungsgremium der OAS, das Vertreter*innen aller Mitgliedsstaaten zusammenbringt, um über politische, wirtschaftliche und soziale Themen zu entscheiden und die allgemeine Politik der Organisation festzulegen. Darüber hinaus gibt es die konsultative Sitzung der Außenminister*innen, die als politisches Organ fungiert und insbesondere Themen wie Frieden und Sicherheit behandelt. Das Generalsekretariat ist das Exekutivorgan der OAS, das die Programme und Initiativen der Organisation unterstützt und für ihre Verwaltung verantwortlich ist. Die Interamerikanische Menschenrechtskommission (IACHR) ist ein autonomes Organ der OAS, das sich für den Schutz und die Förderung der Menschenrechte in der Region einsetzt, indem es die Menschenrechtslage in den Mitgliedsstaaten überwacht und Empfehlungen ausspricht. Der Interamerikanische Gerichtshof für Menschenrechte (IAGMR) ist das Gerichtsorgan der OAS und entscheidet über Fälle von Menschenrechtsverletzungen in den Mitgliedsstaaten. Zusätzlich gibt es das Interamerikanische Programm für die Entwicklung der Frauen (MESECVI), das die Gleichstellung der Geschlechter und den Schutz der Rechte von Frauen in der Region fördert.

Über die Webseite der OAS wird eine Dokumentensuchmaschine (Document-Search) angeboten.

Link: https://www.oas.org

Schließlich sei noch die **Oganisation of Islamic Cooperation / OIC** genannt, eine internationale Organisation, die 1969 gegründet wurde und aus 57 Mitgliedstaaten besteht, die sich hauptsächlich aus Ländern mit muslimischer Mehrheitsbevölkerung zusammensetzen. Die OIC hat ihren Hauptsitz in Jeddah, Saudi-Arabien, und dient als Plattform für politischen Dialog, wirtschaftliche Zusammenarbeit und kulturellen Austausch zwischen den Mitgliedsländern. Das Hauptziel der OIC ist es, die Interessen der muslimischen Welt zu fördern und zu schützen, sowie die Solidarität und Zusammenarbeit zwischen den Mitgliedern zu stärken. Zu den Hauptaktivitäten gehören die Förderung der wirtschaftlichen Entwicklung, die Bekämpfung von Armut und Ungerechtigkeit, die Förderung der Bildung, der Gesundheit und der sozialen Entwicklung in der muslimischen Welt. Die OIC spielt auch eine wichtige Rolle bei der Förderung des Friedens und der Sicherheit in der Region, insbesondere durch die Unterstützung von Konfliktlösungen. Die Organisation setzt sich für die Verteidigung der Rechte der Muslime weltweit ein und verurteilt Diskriminierung und Verletzungen der Menschenrechte, insbesondere Islamophobie und religiöse Intoleranz.

Link: https://www.oic-oci.org

Als kommerzielle Datenbank bietet **OXIO** (Oxford International Organizations) von Oxford University Press (OUP) eine umfassende digitale Plattform zum Recht der internationalen Organisationen an. Es besteht Zugriff auf eine umfangreiche Sammlung von kommentierten Dokumenten (darunter Verträge, Abkommen, Protokolle, Berichte, Resolutionen und andere offizielle Dokumente), Informationen und Daten der internationalen Organisationen weltweit. Diese Organisationen umfassen zwischenstaatliche, nichtstaatliche und supranationale Einrichtungen. Neben den Kerninformationen bietet OXIO auch zusätzliche Ressourcen wie Analysen, Artikel, Bücher und statistische Daten, die ein umfassendes Verständnis für die Arbeit und Struktur der Organisationen ermöglichen. Die Plattform verfügt über Suchfunktionen, mit denen Benutzer*innen nach spezifischen Organisationen, Dokumenten, Themen oder Ländern suchen können. Die Suchergebnisse werden übersichtlich präsentiert und können weiter gefiltert werden, um relevante Informationen zu finden. Die Datenbank wird regelmäßig aktualisiert, um sicherzustellen, dass auf die neuesten Informationen und Entwicklungen im Bereich der internationalen Organisationen zugegriffen werden kann.

Link: https://opil.ouplaw.com/home/OXIO

2.4.3.4 Das Recht spezifischer internationaler Organisationen

Neben den Vereinten Nationen spielen aber auch andere internationale Organisationen – mit ihren Regelwerken – eine besondere Rolle im internationalen Recht. Darüber hinaus soll in aller Kürze auf die internationale Gerichtsbarkeit eingegangen werden.

Die 1994 gegründete **World Trade Organization (WTO)** beschäftigt sich mit der Regulierung von weltweiten Handels- sowie Wirtschaftsbeziehungen und ist die Dachorganisation der GATT-, GATS- und TRIPS-Verträge sowie des Welthandelsabkommens. Außerdem nimmt die WTO mittels des *Dispute Settlement Body/Appelate Body* Streitschlichtung vor, welcher ein wichtiger Bestandteil des WTO-Streitschlichtungsverfahrens ist. Die Dokumentation verantwortet das Sekretariat der WTO. Über den Reiter *Documents, data and resources* der WTO-Webseite wird eine Suchmaschine (*Documents Online search facility*) angeboten.

Link: https://docs.wto.org/dol2fe/Pages/FE_Search/FE_S_S001.aspx

Am effektivsten ist auch hier die Suche mit einer Dokumentennummer, wie wir sie bereits ähnlich von der UN kennen. Wie diese aufgebaut ist, welche Kollektionen durchsucht werden können und welche Organe innerhalb der WTO agieren, erfahren Sie über den sehr gut aufgebauten *Guide to Documentation*.

Link: https://docs.wto.org/gtd/

Mit dem **TradeLawGuide** steht auch eine kommerzielle Datenbank zum internationalen Handelsrecht zur Verfügung. Sie bietet eine Fülle von Informationen zu Entscheidungen, Rechtsprechungen und Dokumenten im Bereich des Welthandelsrechts. Im Gegensatz zu den Webseiten der WTO handelt es sich bei dem TradeLawGuide hingegen um eine umfangreiche Datenbank mit Dokumenten im Bereich des internationalen Handelsrechts. Sie verfügt über erweiterte Such- und Filterfunktionen, Querverweise und Verknüpfungen zwischen verschiedenen Materialien sowie analytische Kommentare und Zusammenfassungen und bietet damit eine tiefergehende Analyse von Entscheidungen und Rechtsfragen, die weit über den reinen Inhalt der offiziellen Dokumente der WTO hinausgehen. Folgende Funktionen seien besonders hervorgehoben:

Der **Article Citator** erfasst die Bestimmungen von 72 WTO-Übereinkommen und -Instrumenten sowie anderen einschlägigen Verträgen. Benutzer*innen wählen eine Bestimmung aus und können sofort die gesamte einschlägige Rechtsprechung dazu finden, diese sortieren und anzeigen lassen. Der **Jurisprudence Citator** verzeichnet die Absätze und Fußnoten der gesamten WTO-Rechtsprechung. Ein Absatz oder eine Fußnote eines WTO-Berichts, eines Schiedsspruchs oder einer Entscheidung kann ausgewählt werden, und dann können alle Entscheidungen, die diesen Absatz oder diese Fußnote zitieren, sofort ermittelt und überprüft werden. Um ein effizientes Durchsuchen der Tausenden von Links zwischen verwandten Informationen zu ermöglichen, bietet TradeLawGuide eine umfassende, punktgenaue Referenzierung aller Inhalte. Dies bedeutet, dass die genauen Absätze oder Fußnoten der Dokumente, die Sie durchsuchen, angezeigt werden und hebt sich damit von den Webseiten der WTO besonders ab.

Link: https://www.tradelawguide.com/

Ein anderes Thema, das gerade in letzter Zeit wieder immer mehr in den Fokus internationalrechtlicher Forschung gelangt, ist das Humanitäre Völkerrecht. Besonders hervorzuheben ist diesbezüglich das bereits 1863 gegründete **Internationale Komitee vom Roten Kreuz (IKRK)**, dessen Mandat im Wesentlichen in den Genfer Konventionen von 1949 festgelegt wurde. Es ist eine unabhängige, neutrale Organisation, die sich den humanitären Schutz und die Unterstützung von Opfern von Krieg und bewaffneter Gewalt zur Aufgabe gemacht hat. In Bezug auf das internationale Recht setzt sich das IKRK für die Einhaltung des Humanitären Völkerrechts und dessen Umsetzung in den nationalen Rechtsordnungen ein. In diesem Zusammenhang organisiert und betreibt das IKRK drei Datenbanken zum Humanitären Völkerrecht.

Treaties, States Parties and Commentaries enthält die Texte der Verträge zum Humanitären Völkerrecht und damit zusammenhängende Dokumente sowie eine Liste der Staaten, die die Verträge unterzeichnet und/oder ratifiziert haben bzw. den Verträgen beigetreten sind (inkl. möglicher Vorbehalte oder Erklärungen der Vertragsstaaten). Sie enthält außerdem Kommentare zu den vier Genfer Konventionen von 1949 und ihren Zusatzprotokollen.

Customary IHL Database ist das Nachweisinstrument für das Humanitäre Völkergewohnheitsrecht mit 161 Regularien aus der IKRK-Studie von 2005 sowie deren Anwendungsrichtlinien.

National Practice Database enthält Gesetze und Rechtsprechung sowie andere Materialien zur Umsetzung der Verträge zum Humanitären Völkerrecht in das nationale Recht sowie die Verwaltungspraxis in den Vertragsstaaten. Die Datenbank ist nach Staaten sowie Themen gegliedert und für die meisten Dokumente gibt es eine Zusammenfassung, um das Nachschlagen zu erleichtern. Zwar ist die Auswahl nicht erschöpfend, bietet aber einen umfassenden Überblick über die von allen Staaten ergriffenen Maßnahmen zur Umsetzung des humanitären Völkerrechts.

Alle drei Datenbanken sind über eine gemeinsame Oberfläche, der *Search IHL Databases*, durchsuchbar. Sie können diese aber auch einzeln ansteuern.

Link: https://ihl-databases.icrc.org/en/search

2.4.3.5 Internationale Gerichtsbarkeit

Gehen wir nunmehr auf die **internationale Gerichtsbarkeit** ein.

Der 1945 gegründete **International Court of Justice** (Internationaler Gerichtshof / IGH) ist das Hauptrechtsprechungsorgan der Vereinten Nationen und entscheidet über Streitigkeiten von UN-Mitgliedsstaaten oder der Staaten, die das Statut des IGH ratifiziert haben. Die Zuständigkeit des IGH ist nur dann gegeben, wenn alle Parteien dies für die Angelegenheit anerkannt haben. Außerdem können die Generalversammlung und der Sicherheitsrat der UN sowie (unter bestimmten Voraussetzungen) die Unterorgane der UN-Rechtsgutachten beim IGH anfordern. Über die Homepage des IGH werden verschiedene Services angeboten. Beispielsweise findet sich unter dem Menüpunkt *Cases* eine Liste aller bisher entschiedenen Fälle, die in chronologischer Reihenfolge angezeigt werden.

Über *Document Search* können Sie relevante Dokumente zu den einzelnen Entscheidungen des IGH recherchieren. Die Suchoberfläche wird auf Englisch und Französisch angeboten. In diesen beiden Sprachen liegen auch die Dokumente vor (nur wenige in Originalsprache).

Link: https://www.icj-cij.org/en/advanced-search

Der **International Criminal Court** (Internationaler Strafgerichtshof / IStGH) ist eine von den Vereinten Nationen unabhängige internationale Organisation im völkerrechtlichen Sinne und legitimiert sich aus dem Römischen Statut des Internationalen Strafgerichtshofs von 1998. Der Gerichtshof zieht Einzelpersonen (nicht Staaten) für die nach Ansicht der internationalen Staatengemeinschaft schwerwiegendsten Verbrechen zur Verantwortung, nämlich Kriegsverbrechen, Verbrechen gegen die Menschlichkeit und Völkermord, sowie für das Verbrechen der Aggression. Der Gerichtshof ist nur für die Verbrechen zuständig, die nach dem Inkrafttreten seiner Statuten im Juli 2002 begangen wurden bzw. werden. Er kann seine Zuständigkeit aber nur dann ausüben, wenn ein nationales Gericht nicht in der Lage oder nicht willens ist, selbst tätig zu werden. Die erste Priorität liegt daher stets bei den nationalen Gerichten.

Für das internationale Strafrecht werden vom ICC zwei Datenbanken zu Recherchezwecken angeboten. Die **ICC Case Law Database / CLD** enthält Entscheidungen und Urteile des Internationalen Strafgerichtshofs. Sie bietet Zugang zu einer Sammlung von Rechtsprechung, die vom Gericht veröffentlicht wurde. Hier können Nutzer*innen Urteile, Beschlüsse, Begründungen und andere rechtliche Dokumente finden, die vom Gericht herausgegeben wurden. Die **ICC Legal Tools Database /LTD** hingegen ist eine umfassendere Plattform, die nicht nur auf Entscheidungen und Urteile des ICC beschränkt ist, sondern auch andere juristische Instrumente und Ressourcen enthält. Dazu gehören Verträge, Regelwerke, Gesetze, Verfahrensordnungen, Richtlinien, Handbücher und andere Dokumente. Die *Legal Tools Database* dient als zentraler Ort für juristische Materialien, die für die Arbeit des ICC von Bedeutung sind, und bietet einen umfassenden Zugang zu diesen Ressourcen. Durchsuchbar sind dort die Kollektionen *International Criminal Court Documents*, *Other International(ised) Criminal Jurisdictions*, *International Legal Instruments*, *Human Rights Law Decisions and Documents*, *Other International Law Decisions and Documents*, *National Criminal Jurisdictions*, *Publications*, *United Nations War Crimes Commission* und *International(ised) Fact-Finding Mandates*. Aber auch ein Browsing innerhalb der Kollektionen ist im Angebot. Damit fokussiert die ICC Case Law Database spezifisch auf Entscheidungen und Urteile des Gerichts, während die ICC Legal Tools Database eine breitere Palette von juristischen Ressourcen und Instrumenten zum internationalen Strafrecht umfasst.

Link: https://www.legal-tools.org/ bzw. https://www.legal-tools.org/cld

---

Schließlich sei noch auf Ressourcen zur internationalen Schiedsgerichtsbarkeit hingewiesen. Der **Permanent Court of Arbitration / PCA** (Ständiger Schiedshof) ist eine zwischenstaatliche Organisation (damit kein Gericht im eigentlichen Sinne), die nicht der UN zugehörig ist. Er bietet administrative Unterstützung bei internationalen Schiedsverfahren zwischen Staaten, staatlichen Stellen, internationalen Organisationen oder privaten Parteien an. Rechtsgrundlage für die Errichtung des

PCA ist das Abkommen zur friedlichen Erledigung internationaler Streitfälle aus dem Jahre 1899/1907. Auf der Webseite des PCA kann über *Cases* nach und in Verfahren und den dazugehörigen Dokumenten gesucht werden. Mittels verschiedener Suchparameter ist die Suche eingrenzbar. Über *Ressources* sind die *PCA Rules & Conventions*, *Other Rules & Conventions* (z. B. die UNCITRAL Arbitration Rules, Paris Arbitration Rules oder die International Labour Arbitration and Conciliation Rules etc.), *Instruments Referring to the PCA* und *Publications* (z. B. Annual Reports) abrufbar.

Link: https://pca-cpa.org

Hiervon ist der **International Court of Arbitration** der **International Chamber of Commerce** (Internationaler Schiedsgerichtshof der ICC) zu unterscheiden. Er ist das weltweit führende Schiedsgericht zur privatrechtlichen Streitschlichtung in Handels- und Wirtschaftssachen zwischen Unternehmen. Die Aufgaben des Schiedsgerichtshofes sind u. a. die Ernennung, Bestätigung oder Ersetzung von Schiedsrichtern, die Überwachung des Schiedsverfahrens, die Überprüfung und Bestätigung von Schiedssprüchen sowie die Festlegung von Kosten für die Schiedsverfahren. Grundlage hierfür ist die ICC-Schiedsgerichtsordnung, die in 14 Sprachen (auch in Deutsch) verfügbar ist. Als gute Einstiegsseite in dieses Thema lohnt sich der Besuch der Webseiten des **ICC Germany**.

Link: https://www.iccgermany.de/streitbeilegung-und-schiedsverfahren/

Als kommerzielles Produkt zur internationalen Schiedsgerichtsbarkeit ist **Kluwer Arbitration** von Wolters Kluwer zu erwähnen. Kluwer Arbitration enthält eine umfangreiche Sammlung von Schiedssprüchen und Gerichtsentscheidungen weltweit. Diese Fälle bieten Einblicke in verschiedene Aspekte des Schiedsrechts, einschließlich der Interpretation von Schiedsklauseln, der Durchsetzung von Schiedssprüchen und vielem mehr. Die Datenbank umfasst auch eine Vielzahl von nationalen und internationalen Gesetzen, Vorschriften und Regelwerken, die sich auf Schiedsverfahren beziehen. Dazu gehören nationale Schiedsgesetze, internationale Schiedsregeln wie die UNCITRAL-Schiedsregeln, die ICC-Schiedsgerichtsordnung und andere wichtige Regelwerke. Neben Fällen und Gesetzen bietet Kluwer Arbitration eine Vielzahl von Kommentaren, Analysen und Fachartikeln, die von renommierten Experten auf dem Gebiet des Schiedsrechts verfasst wurden. Diese Texte bieten eine vertiefte Analyse aktueller Entwicklungen, Trends und kontroverser Themen im Schiedsrecht. Die Datenbank enthält praktische Werkzeuge und Ressourcen, die in der Rechtspraxis dabei helfen, Schiedsverfahren effektiv zu managen. Dazu gehören Vorlagen für Schiedsklauseln, Checklisten für

Schiedsverfahren, Musteranträge und vieles mehr. Schließlich bietet Kluwer Arbitration auch aktuelle Nachrichten und Informationen zu Veranstaltungen, Konferenzen und Seminaren im Bereich des Schiedsrechts. Dies ermöglicht es, über die neuesten Entwicklungen und Trends auf dem Laufenden zu bleiben und sich mit anderen Fachleuten auszutauschen. Über die Such- und Recherchefunktionen kann nach relevanten Fällen, Gesetzen, Kommentaren und anderen Ressourcen gesucht und die Suchergebnisse können nach verschiedenen Kriterien gefiltert und sortiert werden. Der Verlag arbeitet u. a. mit dem International Council for Commercial Arbitration, dem Institute for Transnational Arbitration und der International Chamber of Commerce als Content-Partner zusammen.

Link: https://www.wolterskluwer.com/en/solutions/kluwerarbitration

---

Als themenübergreifende Rechtsprechungsdatenbank zum internationalen Recht gilt die kommerzielle Datenbank **Oxford Reports on International Law (ORIL)**. ORIL berichtet über die Rechtsprechung internationaler Gerichte, nationaler Gerichte und von Ad-hoc-Tribunalen zum internationalen Recht. Die Fallberichte enthalten den vollständigen Text jeder Entscheidung, eine Kopfnote sowie einen analytischen Kommentar. Auch englische Übersetzungen einer Reihe wichtiger nicht-englischsprachiger Entscheidungen sind enthalten. Darüber hinaus ermöglicht ORIL ein Cross-Searching mit der Max Planck Encyclopedia of Public International Law und Oxford Scholarly Authorities on International Law, zwei weitere wichtige Ressourcen zum internationalen Recht. Mit mehr als 5.500 kommentierten und analysierten Entscheidungen gilt ORIL als unverzichtbare Quelle für die Völkerrechtsforschung. Die Rechtsprechung in ORIL ist in sieben Module unterteilt, die einzeln lizenziert werden können:

- Oxford Reports on International Law in EU Courts
- Oxford Reports on International Trade Law Decisions
- Oxford Reports on International Law in Domestic Courts
- Oxford Reports on International Criminal Law
- Oxford Reports on International Human Rights Law
- Oxford Reports on International Investment Claims
- Oxford Reports on International Courts of General Jurisdiction

---

Link: https://opil.ouplaw.com/home/ORIL

2.4.3.6 Internationales Recht außerhalb internationaler Organisationen und Gerichtsbarkeit

Über die vorab besprochenen Datenbankangebote und Webseiten hinaus gibt es ein ausgesprochen breites Angebot an Medien und Ressourcen zum internationalen Recht von Rechtsverlagen, die auch das internationale Recht im Fokus haben. Dabei handelt es sich insbesondere um E-Book Kollektionen oder aber Datenbanken. Bezüglich der E-Book Kollektionen seien hier insbesondere **Oxford University Press / OUP**, **Cambridge University Press / CUP** und **Taylor & Francis, Edward Elgar Publishing, Brill, Wolters Kluwer, LexisNexis, Beck/Hart/Nomos** und **Springer** genannt. Die Links zu den entsprechenden E-Book-Kollektionen finden Sie im Ressourcenverzeichnis im Anhang. Gehen wir noch kurz auf zusätzliche Datenbanklösungen einiger dieser Verlage ein.

Oxford Bibliographies in International Law dienen als maßgebliche Orientierungshilfe für die nahezu unüberschaubare Informationsflut im Bereich des internationalen Rechts. Das komplexe System von Regeln und Prinzipien, das die Beziehungen zwischen Staaten und internationalen Organisationen wie den Vereinten Nationen oder der Europäischen Union regeln soll, ist voller Debatten und Kontroversen. Da die Wissenschaft auf diesem Gebiet so eng mit der Diplomatie verbunden ist, kann das riesige Angebot an potenziell einschlägigem Material, das dazu erscheint, kaum noch überblickt werden. Die Oxford Bibliographies in International Law bieten Forschenden auf allen akademischen Ebenen ein Werkzeug an, das ihnen hilft, aus der Fülle von Informationsquellen dasjenige Material herauszufiltern, das zuverlässig und für ihren Forschungsgegenstand von direkter Relevanz ist. Bitte beachten Sie, dass es sich dabei um eine Bibliographie (siehe 1. Kapitel) und nicht um eine Volltextdatenbank handelt.

Link: https://www.oxfordbibliographies.com/browse?module_0=obo-9780199796953

Hingegen enthält **Oxford Scholarly Authorities on International Law / OSAIL** Online-Volltextausgaben marktführender Nachschlagewerke, Kommentare und Abhandlungen, die von Oxford University Press veröffentlicht werden, wie z. B. *Oppenheim* und die *Oxford Commentaries on International Law*. Die Datenbank enthält auch Klassiker des Völkerrechts, die heute noch einflussreich in diesem Bereich sind und Flaggschiff-Publikationen, die innovative Perspektiven auf aktuelle Rechtsprobleme bieten. Alle Titel sind vollständig nach Thema, Titel und Autor durchsuchbar. Über den *Oxford Law Citator* sind sie mit den relevanten Fallberichten und Artikeln in allen juristischen Online-Produkten von Oxford University Press verlinkt.

Link: https://opil.ouplaw.com/home/OSAIL

OSAIL ist übrigens eine eigenständige Datenbank in einer Datenbankkollektion von OUP zum Völkerrecht, die sich **Oxford Public International Law / OPIL** nennt. In dieser Kollektion enthalten sind noch die *Max Planck Encyclopedia of Public International Law, Oxford Historical Treaties, Oxford International Organizations / OXIO* (siehe oben), *Oxford Reports on International Law /* ORIL (siehe oben) und die *Oxford Encyclopedia of EU Law /* OEEUL. Diese Datenbanken können einzeln oder im Paket lizenziert werden.

Link: https://opil.ouplaw.com/home/OPIL

Neben der bereits weiter oben beschriebenen Datenbank zur internationalen Schiedsgerichtsbarkeit (Kluwer Arbitration) bietet der Verlag **Wolters Kluwer** noch drei weitere Spezialdatenbanken zu internationalrechtlichen Themen an. Die Rede ist von *Intellectual Property Law, International Tax Law* und *International Competition Law.*

Link: https://www.wolterskluwer.com/en/solutions/kluwerlawinternational

Und schließlich werden auch über beck-online Zusatzmodule mit international-rechtlichen Bezügen angeboten, die nicht in der Basislizenz enthalten sind. Beispielhaft seien hier *Arbeitsrecht INTERNATIONAL, Zivilrecht PREMIUM International, Handels- und Gesellschaftsrecht INTERNATIONAL* und *Recht der Internationalen Wirtschaft (RIW)* sowie **Verfahrens- und Schiedsrecht INTERNATIONAL** genannt.

Link: https://beck-online.beck.de/Home/53716

3 Academic – Informations- und Datenmanagement

Nachdem ausführlich beschrieben worden ist, wo und wie Sie die für Ihre Ausbildung oder Forschung relevanten Informationen finden, benötigen Sie noch das Handwerkszeug, wie Sie Quellen und Ressourcen bewerten, verwalten und verwenden. Für diesen Bereich gibt es bereits andere umfangreiche Publikationen zum rechtswissenschaftlichen Arbeiten. Eine Auswahl an Veröffentlichungen dazu finden Sie im Literaturverzeichnis am Ende des Buches. Hier werden lediglich die Grundsätze zu folgenden Fragen dargestellt:

– Wie werden aus einer Vielzahl von Treffern verschiedener Quellen die autorisierten und wissenschaftlich relevanten herausgefunden und welche Kriterien sind dafür entscheidend?
– Was sind die Anforderungen an richtiges Zitieren und die Verarbeitung von geistigen Leistungen anderer?
– Auf welche Art und Weise können die bibliographischen Daten und Inhalte unkompliziert in Ihr Dokument überführt werden?

An dieser Stelle sei auch noch vorausgeschickt, dass je höher der von Ihnen angestrebte akademische Abschluss ist, die Erwartungen an Ihre Recherchestrategien und die wissenschaftliche Bewertung von Quellen steigt. Nur noch juris, beck-online oder Wolters Kluwer Online für die Quellensuche zu nutzen genügt dann schlichtweg nicht mehr. Vielmehr wird von Ihnen erwartet, dass Sie sich mit allen für Ihr Thema einschlägigen Ressourcen und Informationsmitteln auseinandersetzen. In Zeiten eines teilweisen Überangebotes an Informationen und Publikationen stellt dies eine sehr große Herausforderung dar, wofür Sie jedoch durch die Lektüre der Kapitel 1 und 2 gut konditioniert sein sollten.

3.1 Treffer bewerten

Im Rahmen Ihrer Informationssuche erarbeiten Sie sich oftmals eine Liste von Literaturangaben, die Sie auf die Relevanz für Ihre Arbeit prüfen sollten. In verschiedenen Datenbanken und Suchumgebungen wird bereits der Service angeboten, dass Sie sich die Textteile anzeigen lassen können, in denen Ihre Suchbegriffe kontextbezogen am häufigsten vorkommen. Weiterhin kann in verschiedenen Angeboten jeweils zum Suchbegriff oder den Suchbegriffen gesprungen werden bzw. sind diese farblich markiert. Bei Druckwerken ist es sinnvoll, zunächst das Inhaltsverzeichnis, die Einführung, das Schlusswort und das Sachregister durchzu-

https://doi.org/10.1515/9783111400068-004

sehen. Bei Aufsätzen sollten Sie vorab die Zusammenfassung lesen. All dies begründet jedoch noch keine Relevanz für die Bearbeitung Ihres Themas.

Auch **Rezensionen** bieten oftmals bereits einen guten Überblick sowie eine Bewertung einer Publikation. Darauf sollte man sich jedoch nicht immer verlassen, da die Rezension häufig von der wissenschaftlichen Arbeitsweise und fachlichen Meinung der Rezensentin bzw. des Rezensenten geprägt ist. Am häufigsten sind Rezensionen in den Rechtswissenschaften in Fachzeitschriften zu finden und damit auch in Datenbanken, die Zeitschriften im Volltext anbieten, die regelmäßig Rezensionen enthalten (z. B. beck-online). Neben Kuselit Online ist eine gezielte Suche nach Rezensionen beispielsweise über die **Internationale Bibliographie der Rezensionen (IBR)** möglich, die als Druckwerk zweimal jährlich erscheint und als Onlineausgabe für die Zeit ab 1985 angeboten wird. Die Onlineausgabe weist ca. 1,87 Millionen Rezensionen aus über 7000 ausgewerteten Zeitschriften (zumeist aus den Geistes- und Sozialwissenschaften) nach. Jährlich kommen ca. 60000 Eintragungen hinzu. Zum Portfolio gehören auch die wichtigsten deutschen und ausländischen Rechtszeitschriften.

Link: https://www.degruyter.com/database/IBR/html

Hinweis: Klappentexte, Inhaltsverzeichnisse, Inhaltsangaben oder Rezensionen werden – neben Schlagworten und fachlichen Klassifizierungen – durch moderne Onlinekataloge oder Discoverysysteme der Bibliotheken oftmals bereits angeboten (Kataloganreicherung), so dass Sie die Informationen aus einer Hand bekommen.

Bei der Gesamtbewertung und schließlich der finalen Auswahl von Inhalten sollten Sie allgemein berücksichtigen, wer die Veröffentlichung verfasst hat, wie und wo diese verlegt bzw. herausgegeben oder veröffentlicht wurde und natürlich, was der konkrete Inhalt der Publikation ist. Im Mittelpunkt der Betrachtungen soll das Verfassen einer Studienarbeit oder anderer wissenschaftlicher Arbeiten stehen.

3.1.1 WER?

Gerade mit dem zunehmenden Einsatz von Künstlicher Intelligenz (auch in der Rechtswissenschaft) und der damit verbundenen Möglichkeit, sich innerhalb weniger Momente Texte erstellen lassen zu können, rückt die Frage, wer für eine bestimmte Information oder wissenschaftliche Publikation verantwortlich ist, immer mehr ins Zentrum der Bewertung dieser Inhalte. Mit der Hilfe von KI kann bereits jetzt fehlendes Fachwissen kompensiert werden. Allerdings steht dahinter immer noch eine Person, die die mit der KI erzeugten Information bewerten und analysieren kann oder nicht. Gut ausgebildete, erfahrene und renommierte Jurist*innen werden KI ohnehin nur zur Optimierung ihres Recherche- oder Schreibprozesses nutzen und nicht, um die wissenschaftlichen Inhalte für ihre Publikation zu generieren. Zudem sind z. B. Hochschullehrende der guten wissenschaftlichen Arbeitsweise verpflichtet, haben sie doch einen „Ruf" zu verlieren. Aber auch bei der Erstellung von Qualifikationsschriften (z. B. Dissertation oder Habilitation) dürfen keine „handwerklichen Fehler" passieren, da diese Arbeit ansonsten nicht anerkannt oder gar später aberkannt wird. Deswegen kann dem Grunde nach zunächst davon ausgegangen werden, dass je höher der akademische Grad oder die Stellung in der juristischen Praxis einer Verfasserin oder eines Verfassers ist, desto eher können Sie von der wissenschaftlichen Relevanz und Akzeptanz der Ihnen vorliegenden Inhalte ausgehen. Der akademische Grad ist jedoch nicht der einzige Aspekt, der an dieser Stelle Berücksichtigung finden soll und muss. In verschiedenen Datenbanken (z. B. Web of Science, HeinOnline etc.) können Sie ermitteln, wie häufig eine Autorin oder ein Autor mit dem vorliegenden Werk von anderen zitiert wurde und welchen Einfluss diese Arbeit auf die Forschung anderer im Fachgebiet hatte. Dem liegt in der Regel eine Metrik zugrunde, die den Einfluss und die Produktivität von Personen in der wissenschaftlichen Gemeinschaft messen. Eine davon ist beispielsweise der **h-Index**, der sowohl die Produktivität als auch den Einfluss einer Forscherin bzw. eines Forschers berücksichtigen. Aber auch die veröffentlichende Institution, in deren Namen die Veröffentlichung erfolgt oder die sogar Herausgeberin ist, stellt ein wichtiges Bewertungskriterium bzgl. des WER dar. Damit sollen natürlich nicht die akademischen Leistungen von Nachwuchswissenschaftler*innen in den Schatten gestellt, sondern vielmehr eine Sensibilität hinsichtlich der Autor*innenschaft erzeugt werden.

Aber wie kann ansonsten mehr über eine bestimmte Autorin oder einen bestimmten Autor in Erfahrung gebracht werden? Dafür gibt es verschiedene Möglichkeiten. Auch hier bietet sich natürlich zunächst eine freie Internetrecherche an. Gerade wenn Autor*innen an einer Universität oder Forschungseinrichtung tätig sind, können Sie auf den persönlichen Webseiten häufig ein ausführliches Publikationsverzeichnis vorfinden. Daneben sind Bibliothekskataloge oder Discoverysysteme sehr gut für eine solche Recherche geeignet, da dort eine gezielte Suche nach einer bestimmten Autorin bzw. einem Autor möglich ist (Nachname, Vorname ist für die Suche besser!). Wenn Sie ein Werk einer Person in einem Katalog gefunden haben, ist der Name dieser Person in der Regel verlinkt, so dass Sie sich mit einem Klick auf diesen Link alle Werke der Person anzeigen lassen können. Schwierig wird es allerdings nur bei Namen, die sehr häufig vorkommen. Aber auch hierfür haben Bibliotheken eine Lösung. In Deutschland erhält jede Person, deren Publikation in die Sammlung einer Bibliothek und in deren Katalog aufgenommen wird, eine eigene Personen-ID, die in der **Gemeinsamen Normdatei (GND)** gespeichert wird. Damit können die Werke von Personen, die einen identischen Namen haben, unterschieden werden. International setzt sich immer mehr **ORCID (Open Researcher and Contributor ID)** durch. ORCID ist eine eindeutige, nichtproprietäre Kennung, die Forscher*innen dabei unterstützt, ihre wissenschaftliche Arbeit zu identifizieren und zu verwalten. Ähnlich wie ein Personalausweis für Forschende ermöglicht ORCID es, eine dauerhafte und eindeutige Identität über die gesamte wissenschaftliche Laufbahn hinweg zu etablieren. ORCID-IDs werden durch die Registrierung auf der ORCID-Plattform erstellt und können dann mit Forschungsergebnissen, Publikationen, Datensätzen und anderen wissenschaftlichen Aktivitäten verknüpft werden. Diese ID kann in verschiedenen wissenschaftlichen Systemen und Prozessen integriert werden, darunter Verlagsplattformen, Forschungsdatenbanken, Forschungsfinanzierungsinstrumente und Institutionen für die Evaluierung wissenschaftlicher Leistungen sowie Bibliothekskataloge. Die Nutzung von ORCID bietet zahlreiche Vorteile für Forschende, Institutionen und die wissenschaftliche Gemeinschaft insgesamt. Für Forschende erleichtert es die Verwaltung und Aktualisierung ihrer wissenschaftlichen Profile, ermöglicht eine einheitliche Zuordnung ihrer Beiträge und erhöht die Sichtbarkeit ihrer Arbeit. Institutionen können ORCID verwenden, um Forschungsleistungen zu verfolgen, Forschungsaktivitäten zu analysieren und Zusammenarbeit zu fördern. Darüber hinaus unterstützt ORCID die Transparenz und Integrität wissenschaftlicher Prozesse, indem es die Nachvollziehbarkeit von Forschungsbeiträgen verbessert und die Identitätsverwaltung erleichtert.

Link: https://orcid.org

Schließlich können Ihnen bzgl. des Aspekts WER auch noch die Aspekte *WAS?* und WIE/*WO?* helfen, wobei die Grenzen zwischen den einzelnen Bereichen teilweise fließend sind.

3.1.2 WIE bzw. WO?

Spätestens wenn Sie beginnen, selbst zu publizieren, werden Sie feststellen, dass es nicht unwichtig ist, wie bzw. wo Sie dies tun.

- *Der Verlag:* Wie in jeder Wissenschaft gibt es auch in der Rechtswissenschaft Verlage, die für das Verlegen bzw. Publizieren von hochwertiger wissenschaftlicher Literatur bekannt sind. Dabei handelt es sich teilweise um traditionsreiche Fachverlage, die sehr hohe Anforderungen an ihre Autorinnen und Autoren bzw. Herausgeberinnen und Herausgeber stellen. Teilweise haben sich die Verlage auch auf bestimmte Rechtsgebiete spezialisiert. Eine namentliche

Aufzählung verbietet sich an dieser Stelle. Sie werden jedoch schnell herausfinden, um welche Verlage es sich dabei handelt. Hierzu sollten Sie auch Ihre Hochschullehrerinnen und Hochschullehrer befragen, die größtenteils bei den einschlägigen Verlagen publizieren.

- *Schriftenreihe:* Genauso verhält es sich mit den Schriftenreihen, die wiederum von den renommierten Verlagen herausgegeben werden. Beispielsweise werden in den Schriftenreihen mancher Verlage nur ganz besondere Dissertationen (mit summa cum laude bewertet) oder Habilitationsschriften veröffentlicht, die einer besonderen wissenschaftlichen Bewertung standhalten müssen. Diese wird immer von den Herausgeberinnen und Herausgebern (auch oftmals Rechtsprofessorinnen und Rechtsprofessoren) durchgeführt. Sie sollten sich also informieren, von wem die Schriftenreihe herausgegeben wird. Andere Verlage hingegen publizieren auch weniger gut bewertete Hochschulschriften, zumal es ja auch eine Veröffentlichungspflicht für Qualifikationsschriften gibt, wobei durch die Autorinnen und Autoren aber ein teilweise nicht unerheblicher Druckkostenzuschuss geleistet werden muss.
- *Zeitschrift:* Den Wert einer wissenschaftlichen Zeitschrift macht das sogenannte Peer-Review-Verfahren aus. Alle eingereichten Artikel werden dabei zuvor anonym von einem Gremium von Fachleuten begutachtet (Herausgeber*innengremium). Die Ablehnungsquote ist bei manchen Zeitschriften so hoch, dass Autorinnen und Autoren ihre Aufsätze teilweise mehreren Verlagen zur Veröffentlichung anbieten müssen oder überhaupt nicht zur Veröffentlichung kommen. Für den wissenschaftlichen Wert bzw. Einfluss einer Zeitschrift gibt es übrigens auch eine Metrik, die **Journal Impact Factor (JIF)** genannt und in der Datenbank Journal Citations Reports erfasst wird. Der JIF gibt an, wie oft die Artikel einer bestimmten Zeitschrift in anderen wissenschaftlichen Publikationen durchschnittlich pro Jahr zitiert werden. Damit gibt er übrigens nicht wirklich Auskunft über die Qualität der Artikel eine Zeitschrift (Zitierkartelle, Größe der Community etc.), weshalb der JIF teilweise kritisch gesehen wird. Oftmals stehen Open Access-Zeitschriften immer noch im Verdacht, keine vollwertigen Journale zu sein, was mittlerweile jedoch überholt ist. Jedenfalls gilt das für die Zeitschriften, die beispielsweise im DOAJ gelistet sind. Anders verhält es sich mit den so genannten „predatory publishings" oder „fake journals", unseriösen Geschäftsmodellen von Verlagen oder Zeitschriftenherausgebern, die den Autorinnen und Autoren Article Processing Charges (APCs) berechnen, ohne die dafür versprochenen Leistungen (wie z. B. Peer Review oder Lektorat etc.) zu erbringen, denen die Qualität der Beiträge also vollkommen egal ist. Teilweise werden sogar Herausgeberinnen oder Herausgeber benannt, die mit dieser Zeitschrift nichts zu tun haben oder der Zeitschriftentitel bzw. das Layout ist von einem international anerkannten und renom-

mierten Journal kopiert oder leicht abgewandelt. Schließlich ist oftmals eine zuverlässige Langzeitverfügbarkeit der Artikel nicht gewährleistet. Aus eben diesen Gründen ist „fake journals" mit größter Skepsis zu begegnen. Lassen Sie sich diesbezüglich in Ihrer Bibliothek beraten.

– *Amtliches Schrifttum:* Dokumenten von staatlichen Stellen (national oder supranational) kann vertraut werden, soweit diese von der staatlichen Stelle selbst oder über deren eigenen Webseiten herausgegeben bzw. veröffentlicht werden. Hierbei ist jedoch immer genau zu prüfen, ob es sich tatsächlich um staatliche oder staatlich anerkannte Stellen handelt.

– *Open Access Publikationen:* Wie es bereits bei den Zeitschriften erwähnt wurde, ist die Veröffentlichung einer Publikation im **Open Access** kein Anlass, grundsätzlich an der wissenschaftlichen Qualität zu zweifeln. So gibt es z.B. mittlerweile eine beträchtliche Anzahl an Universitätsverlagen oder wissenschaftlich getriebenen Publikationsprojekten, die qualitativ sehr hochwertige wissenschaftliche Inhalte publizieren (Zeitschriften, Qualifikationsschriften, Lehrbücher, Kommentare etc.). Unter Anwendung der vorab und nachfolgend gemachten Kriterien werden Sie auch für diese Form der Publikation die Spreu vom Weizen trennen können.

3.1.3 WAS?

Je nachdem, woran Sie gerade arbeiten, wird von Ihnen erwartet, dass Ihre Ausführungen mit wissenschaftlichen bzw. praxisrelevanten Inhalten nachgewiesen werden. Bezüglich der Inhalte, die Sie aus den verschiedenen Publikationstypen erwarten können, wird auf die Ausführungen im zweiten Teil (Advanced) verwiesen, die für die hier behandelten Belange in Kürze wie folgt zusammengefasst werden sollen:

– Ziehen Sie zunächst immer die Originalquellen heran und verzichten Sie auf Übersetzungen oder reine Verweise darauf. Dabei stehen Primärquellen an erster Stelle. Erst danach folgt die Sekundärliteratur.

– Ist ein Werk in mehreren Auflagen erschienen, benutzen Sie jeweils die aktuelle Auflage.

Hinweis: Eine Ausnahme davon ist zu machen, wenn eine Entwicklung der Rechtsmeinung eines Verfassers bzw. einer Verfasserin oder einer Kommentierung dargestellt werden soll. Dann muss mit der ersten Ausgabe begonnen werden. Diese Ausnahme gilt natürlich auch für Normen und Gerichtsentscheidungen.

- Gleichen Sie Veröffentlichungen immer mit dem Original ab und benutzen Sie keine Inhalte aus zweiter Hand.
- Normen müssen stets in der jeweils geltenden Fassung vorliegen und aus autorisierten Quellen stammen.
- Gerichtsentscheidungen sollten möglichst höchstrichterlich oder letztinstanzlich sein bzw. nach den unterschiedlichen Entscheidungsständen bzw. mit den abweichenden Entscheidungen Verwendung finden sowie aus amtlichen Quellen stammen.
- Kommentare versuchen in der Regel alle relevanten Quellen zu zitieren bzw. heranzuziehen (u. a. Gesetzblätter oder Gesetzgebungsmaterialien, Rechtsprechung, andere Kommentare, Aufsatzliteratur und sonstiges Schrifttum) und stellen oftmals klar, ob es sich beispielsweise um eine herrschende Meinung oder eine Mindermeinung handelt. Beachten Sie jedoch, dass es auch alternative Kommentare gibt, bei denen diese Klarstellung nicht eindeutig sein kann. Aus diesem Grunde sollten Sie verschiedene Kommentarinhalte miteinander vergleichen. Die gemachten Quellenangaben müssen immer mit den Originalquellen abgeglichen werden.
- Wissenschaftliche Lehrbücher und Handbücher sind oftmals von großer Relevanz, da darin Spezialthemen von Experten abgehandelt werden.
- Hochschulschriften (z. B. Dissertationen und Habilitationen) sind wichtige Informationsquellen für die eigene wissenschaftliche Arbeit, die sich an den Standards und Bedingungen der Promotions- und Habilitationsordnungen messen lassen müssen. Sie helfen auch dabei, die eigene Arbeit von bereits publizierten Forschungsgegenständen abzugrenzen.
- Unselbständige Literatur ist je nach Ausrichtung der Darstellung zu gewichten. Insbesondere Aufsätze, die eine starke Mindermeinung vertreten oder die eine geringe wissenschaftliche Eigenleistung enthalten, sind kritisch zu bewerten. Unselbständige Literatur ohne Fußnotenapparat sollte auf den fachlichen Wert hin überprüft werden.
- Das Heranziehen purer Ausbildungsliteratur (z. B. Skripte, Wissenschecks oder Klausurbearbeitungshilfen etc.), populärwissenschaftlicher Quellen oder reiner Publikumsveröffentlichungen ist für die Bearbeitung wissenschaftlicher Themen oder Streitstände strengstens zu vermeiden.
- Darüber hinaus sollten Sie noch folgende Dinge bei der Bewertung aller Quellen beachten: Viele Rechtschreib- und Grammatikfehler sollten Sie stutzig werden lassen. Sind die Inhalte neutral und sachlich geschrieben sowie wissenschaftlich begründet oder wird nur einseitig eine eigene Meinung dargestellt?

3.1.4 Bewertung von Internetangeboten

Die **Bewertung von Internetquellen** gestaltet sich besonders schwierig, da die Landschaft an Netzpublikationen sehr heterogen ist, deren dauerhafte Verfügbarkeit (Persistenz) nicht immer gewährleistet wird oder auch die wissenschaftliche Aussagekraft oftmals in Frage steht. Da nicht alle Internetquellen per se frei verfügbar sind, sondern teilweise einer Anmeldung oder sogar des Abschlusses einer Lizenz bedürfen, wird deren Bewertung in einem eigenen Abschnitt thematisiert. Dem Grundsatz nach findet auch für Internetquellen (egal ob Open Access oder lizenzpflichtig) die *WER?-WIE/WO?-WAS?-Regel* Anwendung, bedarf jedoch einer Konkretisierung:

- *Themenzugehörigkeit:* Gerade bei Internetrecherchen stellt sich manchmal die Frage, warum der eine oder andere Treffer in der Ergebnisliste zur Anfrage angezeigt wird. Auch Suchmaschinen oder eingesetzte KI sind nicht unfehlbar bzw. frei von Manipulation, so dass Sie den Gesamtinhalt einer Quelle kennen sollten, bevor Sie diese zitieren oder ins Literaturverzeichnis aufnehmen.
- *Authentizität und Glaubwürdigkeit der Quelle und der Urheberin bzw. des Urhebers:* Entspricht die Quelle dem Themenspektrum, sollten Sie im nächsten Schritt die Authentizität und Glaubwürdigkeit der Quelle sowie der Urheberin bzw. des Urhebers prüfen. Ausschlussgründe sind:
  - Die genaue Urheberschaft der Quelle kann nicht ermittelt werden.
  - Die Inhalte der Quelle sind unrichtig, fundieren nicht, sind nicht logisch und/oder inkonsistent. Es handelt sich um *Hate-* oder *Fake-Seiten.*
- *Aktualität:* Die Aktualität der Informationen ist kein zwingendes Ausschlusskriterium an sich. Wenn jedoch zeitsensitive Informationen zum größten Teil veraltet sind oder Links häufig *not found* bzw. zu einer vollständig anderslautenden URL weitergeleitet werden, ist die Quelle nicht vertrauenswürdig.
- *Vollständigkeit und Akkuratesse:* Besonders kritisch sollte auf gehäufte Rechtschreib- und Grammatikfehler, den Umgang mit Zitaten, die Auseinandersetzung mit anderen Meinungen, den Umfang der Quellen und das Auftreten von Werbung auf der Seite achten. Es handelt sich dabei jedoch nicht um einen automatischen Ausschlussgrund.
- *Persistente Adressierung:* Ein elektronisches Dokument sollte nach Möglichkeit dauerhaft wieder erkennbar und permanent identifizier- und auffindbar sein. Normale URLs gewährleisten dies in der Regel nicht. Denn wenn sich beispielsweise die Struktur einer Webseite, auf der ein Dokument abgelegt ist, mit der dazugehörigen URL ändert oder die Inhalte auf eine andere Webseite übertragen werden sollen, ist die Seite nicht mehr auffindbar und auch ein Zitat nicht mehr nachprüfbar. Diese dauerhafte Auffindbarkeit gewährleisten mittlerweile so genannte **Persistent Identifier.** Das ist ein bestimmter Code, der

einem digitalen Objekt (z. B. Dokument) zugeordnet ist und zusammen mit Beschreibungsdaten in einem Resolver dauerhaft gespeichert wird. Die bekanntesten Typen dieser Identifier sind *Digital Object Identifier (DOI), Uniform Resource Name (URN), Handle-System (hdl)* und *Persistent Uniform Resource Locator (PURL)*. Welcher Typ vorliegt ist daran zu erkennen, dass dieser dem eindeutigen Code vorangestellt ist. International und in den Wissenschaften am meisten verbreitet ist DOI.

Fazit: Überprüfen Sie die Qualität von Webseiten und privat publizierten Internet-Dokumenten besonders sorgfältig, bevor Sie sie zitieren oder für Ihre Arbeit verwenden.

3.2 Exzerpieren, Kopieren, Downloaden, Export

Zu Zeiten, als wissenschaftliche Quellen nur aus Druckwerken bestanden, war man darauf angewiesen, Textinhalte oder Informationen zu exzerpieren. Das bedeutet, dass wichtige Textteile als Zitat oder Paraphrase abgeschrieben wurden. Dies setzte natürlich eine besondere Genauigkeit voraus. Diese Form der **Inhaltsverwertung** bzw. Übernahme muss teilweise heute noch (wenn auch in viel geringerem Umfang) angewendet werden, da es weiterhin Quellen gibt (z. B. Handschriften oder besonders schützenswerte Druckwerke), die keine andere Verwertung zulassen.

Das Kopierverfahren war dann ein erster Schritt in Richtung der Möglichkeiten, die sich uns heute bieten, mit Informationen oder Texten umzugehen. Zwar stellt auch dies nur ein Abbild vom Original dar, jedoch ermöglicht es wenigstens teilweise eine ortsunabhängigere Arbeit. Erst die technischen Weiterentwicklungen, aus Bildern wieder Texte zu machen oder Inhalte vollständig elektronisch zur Verfügung zu stellen, erlauben eine schnelle und genaue Verwertung sowie Vorhaltung. Aber auch aus den elektronischen Angeboten heraus gibt es verschiedene Möglichkeiten des Datenexports. Und schließlich kommen mit dem Einsatz von KI noch vollkommen andere Verarbeitungsverfahren zur Anwendung.

3.2.1 Ausdruck oder Scan

Selbst wenn der **Ausdruck** eigentlich nur wie eine Kopie von einem Druckwerk ist, so haben Sie damit die Möglichkeit, unabhängiger (beispielsweise von einer Datenbank) zu arbeiten. Der einzige Nachteil ist natürlich, dass Sie die Inhalte für ein Zitat etc. doch wieder in Ihren Text übertragen müssen. Jedoch gibt es für moderne Schriftarten auch schon Programme, die eine Rückumwandlung vom Bild in einen

Text ermöglichen. Dazu muss das Bild (z. B. PDF) allerdings in digitaler Form vorliegen – es bedarf also zumindest eines **Scans**. Dieser wird dann mittels einer
Texterkennungssoftware oder Optical Character Recognition (OCR) zurückver-
wandelt (z. B. von Adobe, welches kostenpflichtig). Als kostenlose Alternative können Sie PDF24 benutzen.

Zumindest das Scannen ist heutzutage dem Ausdruck vorzuziehen, werden
doch immer noch viel zu viele Ausdrucke gemacht, die nicht zur weiteren Verbreitung gedacht sind, sondern der Zeitersparnis oder eigenen Archivierung dienen.
Eine einfache Methode des Scannens von Internetseiten ist natürlich der Screens-
hot. Sie müssen dieses Bild dann nur in einem passenden Format abspeichern,
wenn Sie beispielsweise das Bild wieder in einen bearbeitbaren Text umwandeln
wollen.

Auf jeden Fall sollten Sie beim Ausdrucken und auch Scannen immer darauf
achten, dass die Quelle, in der sich dieser Inhalt befand, ersichtlich bzw. vermerkt
ist. Ansonsten wird es wiederholt passieren, dass Sie einzelne Seiten haben, von
denen Sie nicht mehr wissen, zu welchem Werk diese gehören. Somit ist es hilfreich,
die erste Seite eines längeren Artikels (den Sie nur auszugsweise ausdrucken oder
scannen) bzw. die Titelseite eines Sammelwerkes und dessen Inhaltsverzeichnis mit
auszudrucken oder abzulichten. Damit erleichtern Sie sich auch die Archivierung.
Teilweise werden für Ausdrucke aus bestimmten Datenbanken bibliographische
Daten in einer Kopf- oder Fußzeile mit ausgedruckt. Achten Sie bei verschiedenen
Druckformaten darauf, dass sich z. B. Seitenzahlen nicht verschieben.

3.2.2 E-Mail-Versand & Co.

Anstatt Texte oder Trefferlisten vor Ort auszudrucken, können Sie sich diese (z. B.
teilweise direkt aus der Datenbank heraus) als **E-Mail** zuschicken. Eine solche
Möglichkeit wird jedoch noch nicht von jeder Datenbank oder anderen elektronischen Angeboten zur Verfügung gestellt. Außerdem setzt diese Form des Exports
gleichzeitig eine Internetanbindung voraus, die teilweise an reinen CD-ROM- oder
DVD-Arbeitsplätzen nicht vorhanden ist. Der Versand per E-Mail lässt allerdings
eine breite Verteilung zu, da Inhalte an einen Verteiler von mehreren Personen
geschickt werden können. Bitte beachten Sie das Urheberrecht. Besonders lohnenswert ist die Versendung per E-Mail, wenn diese mit einem **Alert-Dienst** verbunden ist. Dies erspart es Ihnen nämlich, eine Datenbank in regelmäßigen Ab-
ständen immer wieder nach aktuellen Inhalten oder Nachweisen zu Ihrem Thema
abzufragen. Ähnlich, aber unabhängig von einer E-Mail-Adresse, funktioniert ein
RSS-Dienst (*RSS = Really Simple Syndication*). Dabei muss ein RSS-Feed abonniert

werden, der mittels eines Feedreaders abgefragt wird. Teilweise übernehmen die Funktion des Feedreaders auch schon Webbrowser oder E-Mail-Programme.

Auch wenn die gute alte E-Mail ihren Dienst noch nicht eingestellt hat, gibt es doch mittlerweile zahlreiche Alternativen zur Versendung von Informationen oder Dokumenten. Beliebte Optionen sind **Instant Messaging-Dienste** (wie z. B. Whats-App, Signal, Telegram sowie Slack, Cisco Webex oder Microsoft Teams), die es ermöglichen, Dateien direkt an Einzelpersonen oder Gruppen zu senden. Außerdem gibt es **File-Sharing-Dienste** (wie z. B. Filestage, Box, Dropbox, Google Drive, We-Transfer und Microsoft OneDrive), die das Hochladen und Teilen von Dateien über generierte Links ermöglichen. Auch über **soziale Netzwerke** können Dateien direkt an Personen oder Gruppen gesendet werden. Für den direkten Dateitransfer über Netzwerke können Netzwerkfreigaben oder Tools wie AirDrop oder Nearby Share genutzt werden. **Peer-to-Peer-Dienste** ermöglichen es Benutzenden, Dateien direkt vom ihrem Gerät an andere Geräte zu senden, ohne sie zuerst in der Cloud zu speichern. Schließlich können Dateien über **FTP** (File Transfer Protocol) auf einen FTP-Server hochgeladen und anderen Benutzenden zugänglich gemacht werden. Die Auswahl der Versendungsmethode hängt von Faktoren wie Sicherheit, Dateigröße, Zugänglichkeit für die Empfänger*innen und persönlichen Präferenzen ab.

3.2.3 Speichern

Für den Fall, dass keine Versandmöglichkeit gegeben ist, können Inhalte natürlich auf verschiedenen Speichermedien gespeichert werden. Hier sind einige Optionen:

- **Festplatten:** Interne oder externe Festplatten bieten eine gute Möglichkeit, große Mengen an Daten zu speichern. Sie sind relativ kostengünstig und bieten schnellen Zugriff auf gespeicherte Dokumente.
- **USB-Flashlaufwerke:** Diese kleinen, tragbaren Laufwerke sind praktisch für den Transport von Dateien zwischen verschiedenen Geräten. Sie sind jedoch in der Regel nicht für langfristige Datenspeicherung geeignet.
- **SSDs (Solid State Drives):** Diese haben keine beweglichen Teile und bieten schnelle Lese- und Schreibgeschwindigkeiten. Sie sind teurer als herkömmliche Festplatten, bieten aber oft eine bessere Leistung.
- **CDs/DVDs/Blu-ray Discs:** Diese optischen Medien eignen sich gut für die langfristige Archivierung von Daten, obwohl sie allmählich von anderen Speichermedien verdrängt werden.
- **Cloud-Speicher:** Diese Dienste ermöglichen es Nutzer*innen, ihre Dateien online zu speichern und von überall aus darauf zuzugreifen. Dies bietet Flexibilität und erleichtert die Zusammenarbeit.

– **Netzwerkspeicher (NAS):** Diese Geräte ermöglichen es mehreren Personen, über ein lokales Netzwerk auf gemeinsam genutzte Speicherressourcen zuzugreifen. Sie eignen sich gut für Teams oder Forschungsgruppen.
– **Datenserver:** In großen Organisationen oder Forschungseinrichtungen werden oft dedizierte Server verwendet, um große Mengen an Daten zu speichern und zu verwalten. Diese bieten erweiterte Sicherheits- und Backup-Funktionen.

Viele Datenbanken bieten bereits die Möglichkeit, Trefferlisten, Volltexte oder andere Inhalte in eigenen Akten, Ordnern, Profilen oder Accounts abzulegen. Hierfür müssen Sie sich in der Regel ein Profil innerhalb der Datenbank anlegen, was nahezu immer eine Anmeldung bzw. Registrierung voraussetzt. Dieses Angebot ist meistens unter dem Menüpunkt *Mein ...* oder *My ...* zu finden. Der Nachteil ist, dass Sie die Daten nicht lokal verfügbar haben und Sie sich eine weitere Kennung und das dazugehörige Passwort merken müssen. Immer mehr Datenbanken bieten allerdings auch den Datenexport in soziale Netzwerke, Social-Bookmarking-Dienste oder Literaturverwaltungssysteme an.

3.2.4 Speicherung in Literaturverwaltungsprogrammen

Die wohl effizienteste Art und Weise, die im Rahmen der eigenen wissenschaftlichen Arbeit ermittelten bibliographische Daten und Inhalte für sich verfügbar zu halten und gewinnbringend weiterzuverarbeiten, ist die Abspeicherung in **Literaturverwaltungssystemen.** So können Sie Ihre Daten nicht nur systematisch ordnen oder ablegen, sondern diese auch in das bevorzugte Format für Ihre Fußnoten oder Literaturangaben bringen, Literaturverzeichnisse oder Bibliographien erstellen sowie den eigenen Literaturbestand durchsuchen und abrufen. Es gibt eine breite Auswahl an kommerziellen, kostenfreien und Open Source-Produkten. Viele Universitäten stellen bereits die Nutzung einiger kommerzieller Literaturverwaltungssysteme als Campuslizenz zur Verfügung. Fragen Sie in Ihrem Fachbereich oder Ihrer Fachbereichsbibliothek nach oder informieren Sie sich über die Webseiten Ihrer Bibliothek. Sollten Sie lieber ein anderes System bevorzugen, müssen Sie sich selbst eine Lizenz besorgen, sich mit der meist begrenzten Basisversion eines kommerziellen Produkts zufriedengeben oder vollständig auf ein Open Source System zurückgreifen.

3.2.4.1 Arten
Im Hinblick auf die Art des Gebrauchs können lokale Anwendungen, Webanwendungen und Social Reference Manager-Systeme unterschieden werden.

Desktop vs. webbasierte Anwendungen: Lokale bzw. **Desktop-Anwendungen** funktionieren als Einzelplatzlösung und sind geschlossene Systeme. Diese erlauben keinen kollaborativen Austausch oder eine Synchronisation mit Daten auf anderen Rechnern, da sie auf Ihrem eigenen Rechner fest installiert werden. Somit sind Sie bezüglich Ihrer Literaturverwaltung an Ihren persönlichen Computer gebunden. Allerdings ist dies auch die sicherste Lösung, wenn Sie anderen keinen Einblick in Ihre Forschung gewähren wollen. Schließlich bieten Desktopanwendungen oftmals mehr Funktionalitäten.

Webanwendungen hingegen sind über das Internet zugänglich, bedürfen also keiner lokalen Speicherung. Diese können zwar auch für den individuellen Gebrauch eingestellt werden, ermöglichen jedoch einen kollaborativen Zugriff bzw. eine Freigabe der Inhalte für Dritte. Für diese Art der Anwendung benötigen Sie immer einen internetfähigen Rechner. Webbasierte Programme bieten allerdings eine bessere Integration in cloudbasierte Speicherlösungen.

Einzelbenutzer vs. kollaborative Nutzung: Manche Programme sind darauf ausgelegt, von Einzelpersonen genutzt zu werden, während andere Funktionen für die Zusammenarbeit in Teams bieten. Kollaborative Literaturverwaltungsprogramme ermöglichen es mehreren Benutzer*innen, gemeinsam an einer „Bibliothek" zu arbeiten, Dokumente zu teilen sowie an Projekten zu arbeiten und werden auch **Social Reference Manager Systeme** genannt.

Akademische vs. kommerzielle Programme: Einige Literaturverwaltungsprogramme sind speziell auf die Bedürfnisse von Forschenden, Studierenden und Wissenschaftler*innen zugeschnitten und bieten Funktionen wie die automatische Generierung von Zitaten und Bibliografien. Andere Programme sind eher kommerziell ausgerichtet und bieten Funktionen für Unternehmenszwecke wie Projektmanagement und Berichterstattung.

Plattformübergreifende Kompatibilität: Es gibt Literaturverwaltungsprogramme, die sind plattformübergreifend kompatibel und können auf verschiedenen Betriebssystemen und Geräten verwendet werden, während andere möglicherweise nur für eine bestimmte Plattform verfügbar sind.

Link: Vergleich der sieben am häufigsten genutzten Anwendungen: https://mediatum.ub.tum.de/doc/1316333/1316333.pdf

---

3.2.4.2 Funktionsweisen

Sämtliche Angebote verfügen über unterschiedliche Funktionen. Bestenfalls bietet Ihnen das System folgende Lösungen:

- Installation lokal und/oder webbasiert;
- Eignung für möglichst alle (viele) Betriebssysteme;

- Nutzung über mobile Endgeräte;
- Erfassung aller der für den Literaturnachweis erforderlichen bibliographischen Angaben (Metadaten);
- Durchsuchen von möglichst vielen Bibliothekskatalogen und Fachdatenbanken aus dem System heraus inklusive der Importmöglichkeit von detaillierten bibliographischen Angaben;
- Anlage, Bearbeitung (z.B. Ergänzung von Metadaten) und Löschung von Datensätzen;
- Dublettenprüfung;
- Eingabe von Notizen, Anmerkungen und Zitaten;
- Eigene Vergabe von Schlagworten;
- Systematische Darstellung oder Filtern von Inhalten nach standardisierten oder freien Begriffen sowie verschiedene Sortierfunktionen;
- Verknüpfungsmöglichkeit der Daten mit anderen Dokumenten (Volltexte, Anmerkungen, Exzerpte);
- Import von externen Daten bzw. direkter Import aus einer bestimmten Datenbank;
- Ausgabe von Literaturangaben in Form von Bibliographien, Literaturlisten oder Fußnoten;
- Einbindung in Textprogramme;
- Unterstützung verschiedenster Dokumententypen;
- Bereitstellung einer großen Auswahl an Zitierformaten mit der Möglichkeit der selbständigen Konfiguration eines eigenen Zitierformats;
- Tagging und Bewerten von Quellen auch durch andere Teilnehmer;
- Anbindung von Mailinglisten, RSS-Feeds oder Alertdiensten zur automatischen Aktualisierung der Literaturlisten;
- gemeinsame Bearbeitung;
- gute Usability;
- Einführungskurse (Tutorials) oder Selbstlernprogramme.

3.2.4.3 Dreieinhalb Beispiele

Nachfolgend sollen (in gebotener Kürze) die Systeme EndNote, Citavi, Zotero und JurisM vorgestellt werden.

EndNote gehört zu den weit verbreiteten kommerziellen Literaturverwaltungsprogrammen in Deutschland. Das Programm liegt nunmehr in der Version 21 vor, die vollkommen neue Features bereithält. Mit der neuen *Datenwiederherstellungsfunktion* können Sie Ihre Referenzbibliothek und Bibliotheksstruktur wiederherstellen und so sicherstellen, dass Ihre Forschungsergebnisse nicht verloren gehen, falls Ihnen diese abhandengekommen sind. Auch frühere Versionen einzelner Angaben können Sie vergleichen und wiederherstellen. Mit der Verwendung farblich anpassbarer und individuell benennbarer Tags ist eine bessere und übersichtlichere Organisation Ihrer Literaturangaben möglich. Das Tool *Cite While You Write (CWYW)* ermöglicht es Ihnen, EndNote-Literaturangaben einfach in Microsoft Word oder Apple Pages einzufügen. Dabei erstellt CWYW automatisch In-Text-Zitate und Referenzlisten und passt deren Format bei Bedarf an. Schließlich kann mit *EndNote Web* jederzeit und überall online auf die eigene Forschung zugegriffen werden. Dabei ist ein nahtloser Wechsel zwischen Online-, Desktop- und iPad-Anwendungen in der Cloud möglich. Für EndNote 21 gibt es nur eine 30-tägige kostenfreie Testlizenz, die nach 30 Tagen in eine reguläre Lizenz übergeht, falls Sie zwischenzeitlich nicht die Opt-out-Möglichkeit in Anspruch genommen haben. Ein Upgrade von Version 20 auf 21 ist kostenpflichtig.

Ansonsten (bezogen auf Version 20) steht als Anwendungssprache weiterhin nur Englisch zur Verfügung. Jede Lizenz umfasst eine Desktop-Version für die Betriebssysteme Windows und Mac und darf auf drei Rechnern zur persönlichen Verwendung installiert werden. Optional steht mit **EndNote Web** eine plattformunabhängige Web-Version (mit Cloud-Service) zur Verfügung. Eine Nutzung über iPad und iPhone ist möglich. Dabei werden hunderte von Online-Ressourcen nach Referenzen und PDFs durchsucht. Der direkte Export aus den Datenbanken in die Software ist z. B. in den Austauschformaten RIS, BibTeX, TXT oder XML und die Übernahme aus Webseiten über den *Capture*-Button möglich. Der Import bibliographischer Daten erfolgt über die *Search*-Funktion oder über die *Find Reference Updates*-Funktion anhand der DOI bzw. ISBN. Dateien werden mit Drag-and-Drop in das System übernommen. Schließlich werden über den *Auto import folder* automatisch neue Dokumente in EndNote importiert. Es werden 54 Dokumententypen unterstützt. Je nach Dokumententyp sind unterschiedlich viele Datenfelder für einen Datensatz definiert. 8 Felder können selbst definiert werden. Aus den eingegebenen Daten lassen sich Autor*innen-, Zeitschriftentitel- oder Schlagwortlisten automatisch generieren. Untereinander lassen sich Datensätze leider nicht verknüpfen. Ein Dublettencheck ist integriert und über 17 individuell wählbare Datenfelder konfigurierbar. Derzeit stehen über 7000 vordefinierte Zitierstile zur Verfügung. Schließlich erfolgt eine ständige Aktualisierung der Literaturliste beim Hinzufügen weiterer Zitate automatisch. Nicht nur wegen der rein englischsprachigen Bedienoberfläche sondern auch wegen der zahlreichen erläuterungsbedürftigen Funktionalitäten ist die Nutzung von EndNote nicht immer einfach und intuitiv. Nach einer guten Einarbeitung ist die Software aber (gerade auch für Applekunden) sehr interessant.

Link: https://clarivate.com/webofsciencegroup/support/endnote/ (Schulungsunterlagen für verschiedene Versionen)

Citavi (Version 6) bietet neben der Desktopversion eine Webversion an. Primär ist Citavi für Windows-Betriebssysteme entwickelt worden, über einige Umwege konnte Citavi aber auch durch Apple-Kunden genutzt werden (Boot Camp, Parallels Desktop, Webversion mit Einschränkungen). Mit **Citavi Web** ist nun das Programm jedoch auch für Mac OS oder Linux verwendbar. Die kostenlose Basisversion (*Citavi free*) mit einer Beschränkung auf lediglich 100 Titel pro Projekt wurde eingestellt. Es gibt aber auch hier eine kostenfreie Testversion für 30 Tage. Hinsichtlich der Anwendungssprache ist Citavi breiter aufgestellt und damit nicht nur in Deutschland weit verbreitet. Neben Englisch sind auch Deutsch, Französisch, Italienisch, Polnisch, Portugiesisch und Spanisch im Angebot. Eine Nutzung über mobile Endgeräte fehlt. Die Handhabung ist sehr intuitiv und wird durch viele Hilfehinweise unterstützt. Unterschieden werden die Programmteile *Literaturverwaltung* (Titelkartei und -liste, Listen der Personen und Institutionen, Schlagwörter, Zeitschriften, Reihen, Verlage und Bibliotheken), *Wissensorganisation* (Gliederung nach Zitaten), *Aufgabenplanung* (Listen nach Aufgabentyp, Wichtigkeit und/oder Termin, Selektion der Aufgaben nach vorgegebenen oder eigenen Kriterien), *Word Add-In* und *LaTex-Assistent* (Fenster zum Einfügen von Titelnachweisen und Zitaten in TeX-Editoren). Für den Bereich Literatur stehen mehr als 4500 Kataloge zur Verfügung, aus denen Metadaten (z. B. Autor, Titel, Jahr, Verlag etc.) der einzelnen Werke heruntergeladen werden können. Auch die Recherche in lizenzpflichtigen Datenbanken ist nach Autorisierung bzw. via IP-Erkennung möglich. Mittels Eingabe der ISBN, DOI oder einer anderen Referenz erfolgt der Import aus Buchhandels- oder Bibliothekskatalogen automatisch durch das System. Dabei werden die Formate RIS-, BibTeX- und EndNote Tagged Format sowie aus OvidSP-Datenbanken unterstützt. Zusätzlich ist der Import aus Literaturverzeichnissen, aus und von PDF-Dateien/ Dokumenten und ganzer Ordner mit Unterordnern möglich. Ein Dublettencheck ist standardmäßig vorhanden. Citavi unterstützt 35 Dokumententypen, wobei keine eigenen Typen definiert werden können. Je nach Dokumententyp sind verschieden viele Felder für einen Datensatz definierbar. Eigene Beschreibungen oder zu erledigende Aufgaben (im Bereich *Aufgabenplanung* – nach Typ, Priorität und Stand der Erledigung etc.) sind hinzufügbar, Standorte können vermerkt werden und es ist möglich, Titel mit weiteren Informationen (Metadaten) zu versehen. Es lassen sich sogar Datensätze untereinander verknüpfen (z. B. Sammelband und enthaltener Beitrag oder Titel innerhalb eines Projekts). Schließlich können Textstellen als Zitat in den Bereich *Wissen* übernommen werden, um sie dort der Gesamtstruktur Ihres Textes anzupassen bzw. diese an der richtigen Stelle einzuordnen. Über die 10000 vordefinierten Zitierstile hinaus können zusätzlich Zitierstile selber angelegt werden. Es besteht die Möglichkeit, bibliographische Daten durch Citavi in eine Word-Datei einzufügen und daraus Bibliographien zu erstellen.

Link: https://www1.citavi.com/sub/manual6/de/index.html? (Handbuch Citavi 6), ansonsten https://www.citavi.com/de

---

Zotero ist eine kostenlose Alternative zu EndNote und Citavi. Die Desktopversion unterstützt die Betriebssysteme Windows, Mac, Linux und iOS, während die Webversion plattformunabhängig funktioniert und kann mit Hilfe eines Connectors für Mozilla Firefox, Safar, Google Chrome und Opera genutzt werden (Add-on, Extension). Zwar ist die Anzahl der speicherbaren Referenzen nicht begrenzt, aber der kostenfreie Speicherplatz ist es (max. 300 MB). Der große Nachteil von Zotero ist, dass aus dem System heraus keine direkte Recherche in Datenbanken ermöglicht wird. Das bedeutet, dass nur von über den Browser geöffneten Webseiten bibliographische Angaben erfasst werden können, wobei die Daten manuell eingegeben oder automatisch aus dem Internet in die Datenbank geladen werden. Dazu untersucht das Programm die von der Benutzerin bzw. vom Benutzer gerade betrachteten Webseiten wie digitale Bibliotheken, Online-Bibliothekskataloge (OPAC), Google Scholar oder Online-Buchhändler auf bibliografische Informationen und speichert diese per Mausklick in einer lokalen Datenbank. Eine Übernahme von Daten in die Textverarbeitung kann entweder per Drag and Drop von Zotero in das Editorfenster oder über ein Plug-in erfolgen. Ein solches steht für die Programme Microsoft Word und LibreOffice Writer bereit. Zusätzlich kann ein (aus den bisher eingetragenen Literaturnachweisen generiertes) Literaturverzeichnis eingefügt werden. 34 Dokumententypen werden durch das System unterstützt. In einem Datensatz sind pro Dokumententyp unterschiedlich viele Datenfelder angelegt. Im Rahmen der Erstinstallation hält Zotero übersichtliche 16 Zitierstile bereit, die jedoch auf über 8000 erweiterbar sind. Es können Zitierstile verändert oder selbst kreiert werden. Mit der Version 6 wird Zotero um einen PDF-Reader und einen Texteditor erweitert. Dadurch ist es möglich, innerhalb von Zotero PDF-Inhalte zu markieren, automatisch Exzerpte davon in Notizen hinein zu extrahieren, die Dateien und Notizen untereinander zu verknüpfen. Schließlich können alle Einträge in Zotero mit Tags versehen werden, um sich diese dann (gefiltert nach bestimmten Tags) anzeigen zu lassen.

Link: https://www.zotero.org

Allen drei Systemen ist gemein, dass die Nutzung und Bearbeitung von Datensätzen – auf unterschiedliche Art und Weise – kollaborativ möglich ist. Links zu weiteren

Literaturverwaltungssystemen finden Sie im systematischen Ressourcenverzeichnis.

Da sich die drei vorab beschriebenen Literaturverwaltungsprogramme teilweise schwer mit der Zitation juristischer Quellen tun, so sei mit Blick auf Zotero noch ein besonderes Open Source-Projekt erwähnt, das sich an Jurist*innen wendet. Die Rede ist von **JurisM**, einem Referenzmanager, der auf der Zotero-Architektur basiert und der von Zotero selbst als inoffizielle Variante bezeichnet wird. JurisM ist ein Literaturverwaltungsprogramm, das speziell für die Bedürfnisse im juristischen Bereich entwickelt wurde. Es bietet eine Plattform zur Organisation von juristischen Dokumenten, Zitaten, Gesetzen und Rechtsprechung besonders aus dem anglo-amerikanischen Recht. Das Programm ermöglicht es, bibliografische Datenbanken anzulegen und zu pflegen, um relevante Literatur zu verfolgen. Es unterstützt verschiedene Zitationsstile und bietet Funktionen zur automatischen Generierung von Literaturverzeichnissen und Fußnoten gemäß den Standards juristischer Veröffentlichungen. Diese Funktionen sind besonders nützlich für die Erstellung von wissenschaftlichen Arbeiten, Aufsätzen, juristischen Gutachten oder anderen Publikationen, bei denen präzise Referenzen und Zitate erforderlich sind. Darüber hinaus ermöglicht JurisM eine einfache Verwaltung und Organisation von PDF-Dokumenten, einschließlich der Möglichkeit, Notizen und Anmerkungen direkt in den Dokumenten zu machen. Die Software bietet erweiterte Suchfunktionen, um schnell relevante Informationen in großen Dokumentensammlungen zu finden. Der *Abbreviation Filter* von JurisM bietet die Möglichkeit, verschiedene Abkürzungsverzeichnisse für Zeitschriften, Reihen, Klassiker usw. parallel zu definieren. Je nach Schreibprojekt können damit nicht nur wie im regulären Zotero Zitationsstile, sondern etwa auch verschiedene Schreibvarianten derselben Autorin bzw. desselben Autors, Titels usw. sowie spezifische Abkürzungssysteme gewählt werden. Die persönlichen bibliographischen Datenbanken von JurisM sind mit Zotero kompatibel und werden über das Benutzungskonto auf zotero.org synchronisiert. Vollständig ausgereift wirkt dieses Programm noch nicht.

Link: https://juris-m.readthedocs.io/en/latest/ oder https://juris-m.github.io/release/

3.2.4.4 Kann KI den Einsatz von Literaturverwaltungssystemen ersetzen?
Zur Beantwortung dieser Frage wurde erneut ChatGPT 3.5 konsultiert:

Antwort: „Künstliche Intelligenz (KI) bietet Möglichkeiten zur Ergänzung und Verbesserung von Literaturverwaltungsprogrammen, jedoch ist eine vollständige Ersetzung unwahrscheinlich. KI-Algorithmen können Texte analysieren, um wichtige Informationen wie Titel, Autoren und Schlüsselbegriffe zu extrahieren, was die Einrichtung und Organisation von Literaturdatenbanken verbessert. Darüber hinaus können sie personalisierte Empfehlungen basierend auf Forschungsinteressen und Lesevorlieben generieren, um relevante Quellen schneller zu finden. Die automatische Zusammenfassung und Annotation von Texten ist ein weiterer Bereich, in dem KI helfen kann, wichtige Informationen hervorzuheben und die Bewertung von Artikeln zu erleichtern. Durch den Einsatz fortschrittlicher Sprachverarbeitungstechniken kann KI komplexe Suchanfragen verstehen und relevante Literatur effizienter filtern und organisieren. Auch die intelligente Zitations- und Referenzverwaltung wird durch KI unterstützt, indem sie genaue Zitate generiert und Literaturverweise automatisch verwaltet. Trotz dieser Fortschritte bieten Literaturverwaltungsprogramme oft zusätzliche Funktionen wie die Organisation von Zitaten, die Zusammenarbeit mit Kollegen und die Integration mit Schreibprogrammen, die über die reine Datenerfassung hinausgehen. Daher ist es wahrscheinlicher, dass KI als Ergänzung zu diesen Programmen eingesetzt wird, um deren Funktionalität zu erweitern und zu verbessern."

Dieser Antwort von ChatGPT kann sich nur angeschlossen werden. Und genau das versuchen auch bereits die „großen" Anbieter von Rechtsdatenbanken wie LexisNexis (mit Lexis+ AI) oder Wolters Kluwer (mit AnNo Text), die bisher jedoch noch sehr stark bis ausschließlich die anwaltliche oder notarielle Praxis im Fokus haben. Es ist aber nur eine Frage der Zeit, bis diese Tools für den kombinierten Recherche-, Bewertungs-, Datenverarbeitungs- und Texterstellungsprozess auch für die wissenschaftliche Arbeit bzw. Forschung „aus einem Guss" Verwendung finden.

3.3 Zitieren

An dieser Stelle können Sie sich berechtigterweise die Frage stellen, warum in einem Buch, dass vollkommen ohne Fußnoten auskommt, gerade das Thema **Zitieren** behandelt wird. Vorliegend handelt es sich nicht um eine wissenschaftliche Arbeit, die beispielsweise zur Erlangung eines akademischen Grades oder zur Ablegung eines Leistungsnachweises gefertigt wurde. Vielmehr liegt Ihnen ein Ratgeber bzw. Leitfaden vor, der erheblich an Übersichtlichkeit verlieren würde, wenn er mit einem überbürdenden Fußnotenapparat versehen wäre. Trotzdem kommt auch dieses Buch nicht ohne bestimmte Verweise aus, weshalb die einzeln besprochenen Ressourcen mit Links versehen wurden und der Anhang über ein übersichtliches Literaturverzeichnis sowie ein ausführliches systematisches Ressourcenverzeichnis verfügt. Gerade im Anschluss an die Beschreibung von Literaturverwaltungsprogrammen, die teilweise mehrere tausend Zitierstile anbietet, soll Ihnen hier ein erster Einstieg in die Problematik des Zitierens gegeben werden. Eine ausführlichere Darstellung finden Sie in den Publikationen zu rechtswissenschaftlichem Arbeiten, die im Literaturverzeichnis aufgelistet sind.

Zunächst stellt sich beim Zitieren die Frage, warum überhaupt zitiert werden muss und was ein **Plagiat** ist. Ein Plagiat liegt immer dann vor, wenn wissenschaftliche Leistungen anderer in die eigene Arbeit übernommen, aber nicht als solche kenntlich gemacht werden. Damit gibt die Autorin oder der Autor den Anschein, diese Leistung selbst erbracht zu haben. Insbesondere nach den Plagiatsskandalen der vergangenen Jahre scheint es nicht notwendig, die Gründe breit darzustellen, warum in wissenschaftlichen Arbeiten korrekt zu zitieren ist und welche Konsequenzen bestimmte „handwerkliche Fehler" haben können. Diesbezüglich ist durch die Medien genügend Aufklärungsarbeit geleistet worden und die Universitäten setzen nunmehr zur Plagiatskontrolle teilweise flächendeckend Plagiatssoftware (oftmals basierend auf KI) zur Prüfung von wissenschaftlichen Abschluss- und Qualifizierungsschriften ein. Deshalb folgt nur eine zusammenfassende Auflistung der Gründe für die Notwendigkeit des korrekten Zitierens:

- Korrektes Zitieren ist Teil und Ausdruck wissenschaftlicher Arbeit und gehört als ausnahmslose Regel zum Handwerkszeug der wissenschaftlichen Community und der guten wissenschaftlichen Praxis.
- Es ist Voraussetzung zur Abgrenzung eigener Ideen von denen anderer Wissenschaftler*innen und macht Sie damit zu einem anerkannten Teil der Wissenschaftsgemeinschaft.
- Es stellt unter Beweis, dass Sie sich mit den verschiedensten Meinungen und Ideen zu einer bestimmten Rechtsfrage ausführlich auseinandergesetzt haben.
- Es verhindert, dass Sie Studien-, Promotions- oder Habilitationsleistungen abgesprochen bekommen und diese damit nicht umsonst waren.
- Es schützt Sie vor urheberrechtlichen oder sogar strafrechtlichen Konsequenzen sowie vor der möglichen Rücknahme von Fördermitteln oder gar des Ausschlusses von der Möglichkeit der Antragstellung im Rahmen bestimmter Förderprogramme (DFG, BMBF etc.).

3.3.1 Zitierweisen

Grundsätzlich wird zwischen der amerikanischen Zitierweise und der mit Fußnoten unterschieden.

Bei In-Text-Zitierung (auch **amerikanische oder Harvard Zitierweise** genannt) erfolgt der Nachweis direkt im Anschluss an das Zitat (im Text). Diese wird besonders häufig in den Literatur- und Sprachwissenschaften verwendet (z.B. durch die *Modern Language Association – MLA*). Charakteristisch ist hier, dass in der Klammer hinter dem zitierten Text immer nur der Familienname des Autors und die Seitenzahl, auf die sich das Zitat bezieht, genannt werden. Die vollständige Literaturangabe ist dann im Literaturverzeichnis zu finden. Von den Sozialwissenschaften wird häufig noch die Zitierweise der *American Psychological Association – APA* verwendet, die in der Klammer hinter dem zitierten Text noch zusätzlich das Erscheinungsjahr angibt. Der Hauptvorteil dieser Methode besteht darin, dass sie den Lesenden ermöglicht, sofort zu erkennen, auf welche Quellen sich die Autorin bzw. der Autor bezieht, ohne das Lesen des Fließtexts zu unterbrechen.

In den Geistes- und Rechtswissenschaften in Deutschland wird jedoch überwiegend mit **Fußnoten** (bzw. **Endnoten**) gearbeitet, wobei nach dem Zitat oder der Paraphrase eine laufende Fußnotennummer zur Literaturangabe am Ende der Seite bzw. am Ende des Dokumentes führt. Der Hauptvorteil dieses Ansatzes besteht darin, dass er es der Autorin bzw. dem Autor ermöglicht, zusätzliche Anmerkungen oder Erklärungen ohne Unterbrechung des Fließtexts einzufügen. Für die Fußnote ist es bei Zitaten wichtig, dass der Nachweis als **Vollbeleg** (Vollzitat) erfolgt, wenn die Zitierung erstmalig in der Arbeit erfolgt. Ist dieser jedoch ein Literaturverzeichnis beigefügt, genügt es, wie auch wenn dieselbe Quelle nachfolgend nochmals zitiert wird, einen **Kurzbeleg** (Kurzzitat) zu verwenden. Noch kürzer geht es dann mit dem **Rückverweis** (Folgezitat), der mit *a.a.O.* (am angegebenen Ort) oder *ebda.* (für ebenda) gekennzeichnet wird. Die Verwendung ist jedoch nicht unumstritten und sollte allenfalls nur für die unmittelbar vorausgehende Fußnote verwendet werden oder wenn innerhalb einer längeren Fußnote derselbe Titel wiederholt in Bezug genommen wird.

3.3.2 Zitierart

Bei den Zitatarten wird grob in wörtliche und indirekte Zitate unterschieden.

– Bei einem **wörtlichen Zitat** (direktes Zitat) wird der exakte Wortlaut zitiert und in Anführungsstriche („") gesetzt. Sollte Ihnen das wörtliche Zitat zu lang sein, so können Sie Auslassungen mit eckigen Klammern und darin drei Punkten kennzeichnen (*[...]*). Teilweise werden hierfür auch Runde Klammern verwendet. Wenn durch die Auslassung die Satzstruktur unleserlich oder grammatikalisch falsch wird, können Wörter in eckigen Klammern ergänzt werden (*[Ergänzungswort]*). Ein wörtliches Zitat, welches allerdings mehr als drei Zeilen in Ihrem Text einnimmt, muss eingerückt und mit kleinerem Zeilenabstand dargestellt werden. Die Anführungszeichen fallen dann weg.

Hinweis: Wörtliche Zitate dürfen in keiner Weise verändert werden. Sämtliche Änderungen sind durch eckige Klammern zu kennzeichnen. Sollten sich im Zitat orthographische Fehler befinden, dürfen Sie auch diese nicht korrigieren, sondern können mit *[sic!]* darauf hinweisen, dass der Fehler in der Quelle bereits enthalten war. Das sollte sich allerdings nur auf gravierende Fehler beziehen.

- Die Texte anderer Autor*innen mit eigenen Worten wiederzugeben wird **Paraphrase** genannt. Hierbei genügt es allerdings nicht, dass Sie nur wenige Worte austauschen. Es müssen schon die eigenen Worte sein. Indirekte Zitate werden oft verwendet, um die Informationen einer Quelle zusammenzufassen oder zu erklären, ohne den genauen Wortlaut zu verwenden. Sie bieten auch die Möglichkeit, komplexe Ideen in leicht verständlicher Weise darzustellen oder die Informationen an den Kontext der eigenen Arbeit anzupassen. Dies begünstigt manchmal sogar die Lesbarkeit eines Textes, da Sie in Ihrem Duktus bleiben. Auch bei paraphrasierten Texten müssen Sie ein Zitat angeben. Dies wird **indirektes Zitat** genannt. Die Fußnote unterscheidet sich von der Fußnote zum direkten Zitat darin, dass Sie an den Anfang der Fußnote noch ein *Vgl.* (für *Vergleiche*) setzen.

3.3.3 Gestaltung von Literaturangaben

Wie eine Literaturangabe – in einer Fußnote oder im Literaturverzeichnis – gestaltet sein muss, hängt von der Art der Publikation ab (Monographie, Sammelband, Festschrift, Aufsatz etc.). Gerade in der Rechtswissenschaft gibt es besondere Quellen, die in anderen Wissenschaften nicht vorkommen (z. B. Urteile, Gerichtsbeschlüsse, Gesetze oder Verordnungen etc.).

Hinweis: Sie sollten unbedingt darauf achten, dass die Literaturangaben in Ihrer wissenschaftlichen Arbeit einheitlich sind. Gerade wenn Sie Literaturangaben von anderswo übernehmen, sollten Sie überprüfen, ob diese Ihrer Struktur entsprechen.

Die Betrachtung von Literaturverwaltungsprogrammen hat uns bereits gezeigt, dass es tausende von Zitierstilen gibt. Für die Rechtswissenschaften in Deutschland gibt es keinen einheitlichen und autorisierten Zitierstandard. Wenn Sie im Internet nach **Zitierregeln** oder **Zitierstandard** für Jura in Deutschland suchen, werden Sie unterschiedliche Angebote von einzelnen Lehrstühlen, juristischen Portalen oder Verlagen finden. Sogar der Bundestag oder das Bundesministerium der Justiz geben Empfehlungen für das Zitieren von Rechtsvorschriften bzw. Rechtsdokumenten heraus und das Bundesverwaltungsgericht hat Richtlinien für die Zitierweise und die Verwendung von Abkürzungen in den Entscheidungen des Bundesverwaltungsgerichts veröffentlicht.

Link: http://hdr.bmj.de/page_b.3.index.html (Zitierweise von Rechtsvorschriften BMJ)
Link: https://www.bverwg.de/rechtsprechung/urteile-beschluesse/zitierungen (Zitierrichtlinie BVerwG)

Darüber hinaus werden von Herausgeber*innen bzw. Verlagen von Fachzeitschriften, Lehr- und Handbüchern oder Kommentaren Zitierstile festgelegt.

Und es gibt für das Zitieren sogar eine DIN-/ISO-Norm. Die DIN ISO 690:2013–10 (ersetzt in Deutschland DIN 1505–2) ist eine international anerkannte Norm für das Zitieren von Quellen in wissenschaftlichen Arbeiten. Sie legt allgemeine Richtlinien für die bibliografische Zitierweise fest und bietet einen Rahmen für die korrekte Darstellung von Quellen in Texten, Fußnoten, Endnoten und Referenzlisten. Der Stil der ISO 690 (kurz) kann übrigens z.B. über die Literaturverwaltungsprogramme EndNote, Citavi und Zotero ausgegeben werden. Allerdings ist diese Norm nicht fachspezifisch und findet keine Anwendung auf die Zitierung von Rechtsvorschriften. Dafür können beispielsweise die Zitierempfehlungen des BMJ herangezogen werden (siehe oben).

Als Verlagspublikationen können für Deutschland *Schröder/Bergmann/Sturm*, Richtiges Zitieren, 2010 oder *Byrd/Lehmann*, Zitierfibel für Juristen, 2. Aufl., 2016 bzw. *Möllers*, Juristische Arbeitstechnik und wissenschaftliches Arbeiten, 10. Aufl., 2021 (§ 5) herangezogen werden.

Im Ausland gibt es teilweise bessere Hilfsmittel oder gar Standards. Für **Österreich** gelten die vom Manz-Verlag herausgegebenen „Allgemeine Zitierregeln" **Abkürzungs- und Zitierregeln der österreichischen Rechtssprache und europarechtlicher Rechtsquellen (AZR)** als quasi vorgegebener Standard, der im Auftrag des Österreichischen Juristentages herausgegeben wird. Das 2019 in der 8. Auflage erschienene Werk wartet mit 90 Zitierregeln auf, die stärker als zuvor der Europäisierung in der Rechtswissenschaft Rechnung tragen. Hinzu kommt ein komplett aktualisiertes Abkürzungsverzeichnis, das über die Webseite des MANZ Verlages ständig aktualisiert wird.

Zu den AZR sind jedoch alternative Zitierregeln entwickelt worden. So bietet beispielsweise rida (Rechts-Index & Datenbank) einen so genannten **ZitierMaster** mit **Neuen Zitierregeln (NZR)** an. Auch dieser verfolgt das Ziel, möglichst einheitliche Regeln für die österreichische Rechtswissenschaft zu etablieren. Zusätzlich werden eine kleine juristische Medienkunde, eine Übersicht über die wichtigsten Datenbanken und ein Abkürzungsverzeichnis geboten. Der Vorteil des ZitierMasters ist die kostenlose Onlineverfügbarkeit.

Link: http://www.ridaonline.at/Zitiermaster/

Beiden Werken ist übrigens gemein, dass beispielsweise Citavi einen Zitationsstil auf deren Basis anbietet.

Für die **Schweiz** gibt es augenscheinlich auch keinen allgemeinverbindlichen Zitierstandard für die Rechtswissenschaft. Vielmehr wird bezüglich des Themas auf Werke zur juristischen Arbeitstechnik verwiesen (siehe Literaturverzeichnis). Aber zumindest das **Schweizer Bundesgericht** hat umfangreiche Zitierregeln aufgestellt, die in seinen Urteilen Verwendung finden.

Link: https://www.bger.ch/index/juridiction/jurisdiction-inherit-template/jurisdiction-zitierregeln.htm (Stand 2021)

Schließlich sei noch ein Blick in den angelsächsischen Rechtsraum gestattet. Der rechtswissenschaftliche Zitierstandard in den USA ist **The Bluebook**, das sich jedoch nahezu ausschließlich auf US-Quellen bezieht. Dieses ist mittlerweile in 22. Auflage erschienen und kann auch als Onlineausgabe lizenziert werden.

Link: https://www.legalbluebook.com/

Solche „Bluebooks" gibt es natürlich auch für andere Länder des Common oder Statutory Law (z. B. das bereits in 9. Auflage erschienene Werk **Canadian guide to uniform legal citation / Manuel canadien de la référence juridique**). Ein wichtiger Standard aus dem Vereinigten Königreich sei noch zu erwähnen. Der **Oxford University Standard for Citation of Legal Authorities (OSCOLA)** wurde von der Oxford Law Faculty in Zusammenarbeit mit dem OSCOLA Editorial Advisory Board entwickelt und wird von vielen britischen Rechtsfakultäten und sogar Verlagshäusern in Großbritannien und darüber hinaus anerkannt und verwendet. Von Vorteil ist, dass die Ausgabe von 2006 auch internationale Quellen berücksichtigt.

Link: https://www.law.ox.ac.uk/oscola

Fazit: Im Ergebnis ist es besonders wichtig, dass Sie Ihre Fußnoten und Literaturangaben immer gleich gestalten. Sollten Sie z. B. an einer Seminar-, Master- oder Doktorarbeit schreiben, fragen Sie immer vorher Ihre Betreuerin oder Ihren Betreuer, welche Darstellung bevorzugt wird. Teilweise machen auch Verlage für die Veröffentlichung entsprechende Vorgaben.

Nachfolgend wird Ihnen – anhand einfacher und unproblematischer Beispiele – ein erster Einstieg in das Zitieren angeboten. Ziel ist es, Sie für die einzelnen Grundbestandteile einer Literaturangabe zu sensibilisieren.

In der Regel enthält der Nachweis die wichtigsten bibliographischen Daten der Publikation, die je nach Publikationstyp unterschiedlich gestaltet sein können. Die Gestaltung unterscheidet sich auch darin, ob es sich um eine Angabe in einer Fußnote oder im Literaturverzeichnis handelt.

Der einfachste Fall sind die **monographischen Werke/Verfasserschriften** (Behandlung eines einzelnen Gegenstandes; z. B. Lehrbücher, Dissertationen, Habilitationen) einer Verfasserin oder eines Verfassers oder mehrerer Verfasser*innen, deren Anteil an der Arbeit nicht erkennbar ist.

Folgende Angaben sind in der Fußnote zu machen:
- Verfasser*in: Familienname der Autorin bzw. des Autors (*kursiv*); der Vorname (alternativ der Anfangsbuchstabe des Vornamens) wird hinzugefügt, wenn es sich um einen sehr häufigen Namen handelt oder ein Familienname zweimal in der Publikation vorkommt; ansonsten wird der Vorname in der Fußnote weggelassen;

  bei mehreren Autor*innen werden alle Namen angegeben, die durch einen Schrägstrich getrennt sind;

  bei mehr als drei Autor*innen werden nur die ersten drei angegeben und der Rest durch „u. a." oder „et al." gekennzeichnet;

  Komma
- Titel: vollständiger Titel ohne Untertitel;

  Komma
- Erscheinungsjahr der Publikation in der vorliegenden Ausgabe; bei einer höheren Auflage wird das Erscheinungsjahr nach der Auflagenbezeichnung (Abkürzung „Aufl.") nach einem Leerzeichen angegeben;

  Komma
- Seite: konkrete Angabe der Seite (mit „S."), des Paragraphen (mit „§") oder der Randnummer (mit „Rn."); bei zwei aufeinanderfolgenden Seiten „f." und bei mehreren Seiten „ff.".

  Punkt

Putzke, Juristische Arbeiten erfolgreich schreiben, 7. Aufl., 2021, Rn. 153.

Folgende Angaben sind im *Literaturverzeichnis* zu machen:
- Verfasser*in: vollständiger Familienname *Komma* und Vorname der Autorin bzw. des Autors (beides *kursiv*);

  bei mehreren Autor*innen werden alle Namen und Vornamen angegeben (*kursiv*), die durch einen Schrägstrich („/") getrennt sind;

  Komma
- Titel: vollständiger Titel mit Unter- oder Nebentitel (durch Punkt getrennt);

  Komma
- Auflage: mit Abkürzung „Aufl.";

  Komma
- Erscheinungsort;

  Leerzeichen
- Erscheinungsjahr.

  Punkt

Byrd, B. Sharon/Lehmann, Matthias, Zitierfibel für Juristen, 2. Aufl., München 2016.

In einem **Sammelwerk** werden die Beiträge verschiedener Autor*innen veröffentlicht. Dazu werden auch Fest- und Kongressschriften gezählt.

Folgende Angaben sind in der *Fußnote* zu machen:
- Verfasser*in: Familienname der Autorin bzw. des Autors (*kursiv*), die/der den Beitrag im Sammelwerk geschrieben hat;
  Komma
- Titel: Titel des Beitrages;
  Komma
- Herausgeber*in und Titel des Sammelbandes: eingeleitet durch „in:" mit dem Familiennamen (*kursiv*) und dem Zusatz „(Hrsg.)" (*Komma*) + Titel des Sammelbandes;
  Bei der Festschrift die Abkürzung für Festschrift „FS" oder für Festgabe „Festg." sowie den Familiennamen der gefeierten Person oder des Ereignisses angegeben;
  Komma
- Erscheinungsjahr;
  Komma
- Seite: Einleitung mit „S." gefolgt von der Anfangsseite des Beitrags und der in Bezug genommenen Seite in Klammern.
  Punkt

Sammelband:
Stüber, Haushaltssystematiken der Länder, in: Schweisfurth/Voß (Hrsg.), Haushalts- und Finanzwirtschaft der Länder in der Bundesrepublik Deutschland, 2017, S. 417–432.
Festschrift:
Nagel, Gesundheit und Gerechtigkeit, in: von der Decken/Günzel (Hrsg.), FS Robbers, 2020, S. 47 (51 f.).

Folgende Angaben sind im *Literaturverzeichnis* zu machen:
- Verfasser*in: Familienname (*Komma*) und Vorname der Autorin bzw., des Autors (beides kursiv), die/der den Beitrag im Sammelwerk geschrieben hat;
  Komma
- Titel des Beitrages: Gesamter Titel (mit Untertitel, getrennt durch einen Gedankenstrich);
- Herausgeber*in und Titel des Sammelbandes: eingeleitet durch „in:" mit dem Familiennamen (*Komma*) und Vorname (*kursiv*) und dem Zusatz „(Hrsg.)" (*Komma*) sowie des vollständigen Titels des Sammelwerkes (mit Untertitel, getrennt durch einen Gedankenstrich);

Bei der Festschrift wird der vollständige Titel des Sammelwerkes (mit Untertitel, getrennt durch ein Komma), der den Namen der gefeierten Person oder des Ereignisses stets enthält, angegeben;
Komma
- Erscheinungsort und Erscheinungsjahr (dazwischen ein Leerzeichen);
Komma
- Seite: Einleitung mit „S." gefolgt von der Anfangs- und Endseite (getrennt durch Bindestrich) des Beitrages.
Punkt

Sammelband:
von Schorlemer, Sabine, ICC – Internationaler Strafgerichtshof, in: *Volger, Helmut* (Hrsg.), Lexikon der Vereinten Nationen, München 2000, S. 248–254.
Festschrift:
Nagel, Gesundheit und Gerechtigkeit, in: *von der Decken, Kerstin/Günzel, Angelika* (Hrsg.), Staat – Religion – Recht, Festschrift für Gerhard Robbers zum 70. Geburtstag, 2020, S. 47–62.

Aufsatzliteratur (Zeitschriftenartikel) spiegelt oft den aktuellen Diskussionsstand zu einem Rechtsthema wider und wird aus diesem Grunde häufig in rechtswissenschaftlichen Publikationen zitiert.

Folgende Angaben sind in der *Fußnote* zu machen:
- Verfasser*in: Familienname der Verfasserin bzw. des Verfassers (*kursiv*); bei mehreren Verfasser*innen erfolgt eine Trennung der Familiennamen durch einen Schrägstrich („/");
Komma
- Zeitschriftentitel: in gebräuchlicher Abkürzung (bei eher unbekannten Titeln ausschreiben);
Leerzeichen
- Band/Jahrgang: Angabe des Bandes mit der Jahreszahl in Klammern dahinter (bei Doppelbänden mit Schrägstrich trennen) oder nur Jahrgang (gebräuchlich);
Komma
- Seite: zunächst immer erst die Anfangsseite des Aufsatzes angeben und in Klammern bzw. durch ein Komma getrennt die Seite, von der zitiert wurde.
Punkt

Fischer-Lescano, KJ 2014, 171 (178).

Folgende Angaben sind im *Literaturverzeichnis* zu machen:
-   Verfasser*in: Familienname der Verfasserin bzw. des Verfassers (*kursiv*) (*Komma*) und Vorname (*kursiv*); Trennung von mehreren Verfassern durch Schrägstrich;
    Komma
-   Titel des Aufsatzes: Gesamter Titel (mit Untertitel, getrennt durch einen *Punkt*);
    Komma
-   Zeitschriftentitel: gebräuchliche Abkürzung (teilweise wird der Titel im Literaturverzeichnis auch ausgeschrieben) mit Band/Heft und Jahr (in Klammern);
    Komma
-   Seite: Anfangs- und Endseite (getrennt durch Gedankenstrich).
    Punkt

---

von Bogdany, Armin/Ehlermann, Claus-Dieter, Consolidation of the European Treaties. Feasibility, costs and benefits, Common Market Law Review 33 (1996), S. 1107–1116.

Gerade in den Rechtswissenschaften werden **Kommentare** sehr häufig zitiert, was gelegentlich zu Schwierigkeiten führt, da diese teilweise „Personennamen" tragen, die von den Namen der Bearbeiter*innen unterschieden werden müssen. Darüber hinaus gibt es Kommentare mit Sachnamen.

Bei **Kommentaren mit Personennamen** sind folgende Angaben in der Fußnote notwendig:
-   Name des Kommentars (in der Regel nur der/die Familienname(n); *kursiv*);
    Schrägstrich
-   Name der Bearbeiterin bzw. des Bearbeiters (in der Regel nur der Familienname; *kursiv*);
    Komma

Alternative (setzt sich immer mehr durch):
-   Name der Bearbeiterin bzw. des Bearbeiters (in der Regel nur der Familienname; *kursiv*);
    Komma
-   eingeleitet durch „in:" Name des Kommentars (in der Regel nur der/die Familienname(n));
    Komma
-   Titel des kommentierten Gesetzes (in der gebräuchlichen Abkürzung; im Literaturverzeichnis ausgeschrieben);
    Komma

– Auflage/Stand (unter Verwendung der Abkürzung „Aufl."; den Stand in Klammern mit Monat und Jahreszahl „(Stand: Januar 2009)");
  Leerzeichen
– Erscheinungsjahr (oftmals in Klammern);
  Komma
– kommentierte Vorschrift („§" oder „Art." und ggf. mit Absatz als römische Zahl);
  Leerzeichen
– Randnummer oder Nummer der Anmerkung (Abkürzungen „Rn." oder „Anm.").
  Punkt

Grüneberg/Siede, BGB, 83. Aufl. (2023), § 1359 Rn. 3.
Huber, in: Musielak/Voigt, ZPO, 16. Aufl. (2019), § 926 Rn. 21.

Bei **Kommentaren mit Sachnamen** sind folgende Angaben in der Fußnote notwendig:
– Name der Bearbeiterin bzw. des Bearbeiters (in der Regel nur der Familienname; *kursiv*);
  Komma
– Name des Kommentars in üblicher Abkürzung und eingeleitet durch „in:"; gehört der Kommentar zu einer bestimmten Reihe („Münchener Kommentar"), so wird mit einem Bindestrich noch das kommentierte Gesetz (in üblicher Abkürzung) hinzugefügt.

Die weiteren Angaben entsprechen den Kommentaren mit Personennamen.

Seiler, in: MüKo-BGB, 6. Aufl. (2012), § 677 Rn. 13.

Im *Literaturverzeichnis* werden für Kommentare folgende Angaben gemacht:
– Name des Kommentars: beim **Personenkommentar** zuerst den Familiennamen der Herausgeberin bzw. des Herausgebers oder der Verfasserin bzw. des Verfassers und nach einem *Komma* den Vornamen (*kursiv*), eine Herausgeberin bzw. ein Herausgeber wird mit „Hrsg." (oder auch „Begr." für die Person, die den Kommentar begründet hat) gekennzeichnet, gefolgt vom Gesetzesnamen oder Titel; nach einem weiteren *Komma* das Wort „Kommentar", wenn noch nicht im Titel enthalten;
  bei einem **Kommentar mit Sachnamen** wird zuerst der Sachname angegeben und nach einem *Komma* folgt unter Einleitung mit „Hrsg. von" der Name des oder der Herausgeber*innen (Familienname, Vorname → *kursiv*), wobei mehrere Herausgeber*innen durch „/" getrennt werden;
  Komma

- Auflage;
  Komma
- Erscheinungsort mit Erscheinungsjahr;
  in Klammern
- Zitierweise: hier wird die Zitierweise für die Fußnote angegeben.
  Punkt

Personenkommentar:
Schönke, Adolf / Schröder, Horst (Begr.), Strafgesetzbuch, Kommentar, 30. Aufl., München 2019 (zitiert: Bearbeiter in: Schönke/Schröder).
Kommentar mit Sachname:
Erfurter Kommentar zum Arbeitsrecht, Hrsg. von *Müller-Glöge, Rudi/Preis, Ulrich/Gallner, Inken/Schmidt, Ingrid*, 24. Aufl., München 2024 (zit. ErfK/Bearbeiter).

Für mehrbändige Kommentare und andere **mehrbändige Werke** (Handbücher oder Enzyklopädien) gilt es noch die gezählten Bände unterzubringen, wobei zusätzlich bei Fußnoten zu beachten ist:

...

- Bandangabe: bei mehrbändigen Werken ist die Nummer des Bandes als römische Zahl zu nennen unter Voranstellung von „Bd.";

...

Für das Literaturverzeichnis ist es etwas komplexer:

...

- Anzahl der Bände;
  Komma
- Angaben zum Einzelband: Nummer des Bandes als römische Zahl unter Voranstellung von „Band";
  Doppelpunkt
- Auflage: mit Abkürzung „Aufl.";
  Komma
- Erscheinungsort;
  Leerzeichen
- Erscheinungsjahr;
  in Klammern
- Zitierweise: hier wird die zitierweise für die Fußnote angegeben.
  Punkt

Für weitere Bände ist dies zu wiederholen.

Fußnote:
Isensee, in: HdbStr, Bd. VI (2008), § 128 Rn. 88.
Literaturverzeichnis:
Münchener Handbuch des Gesellschaftsrechts, Hrsg. von *Gummert, Hans/Weipert, Lutz*, 9 Bände, Band I:
6. Aufl., München 2024; Band II: 6. Aufl., München 2024; ... (zit. *Bearbeiter*, in: MHdB. GesR Bd. ...).

Nahezu ein absolutes Muss für die juristische Arbeit ist das Zitieren von Rechtsprechung (insbesondere von höchstrichterlicher Rechtsprechung). **Gerichtsentscheidungen** werden allerdings nur in Fußnoten und nicht im Literaturverzeichnis angegeben.

–   Gericht der Entscheidung: Angabe der üblichen Abkürzung des Gerichtsnamens; bei Instanzgerichten neben der Bezeichnung des Gerichts auch immer noch den Sitz zitieren (z. B. OLG Hamm, OVG Lüneburg, LG Berlin)
    Komma
–   Spruchkörper: hat der „Große Senat" des Bundesgerichtshofes entschieden, so ist dieser mit „Großer Senat" anzugeben. Dies gilt auch für Kammerentscheidungen des Bundesverfassungsgerichts („1. Kammer des Zweiten Senats");
    Komma
–   Entscheidungsform mit Datum: die Form der Entscheidung wird mit „Urt." für Urteil, „Beschl." für Beschluss und „Vfg." für Verfügung angegeben; das Datum wird mir „v." eingeleitet;
    Gedankenstrich
–   Aktenzeichen;
    Komma
–   Sammlungs- oder Zeitschriftentitel: diese werden wieder in der üblichen Abkürzung angegeben;
    Leerzeichen
–   Band oder Jahrgang: bestimmte Entscheidungssammlungen sind nach Rechtsgebieten bzw. Gesetzen geordnet und innerhalb dieser Bände in Paragraphen unterteilt; für Entscheidungen aus Zeitschriften wird der Jahrgang angegeben;
    Komma
–   Seitenangabe: wie bei Sammelwerken und Aufsätzen (eine Ausnahme bilden die Entscheidungssammlungen die nach bestimmten Rechtsgebieten bzw. Gesetzen geordnet und innerhalb dieser Bände in Paragraphen unterteilt sind, wobei die Seitenangabe entfällt).
    Punkt

BVerfG, Beschl. v. 21. 9. 2006 – 1 BvR 308/03, NJW 2007, 137 ff.

Aus den Sammlungen *BGHZ, BGHSt* und *BVerfGE* können Sie auch verkürzt zitieren (z. B. „BVerfGE 78, 374 (382)." oder „BGHZ 54, 45 (49).")

Die Zitierweise der **Rechtsprechung der Europäischen Union** hat sich im Laufe der Zeit geändert. Für die alte Zitierweise galt die folgende Regel: Gericht bzw. Generalanwalt (EuGH, EuG, GA); *Komma* Datum der Entscheidung; *Komma* Rechtssachennummern (beginnen mit „*C*" für Cour de justice [Gerichtshof)], „*T*" für Tribunal [Gericht)] oder „*F*" für Tribunal de la fonction publique [Gericht für den öffentlichen Dienst]; *Bindestrich* gefolgt von der Nummer der Eintragung in das Register und dem Jahr der Eintragung); *Komma* Begriff oder Schlagwort, mit der die Entscheidung verbunden wird bzw. die Parteien des Rechtsstreits (teilweise auch in Klammern, mit Bindestrich oder kursiv); *Komma* Abkürzung für Sammlungen der Rechtsprechung „*Slg.*" und Jahr; *Komma* Teil der Sammlung (seit 1990 wurde in Teil I: EuGH und Teil II: EuG untergliedert); *Bindestrich* Seite in der Sammlung.

EuGH, Urt. v. 16.10.1990, C-297/88 (Dzodzi), Slg. 1990, I-3763 (3793).
EuGH, Urt. v. 12.03.2002, C-168/00 (Leitner/TUI), Slg. 2002, I-2631.

Die mittlerweile ausschließlich digitale Veröffentlichung der Rechtsprechung der Europäischen Union (gilt für die Rechtsprechung des Gerichtshofs und des Gerichts ab 2012 und für die Rechtsprechung auf dem Gebiet des öffentlichen Dienstes ab 2010, wobei die betreffenden Texte ab April 2014 in monatlichen Teillieferungen online gestellt werden) ging mit einer neuen Zitierweise einher, die auf der üblichen Bezeichnung und der Nummer der Rechtssache sowie dem **ECLI-Code (European Case Law Identifier)** beruht. Die neue Zitierweise wurde bis Mitte 2014 schrittweise eingeführt. Der ECLI umfasst (wie weiter oben bereits beschrieben) vier zwingende Bestandteile:
- Ländercode des Mitgliedstaats, dem das betreffende Gericht angehört, oder der Europäischen Union bei den Unionsgerichten;
- Kürzel des Gerichts, das die Entscheidung erlassen hat;
- Jahr der Entscheidung;
- eine aus bis zu 25 alphanumerischen Zeichen bestehende Ordnungsnummer

Damit ergibt sich die folgende Zitierfolge:
- Gericht der Entscheidung: Angabe der üblichen Abkürzung des Gerichtsnamens;
  Komma
- Entscheidungsform mit Datum: die Form der Entscheidung kann mit „Urt." für Urteil, „Beschl." für Beschluss und „Vfg." für Verfügung angegeben und das vollständige Datum mit „v." eingeleitet werden;
  Komma

- üblicher Name der Rechtssache;
  Komma
- Aktenzeichen;
  Komma
- ECLI: Eingeleitet durch „ECLI:";
  Komma
- Angeführte Randnummer: Einleitung durch Abkürzung „Rn.".
  Punkt

EuGH, Urt. v. 22.10.2015, Sveda, C-126/14, ECLI:EU:C:2015:712, Rn. 18.

Schließlich benötigen Sie noch eine Zitierregel für **Internetquellen**. Grundsätzlich werden diese wie die Druckwerke zitiert, erhalten aber wichtige Zusatzbestandteile. Das Internet ist ein sehr wandelbares und flüchtiges Medium, so dass Sie nicht wissen, wie und ob überhaupt die von Ihnen zitierte Quelle abrufbar bleibt. Beim Zitieren ist es unbedingt notwendig, dass das letzte Abfragedatum im Zitat untergebracht wird (am Ende). Die Internetadresse ist anzugeben und kann in Winkelklammern gesetzt oder mit „online unter:" eingeleitet werden. Es sollte auch angegeben werden, ob es sich um eine *URL* bzw. einen **Persitent Identifier** (DOI oder URN – siehe weiter oben) handelt. Die Varianz für das Zitieren von Internetquellen ist sehr groß.

Haberstumpf, Helmut, Recht der öffentlichen Werkwiedergabe im harmonisierten Urheberrecht, in: JIPITEC 10 No. 2 (2019), <URL: https://www.jipitec.eu/issues/jipitec-10-2-2019/4907>, <URN: urn:nbn: de:0009 – 29 – 49078> (abgerufen am 01.02.2024).
Haberstumpf, Helmut, Recht der öffentlichen Werkwiedergabe im harmonisierten Urheberrecht, in: JIPITEC 10 No. 2 (2019), online unter: URL: https://www.jipitec.eu/issues/jipitec-10-2-2019/4907, URN: urn: nbn:de:0009 – 29 – 49078 (abgerufen am 01.02.2024).

3.3.4 Was beim Zitieren noch beachtet werden muss

Folgende Regeln sollten Sie beim Zitieren noch beachten:
- In wissenschaftlichen Arbeiten sollte nur wissenschaftliche Literatur zitiert werden. Vermeiden Sie es, aus Lernskripten oder rein populärwissenschaftlicher Literatur zu zitieren.
- Zitieren Sie nur Quellen, die Sie tatsächlich auch selbst gelesen haben. Es kommt nicht selten vor, dass falsche Zitatangaben übernommen werden.
- Zitieren Sie nur an den Stellen, wo es notwendig ist (nämlich wenn Sie fremde Ideen oder Inhalte übernehmen). Unstrittige oder allgemein anerkannte In-

formationen brauchen nicht zitiert werden. Darüber hinaus ist es auch Sinn einer wissenschaftlichen Arbeit, eigene und neue Ideen zu entwickeln.
– Fremdsprachige Texte sollten Sie in der Originalsprache zitieren. Dies gilt insbesondere für die westeuropäischen Sprachen. Lediglich Inhalte in weniger gängigen Sprachen bedürfen einer Übersetzung.
– Indem Sie nur die neuesten Auflagen von Kommentaren, Handbüchern oder wissenschaftlichen Lehrbüchern etc. zitieren, zeigen Sie, dass Sie den aktuellen Stand der Wissenschaft verfolgen. Achten Sie immer darauf, dass Sie mit derselben Auflage arbeiten. Um bestimmte Rechtsentwicklungen aufzuzeigen, kann es jedoch sinnvoll sein, auch ältere Auflagen zu zitieren.

3.3.5 Verzeichnisse in wissenschaftlichen Arbeiten

Neben dem Inhaltsverzeichnis sollten in wissenschaftlichen Arbeiten das Abkürzungs-, Literatur- und Dokumentenverzeichnis nicht fehlen.

Ein **Abkürzungsverzeichnis** bietet sich immer dann an, wenn mehr als nur alltagssprachliche Abkürzungen oder gängige Abkürzungen von Gesetzen oder juristischen Zeitschriften verwendet werden. Hierfür werden verschiedene Abkürzungsverzeichnisse z. B. von beck-online (sehr umfangreiche Abkürzungsverzeichnisse je Publikation), openJur oder auf den Seiten des Bundesgesetzblattes u. v. m. angeboten. Insbesondere aber in internationalrechtlichen oder rechtsvergleichenden Arbeiten sollte unbedingt ein Abkürzungsverzeichnis vorhanden sein, da diese Abkürzungen oftmals weniger bekannt sind oder in unterschiedlicher Weise verwendet werden. Ein sehr gutes Hilfsmittel für Abkürzungen im Common Law Bereich ist der **Cardiff Index to Legal Abbreviations.** Enthalten sind aber auch Abkürzungen für den deutschsprachigen Bereich. Weitere Quellen finden Sie im systematischen Ressourcenverzeichnis.

Link: https://www.legalabbrevs.cardiff.ac.uk/

Das eher ans Ende der Arbeit gehörende **Literaturverzeichnis** weist alle Werke und Quellen nach, auf die in den Fußnoten Bezug genommen wurde. Gesetze, völkerrechtliche Verträge, Gerichtsentscheidungen und andere (weiterführende) Dokumente oder Literatur werden dort nicht angegeben. Um den Lesenden das Auffinden und den Überblick zu erleichtern, sollte das Literaturverzeichnis möglichst übersichtlich gestaltet sein. Hier bietet sich als Ordnung die alphabetische Sortierung nach dem Familiennamen der Autorin oder des Autors bzw. der Herausgeberin oder des Herausgebers (auch Körperschaften) an. Bei verschiedenen Werken einer Person genügt es, den Namen und Vornamen einmal im Literaturverzeichnis zu nennen. Bei den folgenden Werken wird dieser durch *Ders.* (Derselbe) oder *Dies.* (Dieselbe) ersetzt. Bei der Bearbeitung aktueller Themen ist auch immer die aktuellste Literatur zu zitieren und ins Literaturverzeichnis aufzunehmen. Sollten Sie also längere Zeit an einer wissenschaftlichen Arbeit schreiben, prüfen Sie unbedingt, ob das von Ihnen zitierte Werk nicht eine Neuauflage erfahren hat.

Schließlich wird ein **Dokumentenverzeichnis** immer dann erforderlich, wenn sehr viele Dokumente, Urteile, Gesetzestexte und Fundstellen völkerrechtlicher Verträge verwendet wurden, die nicht ins Literaturverzeichnis gehören.

Fazit: Alle Quellen, die in den Fußnoten genannt werden, gehören grundsätzlich in das Literatur- oder ggf. Dokumentenverzeichnis (Urteile, Gesetze etc.).

---

4 Anstelle eines eigenen Glossars

Ein ausführliches Glossar mit Erläuterungen zu allen Begriffen, die bei der Literatur- und Informationsrecherche aus bibliothekarischer Sicht eine Rolle spielen, würde den Umfang dieses Werkes sprengen. Verlässliche Erläuterungen zu allen bibliothekarischen Fachbegriffen, die Ihnen in diesem Buch – oder auch in anderen Zusammenhängen – begegnen, bietet Ihnen das Bibliotheksglossar auf den Seiten der Universitätsbibliothek der Humboldt Universität zu Berlin. Neben den Definitionen der Begriffe finden Sie dort bei vielen Einträgen auch verwandte, über- und untergeordnete Begriffe sowie Beispiele. Von *Abfragesprache* bis *Zitiervorschrift* ist dort alles zu finden.

Link: https://www.ub.hu-berlin.de/de/bibliotheksglossar

---

https://doi.org/10.1515/9783111400068-005

5 Systematisches Verzeichnis elektronischer Ressourcen

(Stand: Februar 2024)

Suchmaschinen und spezielle Dienste

ChatGPT
https://chat.openai.com/

Google – Erweiterte Suche
https://www.google.de/advanced_search

Google Scholar
https://scholar.google.de/

Google books (klassische Version)
https://books.google.de/

Google books (neue Version im Testbetrieb → Stand Februar 2024)
https://www.google.com/books/edition/_/DACgDgAAQBAJ

Google Alerts
https://www.google.de/alerts

bing
https://www.bing.com/

Yahoo! Deutschland
https://de.yahoo.com/

T-Online
https://suche.t-online.de/

Ask Deutschland
https://de.ask.com/

Web.de
https://suche.web.de/

Startpage
https://www.startpage.com/de/

DuckDuckGo
https://duckduckgo.com/

Swisscows
https://swisscows.com/de

Qwant
https://www.qwant.com/

https://doi.org/10.1515/9783111400068-006

Ecosia
https://www.ecosia.org/

Portal: Recht – Wikipedia
https://de.wikipedia.org/wiki/Portal:Recht

Abkürzungsverzeichnisse

beck-online (Bitte „Abkürzungsverzeichnis" in Suchmaske eingeben!)
https://beck-online.beck.de/

Bundesgesetzblatt – Abkürzungsverzeichnis
https://www.recht.bund.de/de/informationen/abkuerzungen/abkuerzungen_node.html

JuraForum – Juristische Abkürzungen
https://www.juraforum.de/juristische-abkuerzungen/

Jura-Companion – Juristische Abkürzungen
https://jura-companion.de/abkuerzungsverzeichnis/juristische-abkuerzungen.html

OpenJur – Juristische Abkürzungen
https://openjur.de/s/abkuerzungen.html

Cardiff Index to Legal Abbreviations
https://www.legalabbrevs.cardiff.ac.uk/

RIDA-Zitiermaster / Abkürzungen
https://www.ridaonline.at/Zitiermaster/AbkListe.a5w

Juristische Gerichts-, Behörden- und Spezialbibliotheken

Bundesverfassungsgericht / Bibliothek
https://www.bundesverfassungsgericht.de/DE/Das-Gericht/Bibliothek/bibliothek_node.html

Bundesgerichtshof / Bibliothek
https://www.bundesgerichtshof.de/DE/Bibliothek/bibliothek_node.html

Bundesarbeitsgericht / Bibliothek
https://www.bundesarbeitsgericht.de/ihr-besuch-bei-uns/die-bibliothek/

Bundesfinanzhof / Bibliothek
https://www.bundesfinanzhof.de/de/service/bibliothek/

Bundessozialgericht / Bibliothek
https://www.bsg.bund.de/DE/Gericht/Bibliothek/bibliothek_node.html

Bundesverwaltungsgericht / Bibliothek
https://www.bverwg.de/das-gericht/bibliothek

Deutscher Bundestag / Bibliothek
https://www.bundestag.de/dokumente/bibliothek

Deutsches Institut für Menschenrechte / Bibliothek
https://www.institut-fuer-menschenrechte.de/bibliothek

Fachinformationsdienst für internationale und interdisziplinäre Rechtsforschung
https://staatsbibliothek-berlin.de/sammlungen/fachinformationsdienste/rechtswissenschaft

Fachinformationsdienst Kriminologie der Eberhard Karls Universität Tübingen
https://uni-tuebingen.de/einrichtungen/universitaetsbibliothek/ueber-uns/bibliotheksbestand/fachinformationsdienste/kriminologie/

Max-Planck-Institut für ausländisches öffentliches Recht und Völkerrecht / Bibliothek
https://www.mpil.de/de/pub/bibliothek.cfm

Max-Planck-Institut für ausländisches und internationales Privatrecht / Bibliothek
https://www.mpipriv.de/bibliothek

Max-Planck-Institut zur Erforschung von Kriminalität, Sicherheit und Recht / Bibliothek
https://csl.mpg.de/de/bibliothek/

Max-Planck-Institut für Innovation und Wettbewerb / Bibliothek
https://www.ip.mpg.de/de/bibliothek.html

Max-Planck-Institut für Steuerrecht und Öffentliche Finanzen / Bibliothek
https://www.tax.mpg.de/de/bibliothek_tax

Max-Planck-Institut für Sozialrecht und Sozialpolitik / Bibliothek
https://www.mpisoc.mpg.de/bibliothek/

Max-Planck-Institut für europäische Rechtsgeschichte und Rechtstheorie / Bibliothek
https://www.lhlt.mpg.de/bibliothek

Max-Planck-Institute for Research on Collective Goods / Library
https://www.coll.mpg.de/57318/library-details

Max Planck Institute Luxembourg for International, European and Regulatory Procedural Law
https://www.mpi.lu/library/

Gerichtshof der Europäischen Union / Bibliothek
https://curia.europa.eu/jcms/jcms/Jo2_7020/de/

Peace Palace Library
https://peacepalacelibrary.nl/

Rechtsbibliothekarische Vereinigungen

Arbeitsgemeinschaft für juristisches Bibliotheks- und Dokumentationswesen (AjBD)
https://www.ajbd.de/

Vereinigung der juristischen Bibliotheken der Schweiz (VJBS)
https://lawlibraries.ch/

American Association of Law Libraries (AALL)
https://www.aallnet.org/

Australian Law Librarians' Association (ALLA)
https://www.austlawlib.org

British and Irish Association of Law Libraries (BIALL)
https://biall.org.uk/

Canadian Association of Law Libraries (CALL/ACBD)
https://www.callacbd.ca/

International Association of Law Libraries (IALL)
http://iall.org/

Bibliotheksverbünde und Nationalbibliothek

Gemeinsamer Verbundkatalog (GVK)
https://kxp.k10plus.de/DB=2.1/

Kooperativer Bibliotheksverbund Berlin-Brandenburg (KOBV)
https://www.kobv.de/

Hessischer Bibliotheksverbund (HeBIS)
http://cbsopac.rz.uni-frankfurt.de/LNG=DU/DB=2.1/

Südwestdeutscher Bibliotheksverbund (SWB)
https://swb.boss.bsz-bw.de/

HBZ-Verbund Datenbank (HBZ)
https://nrw.digibib.net/search/hbzvk

Bibliotheksverbund Bayern (BVB) / Gateway Bayern
https://opacplus.bib-bvb.de/

Deutsche Nationalbibliothek (DNB)
https://www.dnb.de/

WorldCat, Metakatalog, Discoverysystem

WorldCat
https://search.worldcat.org/de

Karlsruher Virtueller Katalog (KVK)
https://kvk.bibliothek.kit.edu/

Virtuelle Fachbibliothek für internationale und interdisziplinäre Rechtsforschung / Discovery-Suche
https://search.vifa-recht.de/Search/

Materialspezifische Recherchedatenbanken

Zeitschriftendatenbank (ZDB)
https://zdb-katalog.de/

Elektronische Zeitschriftenbibliothek (EZB)
https://ezb.uni-regensburg.de/

Datenbank-Infosystem (DBIS)
https://dbis.ur.de/

Nationallizenzen
https://www.nationallizenzen.de/

Online Contents (OLC Recht) – für angemeldete Institutionen
https://kxp.k10plus.de/DB=2.34/

Directory of Open Access Journals (DOAJ)
https://doaj.org/

Directory of Open Access Books (DOAB)
https://www.doabooks.org/

OAPEN
https://www.oapen.org/

Zentrales Verzeichnis Digitalisierter Drucke (zvdd)
http://www.zvdd.de/

Internationale Bibliographie der Rezensionen (IBR) – kostenpflichtig
https://www.degruyter.com/database/IBR/html

Juristische Onlinebibliographien

Karlsruher Juristische Bibliographie (KJB) – nur als Druckwerk / kostenpflichtig
https://www.beck-shop.de/kjb-karlsruher-juristische-bibliographie/product/1332

Kuselit Online – kostenpflichtig
https://www.kuselit.de/

Neue juristische Bibliographien und andere Informationsmittel (NJBI)
https://www.gehove.de/bnbn/njbi_add.pdf

Zentrale Rechtsdatenbanken und Portale (Deutschland)

beck-online – kostenpflichtig
https://beck-online.beck.de

juris – kostenpflichtig
https://www.juris.de/

Wolters Kluwer Online (Bibliothek) – kostenpflichtig
https://research.wolterskluwer-online.de/bibliothek

Virtuelle Fachbibliothek Recht für internationale und interdisziplinäre Rechtsforschung
https://vifa-recht.de/

KrimDok
https://krimdok.uni-tuebingen.de/

E-Libraries von Rechtsverlagen in Deutschland

Nomos eLibrary – kostenpflichtig
https://www.nomos-elibrary.de/

Duncker & Humblot eLibrary – kostenpflichtig
https://elibrary.duncker-humblot.com/

Mohr Siebeck (Elektronische Publikationen) – kostenpflichtig
https://www.mohrsiebeck.com/elektronische-publikationen

De Gruyter eBook Collections – kostenpflichtig
https://www.degruyter.com/publishing/services/fuer-bibliothekare/produktinformationen/e-books?

Peter Lang – kostenpflichtig
https://www.peterlang.com/our-services/ebooks/

Bundesrecht/Gesetze/Dokumentation (inkl. Reichstag)

Bundesgesetzblatt
https://www.recht.bund.de/

Elektronischer Bundesanzeiger
https://www.bundesanzeiger.de/

Gesetze im Internet
http://www.gesetze-im-internet.de/

Verwaltungsvorschriften im Internet
https://www.verwaltungsvorschriften-im-internet.de/

Dokumentations- und Informationssystem für Parlamentarische Vorgänge (DIP)
https://dipbt.bundestag.de/

Bibliothek des BGH
https://www.bundesgerichtshof.de/DE/Bibliothek/GesMat/gesmat_node.html

Verhandlungen des Deutschen Reichstags
https://www.reichstagsprotokolle.de/rtbiiiauf.html

Landesrecht/Gesetze/teilw. mit Entscheidungssammlungen

Parlamentsspiegel
https://www.parlamentsspiegel.de/

Landesrecht Baden-Württemberg
https://www.landesrecht-bw.de/bsbw/search

BAYERN-RECHT
https://www.gesetze-bayern.de

Berliner Vorschriften- und Rechtsprechungsdatenbank
https://gesetze.berlin.de/

Landesrecht Brandenburg
https://www.landesrecht.brandenburg.de/

Transparenzportal Bremen
https://www.transparenz.bremen.de/

Landesrecht Hamburg
https://www.landesrecht-hamburg.de/

Bürgerservice Hessenrecht
https://www.rv.hessenrecht.hessen.de/

Landesrechts-Informationssystem Mecklenburg-Vorpommern
https://www.landesrecht-mv.de/

Niedersächsisches Vorschrifteninformationssystem (NI-VORIS)
https://voris.wolterskluwer-online.de/

Recht Nordrhein-Westfalen (RECHT.NRW.DE)
https://recht.nrw.de/

Landesrecht Rheinland-Pfalz
https://www.landesrecht.rlp.de/

Landesrecht Saarland
https://www.saarland.de/mdj/DE/landesrecht/

Recht und Vorschriftenverwaltung Sachsen (REVOSax)
https://www.revosax.sachsen.de/

Landesrecht Sachsen-Anhalt
https://www.landesrecht.sachsen-anhalt.de/

Landesvorschriften und Landesrechtsprechung Schleswig-Holstein
https://www.gesetze-rechtsprechung.sh.juris.de/

Landesrecht Thüringen
https://landesrecht.thueringen.de/

Entscheidungssammlungen (inkl. Reichsgericht)

Bundesverfassungsgericht
https://www.bundesverfassungsgericht.de/SiteGlobals/Forms/Suche/Entscheidungensuche_Formular.html

Bundesgerichtshof
https://www.bundesgerichtshof.de/DE/Entscheidungen/entscheidungen_node.html

Bundesverwaltungsgericht
https://www.bverwg.de/rechtsprechung

Bundesarbeitsgericht
https://www.bundesarbeitsgericht.de/entscheidungen/

Bundessozialgericht
https://www.bsg.bund.de/DE/Entscheidungen/entscheidungen_node.html

Bundesfinanzhof
https://www.bundesfinanzhof.de/de/entscheidungen/entscheidungen-online/

Die Entscheidungen des Reichsgerichts in Zivilsachen (RGZ) und in Strafsachen (RGSt) – Nationallizenz
https://www.nationallizenzen.de/angebote/nlproduct.2007-02-23.9444846153

Rechtsprechung im Internet
https://www.rechtsprechung-im-internet.de

Justizportal des Bundes und der Länder (Rechtsprechung)
https://justiz.de/onlinedienste/rechtsprechung/index.php

openJur
https://openjur.de/

Portale für Studien- und Lernmaterial (lizenzfrei)

Iurastudent.de
https://www.iurastudent.de/

juracafe Ausbildung
https://www.juracafe.de/ausbildung/

Jurafunk
http://www.jurafunk.de/

Juratelegramm
http://www.juratelegramm.de/

Jurawelt-Forum
https://forum.jurawelt.com/

OpenRewi
https://openrewi.org/#Projekte

Portale für Onlinekurse

Class Central
https://www.classcentral.com

Coursera
https://www.coursera.org

edX
https://www.edx.org

iversity
https://iversity.org/de

MOOChub
https://moochub.org

OpenupEd
https://www.openuped.eu

Repositorien und Volltextangebote

Bielefeld Academic Search Engine (BASE)
https://www.base-search.net/

<intR>[2]Dok[§]
https://intr2dok.vifa-recht.de/

OAIster
https://www.oclc.org/de/oaister.html

Weblogs

Blog & Podcast-Aggregator Virtuelle Fachbibliothek <intR>[2]
https://vifa-recht.de/informieren/blog-aggregator/

JuWissBlog (Junge Wissenschaft im Öffentlichen Recht)
https://www.juwiss.de

Verfassungsblog
https://verfassungsblog.de

Völkerrechtsblog
https://voelkerrechtsblog.org

Soziale Netzwerke, Bookmarking Dienste, Jura-Apps

Bluesky
https://bsky.app

Mastodon
https://joinmastodon.org

Spoutible
https://spoutible.com/

Threads
https://www.threads.net

BibSonomy
https://www.bibsonomy.org

Diigo
https://www.diigo.com

Pinboard
https://pinboard.in

SlideServe
https://www.slideserve.com

SlideShare
https://de.slideshare.net

Speaker Deck
https://speakerdeck.com

Academia.edu
https://www.academia.edu

Mendeley
https://www.mendeley.com

ResearchGate
https://www.researchgate.net

AppsFürJuristen
https://www.jurawiki.de/AppsF%C3%BCrJuristen

EU-apps
https://op.europa.eu/de/web/general-publications/eu-apps

Recht Österreich

Rechtsinformationssystem des Bundes (RIS)
https://www.ris.bka.gv.at

Elektronische Verlautbarungs- und Informationsplattform des Bundes (EVI)
https://www.evi.gv.at

ALEX – Historische Rechts- und Gesetzestexte Online
https://alex.onb.ac.at

RidaOnline
https://www.ridaonline.at

RDB
https://rdb.manz.at

Linde Digital
https://www.lindedigital.at

Linde Media
https://lindemedia.at

KODEX
https://www.kodex.at

Verlag Österreich – eLibrary (BiblioScout)
https://biblioscout.net/publisher/publisher?publisher=Verlag+%C3%96sterreich

LexisNexis Österreich
https://www.lexisnexis.at/produkte/lexis-360/

Recht Schweiz

Fedlex – Die Publikationsplattform des Bundesrechts
https://www.fedlex.admin.ch/de

Online Amtsdruckschriften (Schweizerisches Bundesarchiv)
https://www.amtsdruckschriften.bar.admin.ch/start.do

Linkliste Gesetzgebung Kantone und Bundesgerichte
https://www.fedlex.admin.ch/de/links

LexFind
https://www.lexfind.ch/fe/de/search

entscheidsuche.ch
https://entscheidsuche.ch

LawInside.ch
https://www.lawinside.ch

Jurivoc
https://www.bger.ch/index/juridiction/jurisdiction-inherit-template/jurisdiction-jurivoc-home.htm

Swisslex – kostenpflichtig
https://www.swisslex.ch/de/

legalis – kostenpflichtig
https://www.legalis.ch/de/

legalis science
https://www.legalis-science.ch/de/

LEXIA – kostenpflichtig
https://lexia.ch

justement – kostenpflichtig
https://justement.ch

Schulthess Fachkatalog – kostenpflichtig (Buchshop)
https://www.schulthess.com/buchshop/fachkatalog

iusNet – kostenpflichtig
https://www.iusnet.ch

Recht Luxemburg

Legilux
https://legilux.public.lu

La Justice
https://justice.public.lu

Strada Lex Luxembourg – kostenpflichtig
https://www.stradalex.lu/fr

LexNow – kostenpflichtig
https://www.lexnow.lu/

Recht Frankreich

Legifrance
https://www.legifrance.gouv.fr

Dalloz – kostenpflichtig
https://www.dalloz.fr

LexisNexis Frankreich – kostenpflichtig
https://www.lexisnexis.fr

Lamyline – kostenpflichtig
https://www.lamyline.fr

Juricaf (französisches Recht über Frankreich hinaus)
https://juricaf.org

Common Law

Thomson Reuters Westlaw – kostenpflichtig
https://www.westlawinternational.com

Westlaw UK – kostenpflichtig
https://legalsolutions.thomsonreuters.co.uk/en/products-services/westlaw-uk.html

LexisNexis – kostenpflichtig
https://www.lexisnexis.com/en-us/

Nexis Uni – kostenpflichtig
https://www.lexisnexis.com/en-us/professional/academic/nexis-uni.page

HeinOnline – kostenpflichtig
https://home.heinonline.org

vLex – kostenpflichtig
https://vlex.com/

Oxford University Press – Law Resources – kostenpflichtig
https://global.oup.com/ukhe/lawresources/

Cambridge Core – Law – kostenpflichtig
https://www.cambridge.org/core/browse-subjects/law

Taylor & Francis – Law – kostenpflichtig
https://www.taylorfrancis.com/collections/law/rho026?

Quellen zum ausländischen Recht/Rechtsvergleichung (Überblick)

GlobaLex
https://www.nyulawglobal.org/globalex/

World Legal Information Institute (WorldLII)
http://www.worldlii.org/

vLex – kostenpflichtig
https://vlex.com/

EU N-Lex
https://n-lex.europa.eu/n-lex/

Foreign Law Guide – kostenpflichtig
https://referenceworks.brillonline.com/browse/foreign-law-guide

Oxford Constitutions of the World (OCW) – kostenpflichtig
https://oxcon.ouplaw.com/home/OCW

Max Planck Encyclopedia of Comparative Constitutional Law (MPECCoL) – kostenpflichtig
https://oxcon.ouplaw.com/home/MPECCOL

Recht der Europäischen Union

EUR-Lex
https://eur-lex.europa.eu

EuroVoc
https://eur-lex.europa.eu/browse/eurovoc.html

Interactive Terminology for Europe (IATE)
https://iate.europa.eu

e-justice
https://e-justice.europa.eu

Find-eR
https://ec-europa-finder.hosted.exlibrisgroup.com/

Presseraum des Sprecherdienstes der Kommission
https://ec.europa.eu/commission/presscorner/home/de

CVRIA
https://curia.europa.eu

Recht der Vereinten Nationen

United Nations Digital Library
https://digitallibrary.un.org

Thesaurus der UN Digital Library
https://digitallibrary.un.org/collection/Thesaurus

United Nations Terminology Database (UNTERM)
https://unterm.un.org

Elektronisches Dokumentenarchiv der Vereinten Nationen (ODS)
https://documents.un.org

United Nations Depository Libraries
https://www.un.org/en/library/page/united-nations-depository-library-programme

Deutscher Übersetzungsdienst der Vereinten Nationen
https://www.un.org/Depts/german/de/

Recht internationaler Organisationen für bestimmte Regionen oder Kontinente

Afrikanische Union (AU)
https://au.int/en/all-african-union-websites

Association of Southeast Asian Nations (ASEAN)
https://asean.org/

Asia-Pacific Economic Cooperation (APEC)
https://www.apec.org/

Organisation Amerikanischer Staaten (OAS)
https://www.oas.org

Oganisation of Islamic Cooperation (OIC)
https://www.oic-oci.org

Oxford International Organizations (OXIO) – kostenpflichtig
https://opil.ouplaw.com/home/OXIO

Recht spezifischer internationaler Organisationen

World Trade Organisation (WTO)
https://docs.wto.org

TradeLawGuide – kostenpflichtig
https://www.tradelawguide.com

International Committee of the Red Cross (ICRC) / IHL Databases
https://ihl-databases.icrc.org/en/search

Internationale Gerichtsbarkeit

International Court of Justice / Cases
https://www.icj-cij.org/advanced-search

International Criminal Court / Legal Tools Database
https://www.legal-tools.org/

Permanent Court of Arbitration (PCA)
https://pca-cpa.org

ICC International Court of Arbitration (ICC Germany)
https://www.iccgermany.de/streitbeilegung-und-schiedsverfahren/

Internationales Recht außerhalb internationaler Organisationen und Gerichtsbarkeit

Oxford Bibliographies in International Law – kostenpflichtig
https://www.oxfordbibliographies.com/browse?module_0=obo-9780199796953

Oxford Scholarly Authorities on International Law (OSAIL) – kostenpflichtig
https://opil.ouplaw.com/home/OSAIL

Max Planck Encyclopedia of Public International Law – kostenpflichtig
https://opil.ouplaw.com/home/mpil

Oxford Historical Treaties (OHT) – kostenpflichtig
https://opil.ouplaw.com/home/OHT

Oxford Reports on International Law (ORIL) – kostenpflichtig
https://opil.ouplaw.com/home/ORIL

Kluwer Intellectual Property Law, International Tax Law, International Competition Law – kostenpflichtig
https://www.wolterskluwer.com/en/solutions/kluwerlawinternational

Beck-online (internationales Recht) – kostenpflichtig
https://beck-online.beck.de/Home/53716

Literaturverwaltungssysteme

Citavi – kostenpflichtig
https://www.citavi.com/de

EndNote – kostenpflichtig
https://clarivate.com/webofsciencegroup/support/endnote/

Zotero
https://www.zotero.org

JurisM
https://juris-m.readthedocs.io/en/latest/

Mendeley
https://www.mendeley.com/

wisdom.ai
https://www.wizdom.ai/

JabRef
https://www.jabref.org

Zitieren und weitere Tools

Zitierweise von Rechtsvorschriften BMJ
http://hdr.bmj.de/page_b.3.index.html

Zitierrichtlinie BVerwG
https://www.bverwg.de/rechtsprechung/urteile-beschluesse/zitierungen

ZitierMaster
http://www.ridaonline.at/Zitiermaster/

Zitierregeln Schweizer Bundesgericht
https://www.bger.ch/index/juridiction/jurisdiction-inherit-template/jurisdiction-zitierregeln.htm

The Bluebook – kostenpflichtig
https://www.legalbluebook.com/

Oxford University Standard for Citation of Legal Authorities (OSCOLA)
https://www.law.ox.ac.uk/oscola

ORCID
https://orcid.org

Bibliotheksglossar
https://www.ub.hu-berlin.de/de/bibliotheksglossar

Literaturverzeichnis

Byrd, B. Sharon/Lehmann, Matthias, Zitierfibel für Juristen, 2. Aufl., München 2016.

Chui, Wing Hong/McConville, Mike (Hrsg.), Research methods for law, Edinburgh 2017.

Cryer, Robert, Research methodologies in EU and international law, Oxford [u. a.] 2011.

Danner, Richard Allen/Winterton, Jules (Hrsg.), The IALL international handbook of legal information management, London 2016.

Dornis, Tim W./Keßenich, Florian/Lemke, Dominik, Rechtswissenschaftliches Arbeiten. Ein Leitfaden für Form, Methode und Inhalt zivilrechtlicher Studienarbeiten, Tübingen 2019.

Dax, Peter /Hopf, Gerhard/Friedl, Gerhard (Hrsg.), Abkürzungs- und Zitierregeln der österreichischen Rechtssprache und europarechtlicher Rechtsquellen (AZR), 8. Aufl., Wien 2019.

Jahnel, Dietmar/Sramek, Jan, NZR. Neue Zitierregeln. Basiswissen, Typographie und Verlagswissen, 2. Aufl., Wien 2017.

Keiler, Stephan/Bezemek, Christoph, leg cit3. Leitfaden für juristisches Zitieren, 3. Aufl., Wien 2014.

Kröger, Detlef, Rechtsdatenbanken. Angebote, Inhalte, Kosten, Wissensmanagement, München 2001.

Linhard, Karin/Fabry, Roger, Englische Rechtssprache. Ein Studien- und Arbeitsbuch, 4. Aufl., München [u. a.] 2017.

Mann, Thomas, Einführung in die juristische Arbeitstechnik. Klausuren, Hausarbeiten, Seminararbeiten, Dissertationen, 5. Aufl., München 2015.

Möllers, Thomas M. J., Juristische Arbeitstechnik und wissenschaftliches Arbeiten. Klausur, Hausarbeit, Seminararbeit, Studienarbeit, Staatsexamen, Dissertation, 10. Aufl., München 2021.

Müller, Friedrich, Juristische Methodik, 2 Bände, Bd. I: Grundlegung für die Arbeitsmethoden der Rechtspraxis, 11. Aufl., Berlin 2013, Bd. II: Europarecht, 3. Aufl., Berlin 2012.

Müller, Roger, ZitierGuide. Leitfaden zum fachgerechten Zitieren in rechtswissenschaftlichen Arbeiten, 5. Aufl., Zürich [u. a.] 2022.

Olson, Kent C., Legal research in a nutshell, 14th ed., St. Paul 2021.

Richards, Claudia/Mollica, Viviana, English law and terminology. Lingua juris, 4. Aufl., Baden-Baden 2016.

Riesenhuber, Karl (Hrsg.), Europäische Methodenlehre. Handbuch für Ausbildung und Praxis, 4. Aufl., Berlin [u. a.] 2021.

Schröder, Christian/Bergmann, Marcus/Sturm, Michael, Richtiges Zitieren. Ein Leitfaden für Jurastudium und Rechtspraxis, München 2010.

Wilke, Gitta, Informationsführer Jura. juristische Recherche on- und offline, 4. Aufl., Hamburg 2003.

Viel Erfolg bei der Recherche!

https://doi.org/10.1515/9783111400068-007

Sachregister

https://doi.org/10.1515/9783111400068-008